Das Buch

Der großartige und spannende Bericht des ersten Revolutionsjahres in Frankreich liest sich wie ein historisches Drama in vier Akten und zwei Epilogen: Die »Revolution des Adels« bringt die staatliche Macht ins Wanken, die »Revolution der Bürger« begründet die neue Rechtsordnung, die »Revolution des Volkes« sichert den weiteren Vormarsch, die »Revolution der Bauern« bricht die noch verbliebenen Widerstände im Lande. Zwei Vorgänge stützen und bestätigen diese Dynamik: die Erklärung der Menschen- und Bürgerrechte und die »Rückkehr« Ludwigs XVI. nach Paris, wo er zum Gefangenen der Stadt wird. Damit ist in wenigen Monaten der Prozeß der Bildung einer neuen Gesellschaft in Gang gesetzt, der Zyklus der Revolutionen kann beginnen.

Der Autor

Georges Lefebvre, geb. 1874 in Lille, gehört zu den großen alten Historikern Frankreichs. Von 1935 bis zu seinem Tode 1959 war er Professor an der Sorbonne, Direktor des Instituts für Geschichte der Französischen Revolution und der »Société des Etudes robespierristes«. 1951 erschien sein Hauptwerk ›La Révolution française‹.

Georges Lefebvre:
1789
Das Jahr der Revolution
Mit einem Vorwort von Claude Mazauric

Aus dem Französischen
von Ulrich Friedrich Müller

Deutscher
Taschenbuch
Verlag

Die französische Originalausgabe ist erstmals 1939 unter dem Titel ›Quatre-vingt-neuf‹ in Paris erschienen. Unsere Übersetzung folgt der Neuausgabe bei den Editions sociales, Paris 1970.

Deutsche Erstausgabe
1. Auflage Februar 1989
© Editions sociales, Paris 1970
© für die deutsche Übersetzung:
Deutscher Taschenbuch Verlag GmbH & Co. KG.,
München 1989
Umschlaggestaltung: Celestino Piatti
Gesamtherstellung: C. H. Beck'sche Buchdruckerei,
Nördlingen
Printed in Germany · ISBN 3-423-04491-8
1 2 3 4 5 6 · 94 93 92 91 90 89

Inhalt

Vorwort von Claude Mazauric 7

1789: Das Jahr der Revolution 11

I. Die Revolution des Adels 15
   1. Die Aristokratie 17
   2. Die Krise der Monarchie................... 27

II. Die Revolution der Bürger 43
   1. Das Bürgertum 45
   2. Der erste Sieg des Bürgertums 55
   3. Die Generalstände 77

III. Die Revolution des Volkes 93
   1. Die Mobilmachung der Massen 95
   2. Die Pariser Revolution vom 14. Juli 1789 ... 109
   3. Die Revolution in den Provinzstädten 121

IV. Die Revolution der Bauern 127
   1. Die Bauern 129

V. Die Nacht des 4. August und die Erklärung der Menschen- und Bürgerrechte 147
   1. Das Vorhaben einer Erklärung der Rechte und die Privilegien 149
   2. Die Erklärung der Menschen- und Bürgerrechte ... 162

VI. Die dramatischen Tage im Oktober 173
   1. Passiver Widerstand Ludwigs XVI. 175
   2. Die Spaltung der patriotischen Partei. Die zwei Kammern und das Veto 178
   3. Die Agitation unter dem Volk 182
   4. Die Oktobertage 188

Schlußgedanken 195

Vorwort
von Claude Mazauric
Professor an der Universität Rouen

›Quatre-vingt-neuf‹ von Georges Lefebvre den deutschsprachigen Lesern vorzustellen, ist eine Ehre für uns: dieses Buch ist ein im vollen Wortsinne »klassisches« Werk. Es ist in der ganzen Welt berühmt, in viele Sprachen übersetzt, in vielen Ländern verlegt. Manche mögen nach den Gründen für diesen Erfolg fragen, der sich immer wieder bestätigt hat seit dem Erscheinen 1939, seit der ersten lobenden Besprechung durch Lucien Febvre, den Mitbegründer der ›Annales‹, in der Ausgabe vom Frühjahr 1940 dieser Zeitschrift. Die Erklärung ist wohl in der Meisterschaft eines Historikers zu suchen, der in einem Wurf, mit unvergleichlich leichter und glänzender Feder sein Buch mit der Sicherheit des unbestechlichen Wissenschaftlers geschrieben hat. Tatsächlich war diese zusammenfassende Darstellung ja für ein breites Publikum bestimmt, sollte aber nach Georges Lefebvres Vorstellung auch einen anspruchsvollen Leser zufriedenstellen: Der Autor ist ebenso als Hochschullehrer wie als Schriftsteller an diese Arbeit gegangen.

1935 war Georges Lefebvre an die Pariser Philosophische Fakultät der Sorbonne berufen worden. Er hatte dort die Leitung des kurz zuvor gegründeten Instituts für die Geschichte der Französischen Revolution übernommen, dem durch eine besondere staatliche Zuweisung im Hinblick auf den 150. Jahrestag der Revolution erhebliche Mittel zur Verfügung standen. Von dem großen Ereignis und dem neu erwachten Interesse an der wissenschaftlichen Forschung beflügelt, entwarf Georges Lefebvre ein großes sozialgeschichtliches Arbeitsprogramm mit dem Schwerpunkt des Studiums des Bürgertums. Er verfaßte dazu ein berühmt gewordenes »Rundschreiben« an die französischen Wissenschaftler und Forscher, das allerdings erst nach 1945 zu voller Wirkung kam. Er plante eine erhebliche Erweiterung der dokumentarischen und wissenschaftlichen Veröffentlichungen, für die sein Institut federführend sein sollte. Durch den Ausbruch des Zweiten Weltkrieges mußten jedoch die meisten Vorhaben aufgegeben oder verschoben werden; erst als nach Kriegsende die Forschungstätigkeit wieder aufgenommen wurde, konnte auf einigen der von Georges Lefebvre vorgesehenen Gebiete weitergearbeitet werden. Mehrere bedeutende Veröffentlichungen, zu denen er die Anregung gegeben hatte, illustrieren die »Sozialgeschichte à la française«, die in den letzten Jahren großes internationales Ansehen erworben hat. Doch um die großen Projekte der Jahre 1938/39 abzustützen, war Georges Lefebvre dafür, daß die Ideen in einer zusammenfassenden Arbeit gesammelt und geklärt werden müßten, die den Stand der Kenntnisse und möglichen Forschungsrichtungen verdeutlichen und die Aufmerksamkeit der Studenten wecken sollte. Der neue Geist, der gleichermaßen für die Schule der ›Annales‹ wie für die Betonung der wirtschaftlichen Phänomene durch Ernest Labrousse bezeichnend war, schien ihm das historische Verständnis für die Revolution zu einer Reflexion über die tieferen Beweggründe und zur Strukturanalyse zu führen.

Diese Absicht und der vom »Nationalkomitee für die Hundertfünfzigjahrfeiern« geäußerte Wunsch ließen Georges Lefebvre sein ›Quatre-vingt-neuf‹ schreiben. Er verfolgte also ein zugleich pädagogisches, kulturelles und methodologisches Ziel. Er gab dem streng aufgebauten Buch »klare Konturen« (A. Soboul) und hielt sich an einen nüchternen, genauen Stil, der uns noch fünfzig Jahre nach der Erstveröffentlichung fasziniert.

Im Jahre 1939 war Georges Lefebvre 65 Jahre alt. Sein Werk als Historiker hatte ihm großes Ansehen eingebracht, das allerdings spät gekommen war, weil seine berufliche Laufbahn mühsam und unsicher gewesen war. Georges Lefebvre, aus dem französischen Flandern, war erst Hilfslehrer, dann Lehrer an der Mittelschule gewesen, bis ihm 1899 die Agrégation die Türen der Gymnasien von Cherbourg, Boulogne-sur-Mer, Lille und schließlich, nach dem Kriege, Paris öffnete. 1924 promovierte er mit einer allgemein als überwältigend empfundenen Dissertation über die Bauern in einem nordfranzösischen Département während der Französischen Revolution (›Les paysans du Nord pendant la Révolution française‹), einer umfassenden quantitativen und analytischen Untersuchung der Besitzverhältnisse auf dem Lande, der Bodenbewirtschaftung und der bäuerlichen Verhaltensweisen. Diese Arbeit bedeutete für Frankreich den Durchbruch zu einer neuen Sicht der Sozialgeschichte des ländlichen Raums und der Revolution von 1789. Nach Professuren an mehreren Universitäten, darunter der von Straßburg, wo er Marc Bloch begegnete, wurde er mit 61 Jahren an die Sorbonne berufen und blieb bis zu seinem Tode mit

85 Jahren am 28. August 1959 ein sehr aktiver Direktor der wissenschaftlichen Gesellschaft »Société des Etudes robespierristes« und der von ihr herausgegebenen ›Annales historiques de la Révolution française‹. Als Begründer einer ganzen Schule stand er in Beziehungen zu einem Schwarm von Historikern, die jünger waren als er und ihm grenzenlose Anerkennung und Bewunderung zollten: A. Soboul, R. Cobb, K. Tønnesson, G. Rudé, F. Takahashi, E. Hobsbawm, J. R. Suratteau, W. Markov, A. Saïtta, F. Venturi und viele andere, nicht zu vergessen die glänzenden amerikanischen Geschichtswissenschaftler, die im Gefolge von R. Palmer in sein Haus nach Courbevoie kamen, um sich in seiner Bibliothek mit ihm zu unterhalten, wo auch ich als junger Student 1956 und 1957 noch das Glück hatte, ihm zuzuhören.

Georges Lefebvre, aus sehr bescheidenen Verhältnissen stammend, war, vereinfacht gesagt, ein »linker« Historiker, sehr fortschrittlich, aber das Gegenteil von einem engstirnigen Sektierer. Seine republikanischen, laizistischen Vorstellungen hatte er nach eigenem Bekunden von der öffentlichen Volksschule mitbekommen, und die modernen Fächer entdeckte er zugleich mit dem Sozialismus dank des besonderen Unterrichts, den V. Duruy gegen Ende des Zweiten Kaiserreichs geschaffen hatte, und der mittellosen Stipendiaten offenstand. Im Gegensatz zum Bildungskanon des Gymnasiums lehrte man dort praktische Mathematik, viel lebende Fremdsprachen, Nationalökonomie und Recht: Das erklärt die Leichtigkeit, mit der Georges Lefebvre, im Unterschied zu den meisten Historikern seiner Generation, mit Statistiken und wirtschaftlichen Analysen umging. Später interessierte er sich leidenschaftlich für den Marxismus. Zu Beginn des Jahrhunderts gab es außer ihm wohl nur wenige französische Intellektuelle, die ›Das Kapital‹ und die meisten der damals zugänglichen historischen Schriften von Marx im Originaltext lesen konnten. Er hat zwar gesagt, den stärksten Einfluß habe Jean Jaurès auf ihn gehabt, dessen ›Histoire socialiste de la Révolution française‹ 1901 mit dem ersten Band herauskam, aber man muß darauf hinweisen, daß er stets nach den strengen Methoden der positivistischen Schule gearbeitet hat, von der er im Grunde nur die theoretische Enge und den philosophischen Dogmatismus ablehnte. Auch ›Quatrevingt-neuf‹ verrät auf seine Weise diesen dreifachen Einfluß von Marxismus, republikanischer Ideologie und positivistischer Methode.

Das Werk stellt sich dar als der großartige Bericht in vier Akten und zwei Epilogen einer Art historischer Dramaturgie des Jahres 1789 in Frankreich: Die »Revolution des Adels« bringt die Macht ins Wanken, die »Revolution der Bürger« begründet die neue Rechtsordnung, die »Revolution des Volkes« sichert den weiteren Vormarsch, die »Revolution der Bauern« bricht die Widerstände im Land. Zwei Vorgänge bestätigen diese Dynamik: die Erklärung der Menschen- und Bürgerrechte und die »Rückkehr« des Königs nach Paris, wo Ludwig XVI. nun der Gefangene der Stadt ist. Damit ist der Prozeß der Bildung einer neuen Gesellschaft in Gang gesetzt, der Zyklus der Revolutionen kann beginnen.

Doch ›Quatre-vingt-neuf‹ ist auch geprägt von den Befürchtungen und Ängsten der Jahre 1935 bis 1939. Als französischer Humanist und Demokrat verabscheute Georges Lefebvre den Faschismus und spürte, daß es Krieg geben würde. Er schloß sein Buch mit einem Aufruf zur Verteidigung der Menschenrechte: »Jugend von 1939! Auch die Erklärung der Menschenrechte ist eine Tradition, eine ruhmreiche Tradition!« Vielleicht sind in diesem unterschwelligen, aber entschlossenen Engagement des Autors für den Menschen und eine menschliche Zivilisation die Gründe für den anhaltenden Erfolg eines Buches zu suchen, das zugleich das wissenschaftliche Verdienst für sich in Anspruch nehmen darf, zu seiner Zeit ein Beitrag zur Erneuerung der klassischen Geschichtsschreibung der Französischen Revolution gewesen zu sein.

Paris, 20. Juni 1986

1789: Das Jahr der Revolution

Die Revolution von 1789 hat ihren Grund in den Tiefen unserer Geschichte. Ende des 18. Jahrhunderts war die Gesellschaftsstruktur Frankreichs nach wie vor aristokratisch und von ihrer Entstehung her geprägt, also von einer Zeit, da Vermögen fast ausschließlich in Grund und Boden bestand und die Grundeigentümer Herren und Meister derer waren, die diesen Boden brauchten, um zu arbeiten und zu leben. Zwar hatte der König in jahrhundertelangen Auseinandersetzungen – die letzte Adelsrevolte, die »Fronde«, lag keine hundertfünfzig Jahre zurück – den Grundherren nach und nach die politische Macht entwunden und Adlige und Priester seiner Autorität unterworfen. Allerdings hatte er ihnen den ersten Platz in der Gesellschaftsordnung gelassen: nach wie vor waren sie *Privilegierte*, doch sie litten immer noch darunter, *Untertanen* geworden zu sein.

Inzwischen hatte aber das Aufblühen von Handel und Gewerbe eine neue Form des Vermögens entstehen lassen, das bewegliche Eigentum, und eine neue Klasse, das Bürgertum, das seit dem 14. Jahrhundert als »Dritter Stand« in den Generalständen seinen Platz gefunden hatte, und dessen Machtzuwachs durch die Entdeckungen und Ausbeutungen ferner Länder im 15. und 16. Jahrhundert ebenso begünstigt worden war wie durch die wertvollen Dienste, die es dem monarchischen Staat in Form von Geld und tüchtigen Verwaltungsbeamten geleistet hatte. Im 18. Jahrhundert bekamen Handel, Gewerbe und Finanzwesen in der Volkswirtschaft immer mehr Bedeutung; das Bürgertum füllte in kritischen Zeiten die königlichen Kassen auf; aus seinen Reihen kamen die meisten Beamten und Angehörigen der freien Berufe; es hatte eine neue Ideologie entwickelt, die von Philosophen und Nationalökonomen nur noch in Form gebracht worden war. So hatte die gesellschaftliche Rolle des Adels immer mehr an Bedeutung verloren, und da das von der Geistlichkeit gepredigte Ideal an Überzeugungskraft eingebüßt hatte, war auch ihr Einfluß geschwunden. Die legale Struktur des Landes hielt Adel und Klerus auf dem höchsten Rang, doch in Wirklichkeit lagen Wirtschaftsmacht, Leistungsfähigkeit und Zukunftsaussichten beim Bürgertum. Ein solches Auseinanderklaffen ist niemals von Dauer. Die Revolution von 1789 hat Wirklichkeit und gesetzlichen Status wieder in Einklang gebracht, und die

Veränderung hat sich dann im 19. Jahrhundert auf den ganzen Westen und schließlich den ganzen Erdball ausgewirkt: In diesem Sinne sind die Ideen von 1789 weltumspannend gewesen.

Doch diese eigentliche Ursache der Französischen Revolution erklärt nicht alle ihre Besonderheiten. England hat politische Revolutionen erlebt, doch die gesellschaftliche Entwicklung hat sich dort in Ruhe vollzogen, die Französische Revolution dagegen entstand aus immer neuer Gewalt. Im übrigen Kontinentaleuropa ist die Veränderung zu Beginn des 19. Jahrhunderts von Napoleons Armeen in Gang gesetzt worden; später waren die Handlungen der Regierungen wichtiger als die der Völker selber. In Frankreich dagegen hat sich der Dritte Stand selbst befreit. So hat sich der Adel überall einen viel größeren Teil seines Vermögens und Einflusses bewahren können als in Frankreich. Die besonderen Wesenszüge der Französischen Revolution erklären sich aus ihren unmittelbaren Anlässen, haben ihre Ursache aber vor allem im Zusammenbruch der zentralen Macht, die in den anderen Ländern den Gang der Ereignisse zu steuern vermochte.

Es gäbe keine Französische Revolution, wenn der König nicht »sich aufgegeben« hätte, indem er die Generalstände einberief. Der unmittelbare Anlaß besteht also in der Regierungskrise, für die Ludwig XVI. keine andere Lösung zu finden wußte. Doch die Lage genutzt hat zunächst einmal durchaus nicht der Dritte Stand, obwohl dies die allgemeine Überzeugung war, zu der die Revolutionäre selbst am meisten beigetragen haben: Das Volk, so haben sie bis zum Überdruß verkündet, habe sich erhoben und Despotie und Aristokratie gestürzt. Gewiß, das ist am Ende der Lauf der Dinge gewesen. Doch das Volk war durchaus nicht die erste bewegende Kraft. Das Bürgertum, ohne gesetzliches Sprachrohr, konnte den König gar nicht zwingen, an die Nation zu appellieren, und schon gar nicht konnten das die Bauern und Arbeiter. Das vermochten nur die Privilegierten: die Geistlichkeit in ihrer Versammlung, der Adel in den Parlamentsgerichtshöfen und den Provinzialständen. Und die haben den König tatsächlich in die von ihnen gewünschte Richtung gedrängt. »Die Patrizier«, hat Chateaubriand geschrieben, »begannen die Revolution, die Plebejer haben sie vollendet.« Der erste Akt der Revolution im Jahre 1788 war demnach ein Triumph des Adels, der meinte, die Regierungskrise liefere ihm das Werkzeug für seine Rache und spiele ihm die politische Herrschaft wieder zu, die ihm die Kapetinger-Herrscher genommen hatten. Doch indem er die königliche Macht lähmte, die seine gesellschaftliche Vorrangstellung deckte, öffnete der Adel den Weg für die Revolution der Bürger, dann für die Revolution des Stadtvolks und schließlich für die Revolution der Bauern – und wurde selber unter den Trümmern des Ancien régime begraben. Das sind die vier Akte, die wir in großen Zügen nachzeichnen wollen.

I. Die Revolution des Adels

1. Die Aristokratie

Im alten Frankreich unterschied das Gesetz zwischen drei *Ständen:* Geistlichkeit oder Klerus, Adel, Dritter Stand. Ihr Zahlenverhältnis zueinander ist nicht genau bekannt. Von 23 Millionen Einwohnern, die das Königreich gehabt haben mag, waren sicherlich nicht mehr als 100 000 Priester, Mönche und Nonnen und höchstens 400 000 Adlige; alle übrigen bildeten den Dritten Stand.

Die Geistlichkeit

Die Geistlichkeit genießt nicht nur die Ehre des Vorrangs, sondern auch die größten Privilegien. Sie bildet eine *Körperschaft,* vertreten durch eine regelmäßig zusammentretende Versammlung, versehen mit eigener Verwaltung – Generalagenten des Klerus, Diözesankammern – und ausgestattet mit eigenen Gerichten, den »Offizialitäten«. Sie zahlt keine der normalen direkten Steuern und setzt selber die »freiwillige Gabe« fest, die sie dem König gewährt; es kommt auch vor, daß sie für den Staat Kredit aufnimmt und Zins und Tilgung leistet. Materiell ist der Klerus weder vom Staat noch von den Gläubigen abhängig: Er erhebt den Zehnten auf die Früchte des Feldes; sein Grundbesitz, im Norden des Landes größer als im Westen und vor allem im Süden, macht wohl ein Zehntel des Königreiches aus; Bischöfe, Äbte und Kapitel sind Grundherren vieler Dörfer und ziehen in dieser Eigenschaft auch die Herrenabgaben ein. Eng verbunden mit der Monarchie, deren göttliches Recht nach wie vor durch die Salbung versinnbildlicht wird, übt der Klerus im Namen des Königs ebenso wie im eigenen Namen die geistliche Herrschaft aus: Seit dem Widerruf des Edikts von Nantes wird bei allen Franzosen unterstellt, sie seien katholisch; was später Aufgabe des Standesbeamten wird, ist Sache des Pfarrers; ohne die Sakramente hat der Untertan des Königs keine rechtliche Existenz, und seine Kinder gelten als illegitim, können demnach nicht erben; erst Anfang 1788 läßt man sich dazu herbei, das Vorhandensein von Protestanten wahrhaben zu wollen und für sie eine Ausnahme zu machen. Außerdem ist die Geistlichkeit allein für Unterricht und Sozialfürsorge zuständig und an der Zensur eines jeden legal herausgebrachten Druckwerks beteiligt.

Doch im Grunde ist der Klerus, wie Sieyès es ausgedrückt hat, keine Gesellschaftsklasse, sondern ein Beruf. Seine Einheit ist rein geistlicher Art: er vertritt die Kirche als die vollkommene, himmlische Gemeinschaft. Gesellschaftlich besteht ein großer Unterschied zwischen den Adligen – also vor allem der höheren Geistlichkeit: Bischöfen, Äbten, vielen Kanonikern – und den Bürgerlichen, und dazu gehören so gut wie alle Pfarrer und Vikare in den Gemeinden sowie die meisten Ordensleute. Das wird sich bald bei den Generalständen erweisen, wo die Pfarrer dem Dritten Stand zum Siege verhelfen. In Wirklichkeit gibt es also nur zwei Klassen: Adel und Bürgerliche. Die »Aristokratie«, das sind die Adligen.

Der Adel

Auch der Adel genießt Privilegien, bloße Ehrenrechte wie das Tragen des Degens und einträgliche Rechte wie die Befreiung von der »taille«, der allgemeinen Königsteuer, von den Hand- und Spanndiensten für den Straßenbau und von der Truppeneinquartierung. Er ist jedoch weniger begünstigt als die Geistlichkeit; er ist keine Körperschaft und muß die Kopfsteuer zahlen, das ist eine Ergänzungsabgabe zur »taille«, sowie die »vingtièmes«, eine in wenigen Provinzen durchgesetzte Steuer auf das Einkommen. Es bleibt ihm nach wie vor reichlich Grundbesitz, gut ein Fünftel des Bodens dürfte es sein, und außerdem stehen ihm die meisten Herrenrechte zu. Das alles bezeichnet aber noch keine eindeutige Verschiedenheit von den Bürgerlichen: Privilegien genießen auch die Provinzen und Städte, ferner bürgerliche Beamte; viele Stadtbürger zahlen keine »taille« an den König; nur die Bauern werden durchs Los zur Miliz eingezogen und halten die Landstraßen in Ordnung. In Frankreich ist es, im Gegensatz zu Preußen etwa, durchaus nicht verboten, daß Bürger oder Bauern Grundbesitz, ja sogar Herrenrechte erwerben, und viele machen von der Möglichkeit Gebrauch.

Was den Adel wirklich ausmacht, ist allein die Geburt. Gewiß, man kann auch geadelt werden, aber nach allgemeiner Anschauung wird man als Adliger geboren. Das Blut gibt dem Adligen seine Überlegenheit über den *unedlen* Bürgerlichen, woraus folgt, daß dieses Anderssein unbedingt ist: eine Mesalliance ist ein unauslöschlicher Makel. Die aristokratische Literatur, die, was häufig übersehen wird, neben der bürgerlichen Philosophie im 18. Jahrhundert weite Verbreitung findet, bemüht sich, diesen Rassenwahn durch eine legendenhafte Darstellung unserer Gesellschaftsgeschichte zu untermauern. Für den Grafen von Boulainvilliers sind die Adligen die Nachkommen der Germanen, die sich mit dem Recht des Eroberers zu Herren über Leib und Gut der in den Waffen ungeübten und vor dem Tod zitternden Gallorömer gemacht haben. Sie sind eine eigene Rasse von Helden und Soldaten, zum Befehlen geschaffen, der es in erster Linie auf die Achtungsbeweise ankommt, auf die ihr die Ehrenrechte Anspruch sichern. Unvorstellbar, sie mit dem Rest der Nation in einem Atem zu nennen!

Der Adlige würde sich *unstandesgemäß* verhalten, würde zum Bürgerlichen herabsinken, wenn er einen Beruf oder ein Gewerbe ausüben wollte; Colbert hat ihm den Überseehandel gestattet, aber mit bescheidenem Erfolg. Wenn er nicht sehr arm ist, verwaltet der Adlige nicht einmal seinen Besitz. Weil er untätig bleibt, muß er oft mit ansehen, wie sein Vermögen zerrinnt. Der Krieg bringt nichts mehr ein, das Erstgeburtsrecht des Ältesten hindert die jüngeren Brüder nicht daran, ihren Pflichtteilanspruch geltend zu machen, und das Leben ist im 18. Jahrhundert viel teurer geworden. So ist der Adel längst keine homogene Klasse mehr. Einige Adlige sind sehr reich: La Fayette bezieht seit dem Tod seines Vaters 140 000 Franken jährliche Kapitalrente. Sie halten sich abwechselnd bei Hofe und in prächtigen Schlössern auf, wie Rohan in Zabern oder Brienne in Brunoy. Ihrer Lebensführung fehlt es häufig an Maß und Ernst, und viele sind schwer verschuldet. Am Vorabend der Revolution macht ein fürstliches Haus aus einer Nebenlinie der Rohan, die Guéménées, bankrott. Der Provinzadel führt ein weniger leichtsinniges Leben, viele seiner Mitglieder sind wenig begütert oder sogar arm, vor allem in den bergigen Gegenden; diese »Krautjunker« halten die Tradition besonders hoch und sind zu keiner Konzession bereit: auf die Herrenrechte verzichten oder auch nur mehr Steuern zahlen, das wäre, so fürchten sie, vollends ihr Ruin.

Der Amtsadel

Neben diesem Schwertadel, dem alten oder sogenannten alten Adel, steht inzwischen ein anderer. Der König kann adeln und hat das auch oft getan, um Dienste zu belohnen. Im 16. und 17. Jahrhundert war es üblich geworden, daß er Ämter verkaufte, um sich Geld zu verschaffen, vor allem in der Rechtspflege, aber auch in Finanzwesen, Militär, Verwaltung und Stadtregiment, und etliche dieser Ämter hat er für den Inhaber mit dem Adel verbunden, um den Preis zu steigern. Der erbliche Adel ist mit der Berufung an einen der Pariser Gerichtshöfe – also Parlament, Rechnungshof, Verbrauchssteuerhof, Großer Rat, Münzrat – oder an bestimmte Provinzgerichtshöfe verbunden. In anderen Fällen wird der zunächst nur persönlich erworbene Adel nach einer gewissen Amtszeit erblich. Den Amtsadel bekommen die Referenten des Königlichen Rats, die leitenden Beamten der Finanzbüros und die Generalsteuereinnehmer, die Sekretäre des Königs, von denen es im ganzen Lande hunderte gibt, obwohl sie keinerlei Funktion ausüben, die Bürgermeister und Ratsherren bestimmter Städte. Diese Adligen bürgerlicher Herkunft sind reich, denn die Ämter sind teuer; in aller Regel sind sie schon aus Familientradition gute Verwalter in fremder und eigener Sache. Lange sind sie vom Schwertadel mit Verachtung gestraft worden, doch im 18. Jahrhundert ist der Abstand geschrumpft; die Mitgift ihrer Töchter verlockt zur Ehe und damit zur Verschmelzung. Jedenfalls vergessen die frisch Geadelten ihr Herkommen sofort und geben sich nicht weniger von oben herab als die anderen.

Der Adel und das Geld

Im Ancien régime ist also auch der Adel der Macht des Geldes unterworfen. Ohne Geld ist die Zukunft verbaut. Die Zeiten sind vorbei, da ein jüngerer Sohn aus der Gascogne nach Versailles zog, um sein Glück bei Hofe zu machen – der unbemittelte Adlige findet dort keinen Platz. Selbst bei der Armee sind seinen Beförderungsmöglichkeiten unerbittlich Grenzen gesetzt: ein Regiment kostet 25 000 bis 50 000 Franken. So lauern sie in großer Zahl auf eine Pfründe, eine Pension, eine Ehrengabe, soweit sie sich dem König nähern können, oder jedenfalls auf eine gute Partie, und sei es um den Preis einer Mesalliance: Choiseul, Herzog und Marschall von Frankreich, hat die Tochter des Generalsteuerpächters Crozat zur Frau genommen, ein Parlamentspräsident wie Molé heiratet die Tochter des berühmten Steuerfinanziers Bernard, eine Tochter des Bankiers Laborde wird Gräfin von Noailles. Bemerkenswerter noch ist die Tatsache, daß sich Adlige anstecken lassen von bürgerlicher Gesinnung, sich für die Fortschritte des Kapitalismus interessieren und einen Teil seines Profits durch ihren Einfluß auf die Verwaltung oder unter Berufung auf ihre Herrenrechte abzuschöpfen versuchen. Lange haben die Grundherren den Standpunkt vertreten, daß sie die Schürfrechte besäßen; 1744 hat der König sie sich angeeignet. Immerhin ist für die Adligen der Zugang zur Erteilung leichter als für andere, und der Herzog von Croy zum Beispiel hat bei der Gründung der Bergwerksgesellschaft von Anzin eine wichtige Rolle gespielt. Wälder und Flüsse gehören zum größten Teil zu den Domänen des Adels, und im 18. Jahrhundert sind Eisen- und Glashütten darauf angewiesen, von anderen Gewerben ganz zu schweigen. Manche Adlige legen ihr Geld als Firmenkapital an: Der Graf von Artois, einer der Brüder des Königs, ist an der Schaffung der Manufaktur von Javel beteiligt; der Graf von Buffon beschäftigt sich nicht nur mit naturwissenschaftlichen Forschungen und Schriftstellerei, sondern gründet auch ein Hüttenwerk in Montbard; andere betreiben Immobiliengeschäfte, so der Herzog von Orléans, der an seinem Palais-Royal Mietsgebäude errichten läßt; wieder andere erwerben Anteile an den Pachtverträgen für die Einziehung der Salzsteuer und der Binnen- oder Außenzölle, tun sich mit den Heeres- und Marinelieferanten zusammen, spekulieren an der Börse: Talleyrand und der Abbé von Espagnac waren schon vor der Revolution für diese Vorliebe bekannt. Manche Großgrundbesitzer, die noch auf die Tradition halten, haben ihre Einkünfte zu erhöhen versucht, indem sie ihre Felder nach den von den Physiokraten empfohlenen, oft aus England kommenden Methoden bewirtschaften ließen: der Marquis von Turbilly auf Volandry in der Touraine, der Herzog von La Rochefoucauld in Liancourt, der Graf von Montlosier auf Randanne bei Clermont, der Wissenschaftler und Steuerpächter Lavoisier in der Gegend von Blois. Doch die meisten Grundherren beschränken sich darauf, ihre Feudalrechte mit mehr Nachdruck wahrzunehmen. Das ist die berüchtigte »Reaktion der Herren«: Sie verpachten ihre Ansprüche an Bürger, die diese dann rücksichtslos eintreiben, sie lassen genaue Grundbücher anlegen und längst vergessene Ansprüche wieder aufleben, sie erwirken vom König Erlasse, die es ihnen gestatten, ihre Gründe einzuzäunen – womit dem Vieh der Bauern Weidemöglichkeiten genommen werden – oder ein Drittel des Gemeindelands für sich bewirtschaften zu lassen, sie lassen unter Berufung auf ihr Pflanzrecht an den Straßen- und Wegrändern auf den Feldern der Bauern Bäume wachsen, und sie verjagen die Bauern aus ihren Wäldern.

Tocqueville hat die Folgen dieses Wettlaufs nach dem Geld betont. Oben verliert der Adel immer mehr Mitglieder, deren Lebensumstände und Lebensweise denen des Bürgertums immer ähnlicher werden und die liberale Ansichten vertreten, ja, die neidisch sind auf die sich bürgerlich bereichernden, in Parlament und Regierung für die Staatsgeschäfte wirklich verantwortlichen englischen Lords. Und unten bröckelt er ab, weil immer mehr Adlige aus Geldmangel wie Mirabeau nicht mehr standesgemäß leben; viele nachgeborene Söhne träumen von einer neuen Ordnung, in der sie ihren Platz fänden, oder sind jedenfalls, von der Kläglichkeit ihres Lebenszuschnitts angewidert, zu jedem Abenteuer bereit und rufen wie der junge Chateaubriand: Erhebt euch doch, ihr hochwillkommnen Stürme!

Die aristokratische Reaktion im 18. Jahrhundert

Nun darf man allerdings diese Entwicklung auch nicht überbewerten. Die allermeisten Adligen können oder wollen sich nicht mit Gelderwerb abgeben, die meisten nachgeborenen Söhne mögen nicht unstandesgemäß leben. Deshalb betonen sie zunehmend ihre Sonderstellung. Der Adel soll eine Körperschaft bilden wie die Geistlichkeit und sich als geschlossene Kaste empfinden. In den Beschwerdeheften für die Generalstände 1789 fordert er ein letztes Mal die Prüfung der Adelstitel und die Abschaffung des mit dem Kauf bestimmter Ämter verbundenen Erwerb des Adels. Der König soll auf seinen »treuen Adel« zählen dürfen, aber er soll auch anerkennen, daß nur dieser seine Berater stellen und in seinem Namen Truppen führen darf; er soll ihm das Monopol auf die mit seiner Würde vereinbaren Staatsämter gewähren, außerdem die kostenlose Ausbildung seiner Söhne. Im Laufe des 18. Jahrhunderts hat der

Adel in jeder Hinsicht viel erreicht; der König, erster Adliger seines Reiches, hat immer mehr die Vorrechte des Blutes berücksichtigt, auch wenn er damit gefährdet, was man seine nationale Aufgabe nennen könnte; denn der Einfluß, den er den Adel gewinnen ließ, konnte ja die Macht des Königs schmälern.

Tatsächlich besteht die Geschichte der kapetingischen Monarchie zu einem guten Teil aus ihrem Kampf gegen die Aristokratie. Mal ist die königliche Macht stärker, bei Franz I. und Heinrich II., wenn man nicht noch weiter zurückgehen will, bei Heinrich IV. und zur Zeit von Richelieu, mal gewinnt die Aristokratie die Oberhand, begünstigt durch die Religionskriege, die Minderjährigkeit Ludwigs XIII., die Fronde. Seit Ludwig XIV. hat man gemeint, der Konflikt sei ausgestanden; der Adel ist sogar einer direkten Besteuerung unterworfen worden. So hat die königliche Macht mit ihrem Bemühen, Frankreich territorial abzurunden, auch die innere Einheit der Nation gefördert: Indem sie dem Adel die Lokalverwaltung entzog, bekämpfte sie den Partikularismus, und indem sie Geistliche und Adlige dem für alle Franzosen gleichen Gesetz unterwarf, stellte sie die Privilegierten, jedenfalls in dieser Hinsicht, auf eine Stufe mit dem Rest der Nation. Doch die Nachfolger Ludwigs XIV. führten dieses große Werk nicht konsequent weiter. Als kennzeichnend für das 18. Jahrhundert nennt man gewöhnlich den Aufstieg des Bürgertums und den Triumph der Philosophie. Es war aber auch die Zeit der letzten Gegenoffensive der Aristokratie, mit der beginnenden Revolution als Krönung.

Zur Zeit Ludwigs XVI. hätte nicht wie zu Beginn des Jahrhunderts ein Saint-Simon dem Monarchen vorhalten können, er umgebe sich nur mit »gemeinem Bürgervolk«. Außer Necker sind alle Minister Adlige, ebenso die königlichen Räte; außerdem sind selbstverständlich alle Würdenträger des Hauses des Königs, der Königin sowie der Prinzen von Adel. Nach jedem Kriege werden die bürgerlichen Offiziere als erste entlassen; der Graf von Saint-Germain hat bei jedem Inhaberwechsel den Preis der käuflichen Ämter um ein Viertel gesenkt, um sie bald ganz den Adligen vorbehalten zu können; seit 1781 muß man, um Offizier zu werden, vier adlige Großelternteile nachweisen können. Bei der Marine, wo es keine käuflichen Kommandos gibt, läßt sich die Sonderstellung noch leichter durchsetzen. Im Jahre 1789 sind alle Bischöfe von Adel. Die Parlamentsgerichtshöfe sträuben sich, Bürgerliche aufzunehmen, einige verlangen sogar ganz offen den Adel väterlicherseits; außerdem werden kaum mehr neue Stellen geschaffen, und die alten sind so gut wie erblich. Selbst die Rekrutierung der königlichen Intendanten in der Provinz zeigt diese Entwicklung: zu den Zeiten Richelieus und Colberts waren die Intendanten bürgerliche oder frisch geadelte Juristen; unter Ludwig XVI. sind es Altadlige, die lange in ihren Generalitäten leben, sich dort verheiraten, Bodenbesitz erwerben und mit den Grundherren der Provinz vertrauten Umgang pflegen. Wie werden sie sich im Falle eines ernsten Konflikts zwischen dem König, den sie vertreten, und der Aristokratie, der sie angehören, entscheiden?

Das Schwächerwerden der königlichen Macht

Seit dem Ende der Regierungszeit Ludwigs XIV. ist die Auseinandersetzung wieder aufgeflammt. Es ist zwar keine Rede davon, zu den Waffen zu greifen, aber, auch dies ein Zeichen der Zeit, der Kampf findet nicht weniger hartnäckig auf dem Felde der Rechtsprechung und der Verwaltung statt: mit bürgerlichen Methoden parieren und untergraben die souveränen Gerichtshöfe und die Provinzialstände die Macht des Königs. Die Parlamente waren Organe der Rechtsprechung, doch zwei ihrer Befugnisse gaben ihnen eine politische Rolle. Ein königlicher Erlaß war nach ihrer Auffassung nur dann gültig, wenn sie ihn »registriert« hatten, und bevor sie sich dazu herbeiließen, hatten sie Anspruch darauf, »Vorhaltungen« zu machen. Gewiß, der König konnte sich darüber hinwegsetzen: Er hielt ein *lit de justice,* eine königliche Sitzung ab und ließ die Registrierung kraft seiner Autorität vornehmen. Doch im 18. Jahrhundert hatten die Parlamente sich erkühnt, einen solchen Akt für null und nichtig zu erklären, und wenn der König darauf beharrte, so setzten sie mit der Rechtsprechung aus. Darauf konnte der König wiederum mit Verbannungsbefehl durch *lettre de cachet,* höchsteigenen Siegelbrief, reagieren, doch bis es zu einer Einigung kam, blieb der Erlaß toter Buchstabe. Die Parlamente hatten es besonders leicht, wenn es um Fragen der Besteuerung ging: Sie spielten die Beschützer der Steuerpflichtigen und hemmten unter diesem Deckmantel die Reformen, die zu einem Abbau der Privilegien geführt hätten. 1774 hatte Kanzler Maupeou diese Oligarchie der Juristen gebrochen, doch eine der ersten Maßnahmen Ludwigs XVI. war ihre Wiederherstellung gewesen. Bald darauf hatte sie erheblich zum Sturz von Turgot beigetragen.

Der Machtzuwachs der Provinzialstände ist weniger auffallend, aber nicht weniger bezeichnend. Ludwig XIV. hatte sie im Artois, in Flandern und im Cambrésis, im Béarn und etlichen kleinen Pyrenäenprovinzen, in Burgund und, wenn auch mit eingeschränkten Rechten, in der Provence bestehen lassen; besonders mächtig waren die des Languedoc und der Bretagne. Adel und Klerus gaben in den Ständen allein den Ton an, und der Dritte Stand war nur durch Abgeordnete der Städte vertreten, die ihrerseits von Adel oder Privilegierte waren; im Languedoc waren sie an Zahl den Abgeordneten der beiden ersten Stände gleich, und abgestimmt wurde nach Köpfen, ohne daß es der Aristokratie zum Nachteil gereichte.

Im Umkreis der Stände und Parlamente in den Provinzen gedieh der Partikularismus. Die Ständeversammlungen, denen das Recht der Steuerbewilligung zustand, hielten sich wie die Parlamente etwas darauf zugute, die Bevölkerung gegen die Finanzverwaltung in Schutz zu nehmen, aber sie nutzten das vor allem, um die Privilegien vor jedem Zugriff zu sichern und nach und nach selbst einen großen Teil der Verwaltung zu übernehmen. Dabei ging der Languedoc voran, es folgte die Bretagne, wo 1788 der königliche Intendant in Rennes nur noch für Gendarmerie, Postwesen und Arbeitshäuser zuständig war. Die Provinzen mit eigenen Ständen erregten den Neid der anderen, und die Intendanten spürten, wie unbeliebt sie waren, so daß sie ihre Befugnisse immer zurückhaltender ausübten.

Der Adel gab sich also durchaus nicht damit zufrieden, die öffentlichen Ämter zu beanspruchen, er erhob Anspruch auf Teilhabe an der Zentralgewalt und auf Leitung der ganzen Lokalverwaltung. Die Parlamente gebärdeten sich als Erben der März- und Maifelder, auf denen die Frankenkönige die Großen ihres Reiches hörten, des *Cour-du-Roi*, auf den die Kapetinger ihre Vasallen luden. Sie wiesen darauf hin, daß früher die Generalstände die Steuern bewilligt hätten, und stellten sich auf den Standpunkt, daß sie jetzt dieses Recht stellvertretend ausübten. Die aristokratische Literatur wies nach, daß die Grundherren mit ihrem Lehen unbeschränkte Gewalt über die Bauern erhalten hätten und der König ihnen diese widerrechtlich genommen habe. Montesquieu hatte alle diese Argumente aufgegriffen, einschließlich der germanischen Herkunft des Adels, um die Existenz von »Körperschaften« zu rechtfertigen, von denen er meinte, sie seien unentbehrlich, um zu verhindern, daß die Monarchie despotische Macht bekäme; die Freiheit, wie er sie einforderte, war die Freiheit der Aristokratie, für die sein ›Geist der Gesetze‹ in dieser Hinsicht geradezu ein Brevier darstellte. Man hat sich immer wieder bemüht, einen Unterschied zwischen Schwertadel und Amtsadel zu konstruieren, hat allein den Parlamentsmitgliedern als ungehorsamen Beamten die Schwächung der königlichen Macht im 18. Jahrhundert zugeschrieben. Tatsächlich verteidigten diese ihre Eigeninteressen, und schon Montesquieu zum Beispiel hatte sich für die Beibehaltung des Ämterkaufs eingesetzt, doch der Schwertadel, so mißgünstig er nach wie vor den Amtsadel betrachtete, sah ihn doch nicht mehr als Gegner an und machte mit ihm gemeinsame Sache gegen die Zentralgewalt. Bei jeder Krise unterstützten die Provinzialstände die Parlamente und umgekehrt.

Die Einheit der Nation bleibt unvollendet

Das Königtum, Schwertadel und Amtsadel gleichermaßen mißtrauend, hatte die Einheit der Nation nicht schaffen können. Sie war zwar weit fortgeschritten, was schon die Revolution beweist, die sonst nicht möglich gewesen wäre. Die Entwicklung von Verkehr und Handel, die Ausbildung in den Gymnasien, die Anziehungskraft des Hofes und der Stadt Paris knüpften tausend Bande zwischen den Franzosen. Doch die Provinzen und Städte blieben auf ihre Privilegien bedacht; in Südfrankreich galt weiterhin römisches Recht, im Norden das vielförmige Gewohnheitsrecht; Maße und Gewichte waren nicht vereinheitlicht; nach wie vor gab es Binnenzölle und Mautgebühren; die jeweils ganz verschiedene Einteilung des Landes für Verwaltung, Rechtsprechung, Steuereintreibung und Kirche bildete geradezu ein Chaos; vor allem aber blieb der Adel eine Nation in der Nation.

Dennoch kam der Tag, da eine neuerliche Krise den Generalkontrolleur der Finanzen Calonne zu einer Modernisierung des Staates veranlaßte. Und der ewige Widersacher stellte sich ihm in den Weg.

2. Die Krise der Monarchie

Der Ursprung dieser Krise geht zurück auf den Amerikanischen Unabhängigkeitskrieg. Tatsächlich kann man den Aufstand der englischen Kolonien als die wichtigste unmittelbare Ursache für die Französische Revolution ansehen, und zwar nicht nur, weil die Berufung auf die Menschen- und Bürgerrechte die Geister entflammte, sondern auch, weil Ludwig XVI. durch seine Unterstützung die Finanzen des eigenen Landes zerrüttete. Necker, Generaldirektor der Finanzen, brachte das Geld für den Krieg durch Anleihen auf; nach dem Friedensschluß von 1783 vermochten auch Steuererhöhungen das Defizit nicht abzudecken, und Calonne mußte weitere Kredite aufnehmen. Als die Geldgeber 1786 unnachgiebig wurden, mußte er dem König die Unumgänglichkeit einer Steuerreform vortragen.

Das Defizit und die Staatsschuld

Über den Zustand der Staatsfinanzen haben Necker und Calonne bei ihren gegenseitigen Schuldzuweisungen Zahlen genannt, die man heute unmöglich nachprüfen kann. Immerhin gewinnt man eine annähernde Vorstellung, wenn man den Bericht liest, der dem König im März 1788 vorgelegt wurde: eine Vorausberechnung der Einnahmen und Ausgaben, also eine Art Haushalt, der erste und letzte des Ancien régime. Die Ausgaben belaufen sich darin auf 629 Millionen, die Einnahmen auf 503, so daß sich ein Defizit von 126 Millionen gleich 20 Prozent der Ausgaben ergibt, das einmal mehr durch Kreditaufnahme gedeckt werden sollte. Leider kennen wir die echten Einnahmen und Ausgaben nicht, doch die Deckungslücke war sicherlich größer, weil eine Wirtschaftskrise im Laufe des Voraussagejahres die Einnahmen schmälerte und durch die notwendigen Getreidekäufe im Ausland die Ausgaben erhöhte. Hinzu kam, daß die Anleihen nicht voll gezeichnet wurden. Schon am 13. Oktober 1787 mußte eine Kürzung der Pensionszahlungen angeordnet werden; am 18. August 1788 wurde die Annahme der Kassenscheine der Diskontokasse an Geldes Statt zwingend vorgeschrieben, damit die Kasse dem Staat hundert Millionen vorstrecken konnte: die Inflation war da. Außerdem wurden Renten und Pensionen so spät wie irgend möglich ausgezahlt.

Ursachen und Gegenmaßnahmen

Die Zeitgenossen hielten die schamlose Verschwendung der Minister und des Hofes, die gigantischen Profite der Finanziers beim gepachteten Einzug der indirekten Steuern und die Gewinne der unzähligen Steuereinnehmer, die den Ertrag der direkten Steuern zusammenführten, für die Ursache allen Übels. Darin waren sich die Privilegierten und der Dritte Stand durchaus einig. Die Beschwerdehefte von 1789 verlangen deshalb auch einhellig, die Steuern müßten von den Generalständen bewilligt und von gewählten Verwaltungsbeamten eingezogen werden. Ganz sicherlich gab es Mißbräuche, und trotz kurz zuvor angeordneter echter Sparmaßnahmen bezifferte der große Bericht die Ausgaben des Hofes noch mit 35 Millionen. Doch dieser Betrag, so hoch er war, machte nur 6 Prozent des Haushalts aus, die übrigen zivilen Ausgaben 19 Prozent, Heer, Marine und Diplomatie 26. Die Schuldenlast war es, die auf die Finanzen des Königs drückte: Zinsen und Amortisation kosteten 318 Millionen, also mehr als die Hälfte der Ausgaben. Weitere Haushaltskürzungen waren nicht unmöglich. Beim Heer zum Beispiel gab es zu viele Offiziere, und manche Pensionen waren reine Gunstbezeugungen. Aber es war auch klar, daß sich die 126 Millionen Defizit nicht einsparen ließen, ohne den Schuldendienst zu kürzen, das heißt ohne Bankrotterklärung. Es wäre nicht die erste gewesen, und da so gut wie ausschließlich die Pariser Bürger die Leidtragenden gewesen wären, hätte der kleine Provinzadel nichts daran auszusetzen gefunden. Die Parlamente jedoch hätten gegen ein solches Eingeständnis der Zahlungsunfähigkeit scharf protestiert, und vor allem wäre die Finanzwelt zukünftig nicht mehr zu Darlehen an den Staat bereit gewesen. Man muß der Monarchie das Verdienst lassen, daß sie eine solche Lösung von sich gewiesen und auch keine ausgesprochene Inflationspolitik betrieben hat, die ja nichts weiter als ein verschleierter Bankrott gewesen wäre. Allerdings beweist diese vorsichtige Zurückhaltung auch, wie übermächtig der Einfluß des Bürgertums schon war.

Niemand konnte sich jedenfalls Hoffnung darauf machen, daß das Defizit werde sich durch eine Erhöhung der bestehenden Steuern decken lassen. Sie waren einfach schon zu hoch. Außerdem zeigt ein Preisvergleich zwischen den Zeiträumen 1726 bis 1741 und 1785 bis 1789, daß die Preise um 65 Prozent, die Löhne aber nur um 22 Prozent gestiegen waren; bei geringerer Massenkaufkraft konnten die Steuereinnahmen, vor allem aus den Verbrauchssteuern, nicht viel mehr einbringen.

Das Steuerprivileg

So blieb nur eine Einnahmequelle, eine sehr ergiebige sogar. Es trugen ja nicht alle Franzosen nach gleichen Regeln zu den Staatseinnahmen bei. Ganze Landesteile blieben verschont, zumal solche mit eigenen Provinzialständen wie die Bretagne und der Languedoc, viele Bürger zahlten keine *taille,* Hand- und Spanndienste für den Straßenbau leisteten nur die Bauern. Vor allem aber waren Geistlichkeit und Adel begünstigt, und ihr Steuerprivileg war um so größer, als die Einnahmen aus landwirtschaftlicher Produktion viel stärker gestiegen waren als die Preise, um 98 Prozent gegenüber 65 Prozent im genannten Vergleichszeitraum; der Geldwert des Kirchenzehnten und der Naturalabgaben an den Grundherrn hatte sich entsprechend den Preisen entwickelt. Vereinfacht gesagt war es im Ancien régime so, daß man um so weniger zahlte, je reicher man war. Technisch gesehen war der Krise also leicht beizukommen: Man brauchte nur alle zum Zahlen zu bringen.

Calonnes Plan

Calonne war das durchaus klar. In seiner Denkschrift vom 20. August 1786 an den König schlug er vor, das Tabakmonopol und die Salzsteuer auf die bisher ausgenommenen Provinzen zu erweitern und bei dieser Gelegenheit den Salzpreis, der von Gegend zu Gegend horrend verschieden war, zu vereinheitlichen. Ferner beabsichtigte er, statt kleinerer direkter Steuern eine *subvention territoriale* einzuführen, eine unterschieds- und ausnahmslos von allen Grundbesitzern zu leistende Naturalabgabe. So sollte nicht nur das Haushaltsgleichgewicht wiederhergestellt werden, es würden auch viele kleine Steuern wegfallen können, zum Beispiel auf den Transport von Eisen, Ölen, Branntwein, Kolonialwaren und auf die Herstellung von Eisen und Ölen; die Bauern sollten die Hand- und Spanndienste mit Geld ablösen dürfen. Calonne hoffte, diese Maßnahmen würden das Wirtschaftsleben anregen und die zu versteuernden Einkünfte erhöhen. Die gleiche Absicht verfolgte er mit dem Vorschlag, die Binnenzölle abzuschaffen und den Getreidehandel völlig freizugeben. Ein solches Programm des Vermögens- und Einkommenszuwachses entsprach den Ansichten der Nationalökonomen und des Bürgertums, schwächte aber durch die Einschränkungen der Steuerprivilegien die Gesellschaftsstruktur des Ancien régime. Und Calonne wollte noch weiter gehen. Er rechnete damit, daß der Klerus die Entrichtung der einzuführenden *subvention territoriale* unter Hinweis auf den für den Staat aufgenommenen Kredit ablehnen würde, und wollte ihn zurückzahlen, indem er die Herrenrechte, die von den Priestern ausgeübt wurden, an sich zog und veräußerte. Außerdem beabsichtigte er, die Verteilung der Steuerlast »Provinzialversammlungen« zu überlassen, die von den Grundbesitzern zu wählen sein würden und deren Vorsitz einem Bürgerlichen anvertraut werden könnte.

Die königliche Gewalt wäre nach diesem Plan zeitgemäßer und stärker geworden. Nach der Wiederherstellung des finanziellen Gleichgewichts wären bei größerem Reichtum des Landes keine steuerlichen Notmaßnahmen mehr erforderlich geworden, und der König wäre der Aufsicht der Parlamente entzogen gewesen. Die Einheit des Reiches hätte einen großen Schritt getan, ebenso die gesellschaftliche Entwicklung: Die Steuerprivilegien wären abgebaut worden, man hätte die Herrenrechte nach und nach ablösen können, die grundbesitzenden Bürger und Bauern wären an der öffentlichen Verwaltung beteiligt und damit in den Staat integriert worden.

Das Opfer, das die Privilegierten bringen sollten, war bescheiden, weil der Adel von der *taille* und die Geistlichkeit von der ergänzenden Kopfsteuer, beide Stände von den Hand- und Spanndiensten befreit bleiben sollten. Doch Calonne gab sich keinen Illusionen über die Reaktion der Parlamente auf seine Vorschläge hin. Wäre er des Königs sicher gewesen, hätte er den offenen Kampf vielleicht aufgenommen, wie es ihm manche seiner Ministerkollegen rieten. Doch Ludwig XVI. war zwar auf seine Autorität bedacht, nur fehlte es ihm an Willenskraft; er war ein rechtschaffener und wohlmeinender Mann, aber kein großes Licht, und begriff weder die Gefahr, in der er sich befand, noch die weitreichenden Absichten des Plans seines Ministers. Andererseits war zwar das Ansehen des Königtums als des Symbols der nationalen Gemeinschaft ungeschmälert, aber persönliches Ansehen hatte Ludwig XVI. nicht. Er beschäftigte sich mit Jagen und Basteln, aß gern und trank viel, liebte weder Geselligkeit noch Spiel noch Tanz und war Zielscheibe des Spotts der Höflinge. Seine Kinder, flüsterte man sich zu, seien nicht von ihm; Marie-Antoinette galt geradezu als eine Messalina, und seit der Halsbandaffäre im Jahre 1785 war es um ihren Ruf beim ganzen Volk geschehen. Die Charaktereigenschaften von König und Königin müssen zu den unmittelbaren Ursachen der Revolution gezählt werden; mit großer Wahrscheinlichkeit wären die Dinge anders gelaufen, wenn ein Heinrich IV. oder auch nur ein Ludwig XIV. auf dem französischen Thron gesessen hätte.

So mußte sich Calonne ins Taktieren flüchten. Er dachte sich die Einberufung einer Versammlung von »Notabeln«, von hochgestellten Persönlichkeiten aus, in der die verschiedenen Elemente des Adels vereinigt waren: 14 Prälaten, 36 große Grundherren, 33 Parlamentsmitglieder, 13 Intendanten und Staatsräte, 37 Mitglieder der Provinzialstände und Stadtobrigkeiten. Da er sie selber ausgesucht hatte und auf den Einfluß der Verwaltung und den schuldigen Respekt vor dem König rechnete, war er überzeugt, sie würden sich als einsichtig erweisen und mit ihrer Zustimmung die Parlamente beeindrucken. Im Grunde war es eine vorweggenommene Kapitulation: Der König konsultierte die Aristokratie, statt ihr einfach seinen Willen mitzuteilen.

Die Versammlung der Notabeln

Unglücklicherweise erkrankte Calonne, und Vergennes, seine stärkste Stütze in der Regierung, starb. Die Eröffnung der Notabelnversammlung mußte auf den 22. Februar 1787 verschoben werden. Die Öffentlichkeit gewann Zeit, sich über diese Versammlung von Statisten lustig zu machen, so daß sich die Notabeln in ihrer Ehre gekränkt fühlten. Calonne brachte sie noch vollends gegen sich auf, indem er gleich bei der ersten Sitzung die Mißbräuche in herausforderndem Ton geißelte und erklärte, der König sei unerschütterlich entschlossen, sie abzustellen. Etliche seiner Vorhaben, die Ablösung der Hand- und Spanndienste und die Reform der Verbrauchssteuern, konnten die Privilegierten nicht schrecken; sie schlugen selber die ersatzlose Abschaffung der Salzsteuer vor, und von der Freigabe des Getreidehandels konnten sie nur profitieren. Doch als es an die »Strukturreformen« ging, begann die Schlacht. Wenn die Geistlichkeit ihre Herrenrechte verlieren sollte, wann würden die weltlichen Herren an die Reihe kommen? Das Recht auf Eigentum wurde beschworen. War es nicht unsinnig, Provinzialversammlungen zu schaffen und sie dann nur mit der Verteilung der Steuerlast zu betrauen? Und wenn sie ohne Aufteilung nach Ständen gewählt wurden, wäre das nicht der erste Schritt zu deren Abschaffung? An der *subvention territoriale* wiederum hatten die Prälaten mit aller Schärfe auszusetzen, daß sie eine Einrichtung auf Dauer, ohne Begrenzung nach oben und für alle sein sollte; sie wagten darauf hinzuweisen, die Generalstände hätten die Steuern niemals ein für allemal bewilligt, die Steuern müßten das Defizit decken und nicht mehr, also habe der Staat seine Abrechnung vorzulegen. Man bestand nachdrücklich auf dem Recht der Provinzialstände, die Steuern zu bewilligen und auf dem Wege des *abonnement* einen festzusetzenden Betrag zu entrichten, dessen Aufbringung gänzlich ihnen überlassen bleiben müsse. Die Naturalentrichtung wurde ohnehin einstimmig verworfen.

Man hat sich immer wieder gefragt, ob sich hinter diesen vielen Einwänden nicht der Wunsch verbarg, die Privilegien überhaupt unangetastet zu lassen. Die Notabeln waren durchaus zu einem Opfer bereit. Doch das Defizit, von dem Mirabeau wenig später sagen wird, es sei die Kriegskasse der Nation gewesen, war jetzt noch das Druckmittel der Aristokratie; sie wollte die *subvention territoriale* nur gegen politische Zugeständnisse akzeptieren: Rechnungsprüfung, also Aufsichtsrechte über die Zentralverwaltung, und die Übertragung der lokalen Verwaltung an von ihr beherrschte Provinzialversammlungen.

Als Calonne in der Sitzung vom 12. März 1787 mit einer unfaßlichen Dreistigkeit den Notabeln seinen Dank ausgesprochen hatte, indem er unterstellte, sie seien mit ihm einer Meinung, hagelte es wütende Proteste. Zugleich aber veröffentlichten sie ein Manifest, in dem sie erklärten, sie seien durchaus damit einverstanden, ebenso behandelt zu werden wie alle Mitbürger, wenn nur »den zwei ersten Ständen die althergebrachten Formen ihrer Distinktion« erhalten blieben. Etliche Gazettenschreiber unterstützten sie. Calonne versicherte, Necker habe 1781 entgegen seinen Beteuerungen schon ein Staatsdefizit hinterlassen; Necker, der viele Parteigänger unter den Notabeln hatte, forderte vergebens das Recht auf öffentliche Erwiderung. Der König sah ein, daß Calonne von den Notabeln nichts erreichen würde, und entließ ihn am 8. April 1787.

Unter seinen Gegnern hatte sich besonders Loménie de Brienne, Erzbischof von Toulouse, hervorgetan, der im Grunde, wie sich bald zeigte, nicht gegen die Reform war, sondern einfach Minister werden wollte, was er auch erreichte. Es hieß, er sei ein fähiger Verwaltungsmann, dabei war er ebenso unfähig wie ahnungslos. Bald verspielte er jedes Ansehen, indem er sich das viel einträglichere Erzbistum Sens geben ließ. Um die Notabeln zu besänftigen, lieferte er ihnen Rechnungsaufstellungen, versprach Einsparungen, verpflichtete sich zur Einführung der Ständeeinteilung in den Provinzialversammlungen und sagte zu, die Herrenrechte der Geistlichkeit sollten unangetastet bleiben. Bei der *subvention territoriale* hielt er sich an seinen veröffentlichten Gegenvorschlag zu Calonne: Zahlung in Geld und *abonnement* für die Provinzen. Doch er verlangte die ausdrückliche grundsätzliche Zustimmung und außerdem eine erhebliche Heraufsetzung der Stempelsteuer. Die Mehrheit der Notabeln blieb bei ihrer Ablehnung, ja, sie erklärte, sie sei gar nicht befugt, Steuern zu bewilligen: ein deutlicher Hinweis auf die Generalstände. Am 25. Mai wurden die Notabeln nach Hause geschickt. Calonnes Notlösung hatte sich nicht bewährt. Brienne stand den Parlamenten in der kommenden Auseinandersetzung ohne Rückhalt gegenüber.

Der Widerstand der Parlamente

Das Pariser Parlament nahm ohne Widerstreben die Registrierung der Freigabe des Getreidehandels, der Ablösung der Hand- und Spanndienste sowie der Schaffung von Provinzialversammlungen vor. Doch bei der Stempelsteuer machte es »Vorhaltungen«, und als ihm Brienne die *subvention territoriale* vorlegte, verwarf es sie, indem es in aller Offenheit erklärte, nur die Generalstände hätten das Recht, über neue Steuern zu beschließen. Am 6. August setzte sich der König mit dem *lit de justice* über die Entscheidung hinweg, doch das Parlament erklärte diese königliche Sitzung in dieser Sache für nichtig und eröffnete ein Untersuchungsverfahren gegen Calonne, der nach England floh. Am 14. August wurden die Parlamentsmitglieder nach Troyes verbannt. Die anderen souveränen Gerichtshöfe hielten zu ihnen. Die Rebellion war da. Sie ließ sich ohne weiteres unterdrücken, doch Brienne gab nach: Die Steuererlasse wurden zurückgezogen, und am 19. September registrierte das wieder eingesetzte Parlament die Wiedereinführung der kleinen indirekten Steuern. Die Regierung hatte ein Jahr verloren und war wieder am Ausgangspunkt angelangt.

Doch auch Brienne brauchte Geld. Er folgte Calonnes Beispiel und wollte Kredit aufnehmen. Die Schwierigkeit war geblieben: Er brauchte die Zustimmung des Parlaments, und dessen einflußreichste Mitglieder waren zu Verhandlungen bereit, verlangten aber sogleich als entscheidende Vorbedingung die Zusage der Regierung, die Generalstände einberufen zu lassen. Brienne rang sich dazu durch, 120 Millionen zu verlangen, auf fünf Jahre verteilt, und zum Ende dieses Zeitraums, also für 1792, das Zusammentreten der Generalstände zu versprechen. Da er sich der Parlamentsmitglieder aber nicht sicher war, verfiel er auf den Ausweg, den Erlaß vom König selber in einer »königlichen Sitzung« einbringen zu lassen, bei der die Mitglieder ihre Meinung äußern, aber nicht abstimmen durften; im Grunde war es ein *lit de justice*. Um alle Absprachen zu vermeiden, wurde die Sitzung am 18. November für den folgenden Tag anberaumt, aber noch am selben Abend erklärte sich der Herzog von Orléans bereit, im Namen der Opposition das Wort zu ergreifen. Als der König die Registrierung befahl, protestierte er tatsächlich: »Sire, das ist nicht legal!« Ludwig XVI. verlor die Fassung und erklärte wütend: »Das ist mir gleich! Es ist legal, weil ich es will!« Kaum war er gegangen, brach der Tumult los. Die Registrierung wurde für nichtig erklärt. Am Tag darauf wurden der Herzog und zwei Parlamentsräte des Landes verwiesen.

Ausweitung des Konflikts

Der Streit zog sich hin. Das Parlament erhob immer neue Vorstellungen, der König wies sie zurück. Die Auseinandersetzung hatte sich verschärft. Am 4. Januar 1788 hatte das Parlament sich mit den Verbannten solidarisch gezeigt, hatte die Ausweisungen durch höchsteigenen Siegelbrief verurteilt und für die Untertanen des Königs die Freiheit des einzelnen als ein natürliches Recht gefordert. Am 3. Mai, im geheimen darauf hingewiesen, demnächst sei mit einem gewaltsamen Exempel zu rechnen, veröffentlichte es eine Erklärung der Grundrechte des Reiches, zu deren Wahrer es sich erklärte: Die Monarchie ist erblich; die Bewilligung von Steuern steht den Generalständen zu; über Franzosen darf nur von ihren gesetzlichen Richtern Recht gesprochen werden, die unabsetzbar sind und nicht willkürlich verhaftet oder gefangengehalten werden dürfen; die überkommenen Rechte und Privilegien der Provinzen sind unantastbar. So berief sich die Aristokratie auf die Menschen- und Bürgerrechte, um ihre Mitglieder zu schützen und den König zu zwingen, die Macht mit ihr zu teilen. Am 17. April hatte Ludwig XVI. noch erklärt, wenn die Parlamente die Oberhand behielten, wäre Frankreich nur noch »eine Aristokratie von Richtern«; genauer hätte er einfach »eine Aristokratie« gesagt. Es ging jetzt das Gerücht, es gebe eine orleanistische Partei, die offenbar darauf aus sei, Ludwig XVI. abzulösen, wenn es ihr gelänge, ihn zur Abdankung zu treiben.

Versuch einer Justizreform

Dabei hatte die Regierung sich jetzt endlich dazu durchgerungen, die extremen Maßnahmen zu ergreifen, die Calonne noch hatte vermeiden wollen. Es erging Befehl, die Parlamentsräte Duval d'Eprémesnil und Goislart de Montsabert, die sich besonders hervorgetan hatten, zu verhaften; Einheiten der Armee umstellten am 5. Mai 1788 den Justizpalast und blockierten ihn, bis sich die beiden Wortführer am Morgen des 6. freiwillig stellten. Dann ließ der König am 8. sechs vom Siegelbewahrer Lamoignon schon vorbereitete Erlasse registrieren. Die Registrierung erfolgte durch die *Cour plénaire,* ein Kollegium, in dem Fürsten und Offiziere der Krone in der Mehrheit waren.

Allein darauf kam es an. Und es folgte eine Justizreform. Die Vogteigerichte wurden abgeschafft, die Präsidialvogteigerichte durchgängig zur ersten Instanz; über ihnen fungierten jetzt Landgerichte als Berufungsinstanz, so daß die Parlamente einen großen Teil ihrer Zuständigkeiten verloren. Die *question préalable*, das heißt die Folter, die der Hinrichtung der Verbrecher vorausging, wurde versuchsweise abgeschafft (die *question préparatoire*, die mit der gerichtlichen Untersuchung einherging, war schon seit 1780 weggefallen). Doch Lamoignon hatte nicht gewagt, Maupeou ganz zu folgen: Ämterkauf und Zwang zur Zahlung von Sporteln an den Richter blieben, so daß Schwertadel und Bürgertum Anlaß zur Unzufriedenheit hatten. Außerdem hatte er den königlichen Gerichten die Vorhand gegenüber der grundherrlichen Gerichtsbarkeit gegeben, das heißt das Recht, auf Antrag des Klägers einen Fall an sich zu ziehen; ein solcher Eingriff schmälerte als wesentlich empfundene Vorrechte der Grundherren. In einigen Begründungen der Erlasse wurde die buntscheckige Gesetzgebung überhaupt kritisiert, und man fürchtete, der Entzug des Registrationsrechts bei den Parlamenten sei nur der Anfang zur Beseitigung der Selbständigkeit der Provinzen. Wie Calonne war auch Lamoignon zu weit oder nicht weit genug gegangen.

Der Aufstand des Adels und die Kapitulation des Königtums

Der Widerstand war diesmal noch allgemeiner und heftiger. In Paris war das Parlament beurlaubt und damit zum Schweigen gebracht worden, doch die anderen souveränen Gerichtshöfe und das Pariser Stadtgericht im Châtelet stellten sich auf seine Seite, und in der Provinz protestierten die Parlamente und die meisten nachgeordneten Gerichte mit Nachdruck. Die Versammlung der Geistlichkeit, die gerade im Juni zusammentrat, kritisierte in scharfer Form die Institution der *Cour plénaire*, forderte die ausdrückliche Bekräftigung der Selbständigkeit der Provinzen und gewährte nur eine sehr bescheidene »freiwillige Gabe«. Aber damit war noch nicht alles ausgestanden. Wie immer schlugen sich alle Diener und Mitarbeiter der Gerichte demonstrativ auf die Seite der hohen Beamten und Räte, und vielerorts kam es zu Ausschreitungen. In Paris hatte man sie rasch im Griff, aber in Toulouse mußte das Präsidialvogteigericht fliehen, in Dijon sah sich die berittene Gendarmerie zur Attacke auf die Volksmenge veranlaßt. In Pau wurde der Zustrom der Leute aus dem Bergland am 19. Juni so bedrohlich, daß der Intendant das Parlament wieder einsetzen mußte; in Rennes einigten sich Parlament und Provinzialstände auf die Entsendung einer gemeinsamen Delegation nach Versailles; in Grenoble erhob sich am 7. Juni, als das verbannte Parlament sich zum Verlassen der Stadt anschickte, die Bevölkerung und bewarf die einmarschierenden Truppen von den Dächern aus mit Ziegeln: der »Tag der Dachziegel« wurde zum Fanal.

Die Provinzialversammlungen hatten Brienne nur Ärger eingetragen. Um die Aristokratie zufriedenzustellen, hatte er ihnen zu Lasten der Intendanten weitgehende Rechte gewährt, hatte die Stände unangetastet gelassen und den Privilegierten den Vorsitz eingeräumt. Doch er hatte die Mitglieder nicht wählen lassen, sondern sie zur Hälfte selbst bestimmt und diesen Männern das Recht gegeben, die andere Hälfte zu bestimmen. Von 341 Mitgliedern, die den Dritten Stand vertraten, waren 63 Adlige und ungefähr hundert Privilegierte, die Bürgerlichen mit Herrenrechten und die Rechtskundigen mit grundherrlicher Richterfunktion nicht mitgerechnet. Trotzdem war die Aristokratie nicht zufrieden, weil Brienne nach dem Vorbild der Ständeversammlung des Languedoc dem Dritten Stand die doppelte Anzahl von Sitzen gegeben und Abstimmung nach Köpfen vorgeschrieben hatte. Das Parlament von Bordeaux untersagte das Zusammentreten der Versammlung des Limousin und mußte zur Strafe in die Verbannung geschickt werden. Dauphiné, Franche-Comté, Hennegau und Provence verlangten ihre alten Provinzialstände, worauf Brienne im Falle der Provence nachgab und bei der Dauphiné hart blieb. Die Aristokratie der Dauphiné setzte sich über seine Anordnung hinweg und forderte das Bürgertum zur Unterstützung auf. Tatsächlich trat am 21. Juli 1788 in Vizille im Schloß des Tuchfabrikanten Claude Périer entgegen dem königlichen Verbot eine Versammlung zusammen, die ihrerseits die Provinzialstände einberief, und deren Beschlüsse Brienne sogar bestätigte.

Unter diesen Umständen blieb nicht mehr die geringste Aussicht, Anleihen zu plazieren. Mangels Geld mußte man die Preußen in Holland gegen die Bürger und für den Statthalter eingreifen lassen, der das Bündnis mit Frankreich brach und sich den Engländern anschloß. Ségur und Castries, die Heeres- und Marineminister, traten zurück. Brienne gab noch einmal nach. Am 5. Juli versprach er die Generalstände einzuberufen, am 8. August hob er die *Cour plénière* auf und bestimmte als Termin für das Zusammentreten der Generalstände den 1. Mai 1789. Am 24. August reichte er seinen Rücktritt ein – die Kassen waren leer. Der König entschloß sich widerstrebend, Nekker wieder zu berufen, der den Rückzug prompt zu Ende führte: Lamoignon wurde entlassen und am 23. September das Parlament wieder in seine Rechte eingesetzt.

Es war soweit. Die Generalstände würden zusammentreten. Das Parlament machte auch sogleich klar, wer davon profitieren würde: Wie 1614 sollten sich drei Ranggruppen bilden, jede mit der gleichen Anzahl von Abgeordneten zu je einer Stimme, so daß Geistlichkeit und Adel das Sagen behielten. Die Aristokratie hatte gesiegt.

Revolutionäre Maßnahmen der Aristokratie

Gegen die königliche Gewalt hatte die Aristokratie zusammengehalten, denn gegen das Bündnis von Gerichtshöfen, Provinzialständen und hohem Klerus waren die königlichen Intendanten ihrer Sache nicht sicher gewesen; in Rennes hatte sich Bertrand de Moleville entschuldigt, gegen das Parlament vorgehen zu müssen, mehrere Offiziere hatten den Gehorsam verweigert. Es war eine Art von Organisation entstanden, die zum politischen Handeln entschlossen war; von Stadt zu Stadt gingen die Schreiben mit den Parolen, der »Dreißiger-Ausschuß«, der bald die Leitung des Dritten Standes übernehmen würde, scheint einen ersten Widerstandsherd gebildet zu haben. In der Bretagne einigten sich Schwert- und Amtsadel auf die Schaffung von Ausschüssen in allen größeren Städten und schickten Beauftragte, um sie ins Leben zu rufen und ihnen Anweisungen zu geben. Um ihre Ziele zu erreichen, zögerte die Aristokratie nicht, sich an das Bürgertum zu wenden; alle Richter und Anwälte halfen ihr, das Gerichtsvolk und die Lieferanten der Parlamentsräte und Adligen wurden zum Demonstrieren aufgefordert, im Béarn und in der Dauphiné bot man sogar die Bauern und Pächter auf, mancherorts ging man so weit, die Unruhe bei der Truppe zu schüren. Keine dieser Methoden wird bis zur Revolution in Vergessenheit geraten. Vor allem die Parlamente werden Schule machen: die immer neuen »Vorhaltungen«, die

Annullierung der erzwungenen Registrierung, die Haltung des Pariser Parlaments am 19. November 1787, seine Erklärung der Grundrechte, das von einigen Gerichtshöfen ausgesprochene Verbot der Steuererhebung werden bald in der Verfassunggebenden Nationalversammlung ihre Entsprechung finden. Das Pariser Parlament ist sogar noch weiter gegangen: Es hat sich das Recht angemaßt, gegen einen Minister Anklage zu erheben, und Calonne ist der erste Emigrant gewesen.

Die Absichten der Aristokratie

Jetzt kam es darauf an, ob der Dritte Stand brav im Windschatten der Aristokratie bleiben würde. Alles hing von deren Absichten ab. Für die Zeitgenossen waren sie ganz eindeutig, doch seither ist häufig die Ansicht vertreten worden, Adel und Geistlichkeit seien zur Hinnahme der gleichen Besteuerung bereit gewesen, ja sogar dazu, dem König ein konstitutionelles Regime aufzuzwingen und die Garantie der wichtigsten Freiheiten durchzusetzen, so daß man dem Bürgertum den bitteren Vorwurf machen müsse, es habe sich doch nur unter das Banner der Aristokratie zu scharen brauchen.

Tatsächlich hat die Aristokratie in den Beschwerdeheften für ihre Vertreter in den Generalständen formal die Niederschrift einer Verfassung, die Bewilligung der Steuern durch die Generalstände und die Übergabe der Verwaltungsbefugnisse an gewählte Provinzialstände gefordert. Sie hat sich darin ferner für den Schutz der Freiheit des einzelnen und der Pressefreiheit, in manchen Fällen sogar für die Gewissensfreiheit eingesetzt. Diese Anliegen wurden grundsätzlich für die ganze Nation vertreten, und wenn sie zum Erfolg geführt hätten, so wäre das auch für den Dritten Stand von Vorteil gewesen. Aber man muß dabei deutlich sehen, daß dem Dritten Stand, hätte er sich damit begnügt, im Staat nur eine untergeordnete Rolle geblieben wäre, denn in der Vorstellung des Adels waren General- und Provinzialstände von ihm nach Belieben zu lenkende Versammlungen. Madame de La Tour du Pin sagte von ihrem altadligen Onkel: »Er wünschte, ganz Frankreich sollte von Ständen regiert werden wie der Languedoc.«

Die Gleichheit vor der Steuer

Bei der Steuergleichheit darf man vor allem nicht vergessen, daß die Privilegierten sich niemals darin einig waren, sie grundsätzlich anzuerkennen. Noch bei seiner Versammlung von 1788 hatte der höhere Klerus einmal mehr auf die Unantastbarkeit seines Besitzes gepocht. Gewiß, die Beschwerdehefte der Geistlichkeit von 1789 klingen anders, aber da hatten die Pfarrer das Wort, und nachdem der Dritte Stand einmal in Bewegung gekommen war, erschienen Zugeständnisse unvermeidlich. Doch selbst zu dieser Zeit verwarf der Adel der Auvergne, von Carcassonne, von Rouen die Gleichheit; der Adel der Dauphiné akzeptierte sie nur unter der Bedingung, daß für bislang befreiten adligen Grund ein Ausgleich gewährt würde. Andere Hefte, bei der Geistlichkeit ebenso wie beim Adel, lehnen die »persönlichen« Lasten nach wie vor ab, also Einquartierung von Militär, Hand- und Spanndienste, Einberufung zur Miliz. Die Geistlichkeit des Niederlimousin wünscht die Ausgaben der Pfarrer berücksichtigt zu sehen, der Adel der Nieder- und Obermarken verlangt Ausnahmen für die Einkünfte der armen Landedelleute; der Oberlimousin fordert vollständige Steuerbefreiung für den Wohnsitz des Edelmanns sowie »etliche Morgen«, und der Niederlimousin den Erlaß der Steuern für den Adligen mit weniger als 1200 Franken Einkünften pro Jahr. Gewiß, das sind arme Landstriche. Aber auch in der Vogtei Coutances in der Normandie begegnet man dem Anspruch auf Steuerfreiheit für »einen nach Billigkeit bemessenen Teil des Vermögens«, und in der von Caen »irgendeinen Freibetrag«.

Eine Nation in der Nation

Selbst wenn man eine vorbehaltlose Zustimmung unterstellt, blieb das entscheidende Wort doch noch zu sprechen. Viele Hefte, bei der Geistlichkeit noch häufiger als beim Adel, fordern, daß jeder der zwei privilegierten Stände seinen Anteil an der Steuer selbst auf die Mitglieder aufteilt oder daß jedenfalls eigene Steuerrollen je Stand geführt werden, daß die Mitglieder ihre Zahlungen nicht an den Einheber der

Gemeinde, sondern unmittelbar an den Steuereinnehmer leisten und daß die von ihnen abzuführende Steuer eine eigene Bezeichnung, zum Beispiel *subvention noble*, trägt. Die Absicht ist deutlich: Auch bei der Steuer soll bei aller Gleichheit der Unterschied zwischen Aristokraten und Bürgerlichen erhalten bleiben. Um so mehr noch gilt das für die sonstigen Vorrechte des Adels. Ohne Ausnahme bestehen die Beschwerdehefte des Adels auf dem Fortbestand der Feudalrechte, und zwar besonders der Ehrenrechte. Alle die bekannten Wünsche nach Aufrechterhaltung der Sonderstellung tauchen da auf: Abschaffung des Ämterkaufs, keine Verbindung von Ämtererwerb und Adelsverleihung, Vorrechte für den Adel, zumindest bei der Vergabe der Offiziersstellen; kostenlose Gymnasialausbildung für seine Söhne; Adelsstifte für die Töchter. Es kann kein Zweifel daran bestehen, daß die Aristokratie den Kampf gegen den Absolutismus im Namen der Nation aufgenommen hat, aber mit der festen Entschlossenheit, diese Nation zu führen und vor allem nicht in ihr aufzugehen.

Der liberale Adel

Manche Adlige hatten weniger enge Ansichten; bald werden sie sich bei den Generalständen mit dem Dritten Stand zusammentun, werden die Initiative zum Privilegienverzicht in der Nachtsitzung des 4. August ergreifen und für die Erklärung der Menschen- und Bürgerrechte stimmen. Diese Männer hatten durchaus nicht die Hoffnung aufgegeben, auch in einem modernen Staat den Vorrang zu behalten, aber sie fanden sich damit ab, sich nur noch auf ihren eindrucksvollen Namen, die Macht ihres Reichtums und die Ansprüche aus persönlichem Verdienst zu verlassen; außerdem wollten sie eine zweite Kammer, ein Oberhaus bilden, in dem sie das Sagen hätten. Hätten sie sich durchgesetzt, so wäre Frankreich ähnlich regiert worden wie England seit der Revolution von 1688. Was sie von ihren Standesgenossen unterschied, war ihre Bereitschaft, vor dem Gesetz nur noch französische Staatsbürger wie alle anderen zu sein. Doch sie bildeten eine Minderheit – andernfalls wäre die Revolution eine Sache gemeinsamen Handelns geworden.

Sollte der Dritte Stand achtungsvoll und ergebenst das wenige annehmen, das die Aristokratie in ihrer großen Mehrheit ihm anzubieten hatte? Er entschied sich dagegen und forderte lautstark die Gleichheit aller vor dem Gesetz. Damit begann im eigentlichen Sinne die Revolution von 1789.

II. Die Revolution der Bürger

1. Das Bürgertum

Das Ancien régime faßte im Dritten Stand alle Nichtadeligen zusammen, vom reichsten Bürger bis zum elendesten Bettler, also nach Sieyès 96 Prozent der Nation. Der Dritte Stand war demnach eine Rechtskonstruktion, von der lediglich die gesellschaftlichen Elemente existierten; das bedeutendste, das die Revolution angeführt und am meisten Gewinn von ihr gehabt hat, war das Bürgertum.

Bürgertum und Dritter Stand

Ursprünglich geht das Bürgertum in einer ständigen Bewegung aus der Bauernschaft hervor. 1766 schreibt Messance in seiner ›Abhandlung über die Bevölkerung‹: »Sobald ein Mann auf dem Lande überzählig ist, geht er in die Stadt, wird Arbeiter, Handwerker, Gewerbetreibender oder Kaufmann; ist er fleißig, sparsam und klug und hat, was man eine glückliche Hand nennt, so wird er bald reich.« Es gibt in Frankreich keine Schranke zwischen Stadt und Land wie in Mittel- und Osteuropa, wo Gewerbe und Handel dem Bauern verschlossen sind, wenn er nicht überhaupt an die Scholle gebunden ist. Im Gegenteil: Das Bürgertum hat zwar eine Vorliebe für die Städte, aber im 18. Jahrhundert findet man in den größeren Orten auf dem Lande immer mehr Menschen mit bürgerlichem Lebensstil – Anwälte, Ärzte, Kapitalrentner, Kaufleute. So mischt sich das Bürgertum unter die übrige Bevölkerung; auch das ist ein Grund dafür, daß es in der Revolution die führende Rolle übernehmen konnte. Es ist allerdings selbst dann eine Minderheit, wenn man die Handwerker in den Städten dazuzählt, denn Frankreich ist zu dieser Zeit vor allem ein Agrarland. Und diese Minderheit ist noch nicht einmal in sich gleichartig und in sich geschlossen.

Die Finanziers und die Kapitalrentner

Finanzwesen und Handel stehen an der Spitze. Die Finanziers sind im Dienste des Königs groß geworden: die Generalsteuerpächter, die sich zusammentaten, um die Eintreibung der Verbrauchssteuern zu übernehmen, die Waffen- und Proviantlieferanten, die Heer und Marine mit allen benötigten Gütern und Transportmitteln versorgten. Jahrhundertelang hatte der König sie von oben herab behandelt, hatte sie mit Gunstbeweisen überhäuft, wenn er auf sie angewiesen war, aber oft genug nur, um sie anschließend um so rücksichtsloser zu schröpfen. Im 18. Jahrhundert hat sich das geändert. Die meisten sind große Herren, durch Heirat mit der Aristokratie verbunden, gebildete Männer, Wissenschaftler, Mäzene wie Lavoisier, Helvétius, Dupin de Francueil, La Popelinière, Delaborde. Zu ihnen kann man auch die hohen Finanzbeamten zählen, die noch nicht geadelt worden sind. In Paris nimmt außerdem die Anzahl der Bankiers gegen Ende des Ancien régime erheblich zu; die meisten sind ausländische Protestanten, vor allem Schweizer wie Necker, Clavière, der es 1792 zum Finanzminister bringen wird, Panchaud, der Begründer der Diskontokasse, aber auch Holländer wie Vandenyver und Engländer wie Boyd. Die Plazierung der Staatsanleihen gehört zu ihren wichtigsten Tätigkeitsgebieten, doch kurz vor der Revolution gründen sie auch schon die ersten Aktiengesellschaften: Périer die Wasserwerke »Compagnie des Eaux« in Paris, Clavière Lebens- und Feuerversicherungen. Damit wird auch das Spekulieren an der Börse interessant; Calonne auf der einen, die Finanziers auf der anderen Seite bemühen sich mit Hilfe bezahlter Zeitungsschreiber wie Mirabeau und Brissot die Kurse zu manipulieren. Die Anleihen des Königs, der Geistlichkeit, der Provinzen haben eine besondere Art von Kapitalrentnern entstehen lassen, die fast alle in Paris leben und mit ihrer Angst vor Schwankungen des Staatskredits in der Krise von 1789 eine wichtige Rolle spielen werden.

Die Kaufleute

Für die Kaufleute bildete der Seehandel nach wie vor die große Einnahmequelle. Der Transport auf dem Seewege spielte auch zwischen den französischen Provinzen eine erhebliche Rolle, weil der Verkehr über Land für schwere und sperrige Güter ungeeignet und das Netz der Kanäle erst im Entstehen begriffen war. Auch der Kolonialhandel war von Bedeutung: »die Inseln«, also die französischen Antillen, vor allem Santo Domingo, lieferten Zucker, Baumwolle, Indigo und Tabak. Viele Waren kamen aus dem Orient. Auch die Exporte gingen zum größten Teil übers Meer. Außerdem galt es, »die Inseln« mit »Ebenholz« zu versorgen, den schwarzen Sklaven, die man sich in Afrika verschaffte. Nach Chaptal belief sich die Ausfuhr 1789 auf 438 Millionen, die Einfuhr auf 637 Millionen, davon 250 aus den Kolonien, so daß die Bilanz mehr als ausgeglichen war. Noch hatte sich der Handel nicht spezialisiert; der Kaufmann war zugleich Reeder, Kommissionär, Transportagent, Versicherer, Bankier und nicht zuletzt Fabrikant. Die mächtigsten lebten in den Hafenstädten, vor allem in Nantes, Bordeaux und Marseille, aber auch im Landesinnern in einigen großen Handels- und Manufakturstädten wie Rouen, Orléans und Lyon. Sie bildeten das starke Rückgrat für das Lager der konstitutionellen Monarchie (der »Feuillants«) und später für die Partei der Girondisten.

Die Industrie

Die Industrie war in sozialer und wirtschaftlicher Hinsicht noch nicht bedeutend. Das Wort »Industrieller« benutzte man noch nicht; man sagte »Fabrikant« oder »Manufakturherr«. Die Industrie war zumeist ein Anhängsel des Handels. Der Händler bestellte in Lyon zum Beispiel die Ware bei den Handwerkern, die in Heimarbeit tätig waren und die Rohware von ihm bezogen; die kapitalistische Konzentration war kommerzieller Natur. Im 18. Jahrhundert hatte sie große Fortschritte gemacht dank der Industrie auf dem Lande, die der König 1762 völlig freigegeben hatte: in Flandern und im Cambrésis, in der Pikardie, der westlichen Normandie und der Champagne, in der Bretagne, im Maine und im Languedoc arbeiteten Millionen

Bauern im Lohnauftrag für die Händler in der Stadt. Diese hatten allerdings auch Manufakturen gegründet. In Reims, Sedan, Louviers war ein Teil der Tuchmacher in solchen Manufakturen zusammengefaßt, doch sie nahmen nicht besonders rasch zu, weil außer den Fabriken von Anzin kein Unternehmen in Frankreich die Dampfmaschine verwendete. Das Manufaktursystem war nur für manche neuen Industrien, die teure Ausrüstungen einsetzen mußten, wirklich von Vorteil: die von Oberkampf in Jouy aufgebauten und die im Oberelsaß entstandenen Stoffdruckbetriebe; die Tapetenherstellung, zum Beispiel bei Réveillon im Pariser Faubourg Saint-Antoine; die Chemikalienerzeugung, durch die Chaptal in Montpellier reich geworden war; die Baumwollspinnerei mit Hilfe der von den Engländern eingeführten Cromptonmaschine. Die Händler-Fabrikanten, die natürlich sehr protektionistisch eingestellt waren, hatten später einen unauffälligen, aber sehr starken Einfluß auf die Zollpolitik der Revolution und des Kaiserreichs.

Handwerk und Zünfte

Man darf die Bedeutung der Manufakturproduktion nicht überschätzen. Der örtliche Bedarf wurde nach wie vor zum größten Teil von den Handwerkern durch unmittelbaren Verkauf an den Verbraucher gedeckt. Manche Berufe, wie die »Sechs Zünfte« in Paris, waren sehr angesehen, und wer sie ausübte, gehörte zu den »Notabeln«; ansonsten jedoch herrschte im Handwerk eine außerordentliche Vielfalt hinsichtlich des Wohlstands und des gesellschaftlichen Ansehens. Auch der Rechtsstatus war von Beruf zu Beruf, Stadt zu Stadt, ja, Stadtteil zu Stadtteil verschieden. Hier war der Handwerker frei, dort in die strenge Ordnung einer *Zunft* eingebunden, von der im 18. Jahrhundert im Grunde nur die *Meister* profitierten, also Handwerker mit eigener Werkstatt, die sich aber dafür Arbeitsvorschriften unterwerfen mußten, deren Einhaltung von *Geschworenen* überwacht wurde. Die Zünfte, 1776 von Turgot abgeschafft, nach seinem Abgang wieder zugelassen, waren Zielscheibe wachsender Kritik von Seiten der Befürworter einer freien Wirtschaft. Der König hatte ihre Finanzen bis zur Verschuldung in Anspruch genommen, indem er neue Meisterstellen schuf, die sie aufkaufen mußten, um ihr Monopol zu behalten. Die zunftfreien Handwerker waren allerdings mit ihrem Los auch nicht zufrieden, weil die Konkurrenz der Manufakturen sie immer mehr bedrohte und weil viele für Händler arbeiten mußten und sich auf den Status von Lohnempfängern herabgesetzt fühlten. Deshalb waren die meisten Handwerker dem Kapitalismus feindlich gesonnen; aus ihren Reihen werden sich die Sansculotten rekrutieren.

Die freien Berufe

Die freien Berufe waren der Hort des Bügertums; aus ihnen kamen die meisten führenden Männer der Revolution. Die Vertreter der Rechtsberufe, also Richter, Notare, Gerichtsvollzieher und vor allem Anwälte waren sehr zahlreich, weil es viel mehr Gerichte gab als heute und in vielen ländlichen Gemeinden eine Rechtspflege durch den Grundherrn. Ärzte gab es verhältnismäßig wenige, so berühmt manche wie Tronchin, Guillotin, Cabanis und Vicq d'Azyr sein mochten; in den Dörfern und Landstädtchen begnügte man sich mit dem Apotheker oder dem »Bader«, dessen Ansehen ebenso bescheiden war wie sein Wissen. Eine Laufbahn im Erziehungswesen war für Laien wegen des Monopols der Kirche so gut wie ausgeschlossen; es gab einige wenige Nichtpriester an der Hochschule Collège de France, bei der königlichen Gärtenverwaltung und an der Juristischen und der Medizinischen Fakultät, aber die meisten waren Schulmeister oder Hauslehrer, lebten also in sehr untergeordneter und gänzlich unfreier Stellung. Drucker und Buchhändler, Literaten und Zeitungsschreiber waren einflußreicher, zumal in Paris, aber sie waren eine sehr gemischte Gesellschaft: Anwälte ohne Klienten wie Desmoulins und Brissot, deklassierte Adlige wie Mirabeau griffen zur Feder, um durchzukommen. Die Revolution wird ihnen eine Karriere bieten.

Bürgerliche Sitten

Das Bürgertum war also in seinen Lebensformen ganz verschieden, und diese Vielfalt spiegelte sich in den Sitten wider. Das Großbürgertum der Finanz und des Handels wohnte in den prächtigen Stadtpalästen der neuen Viertel von Paris und der großen Städte; von der Hocharistokratie unterschied es sich nur durch die Geburt. Ganz anders die Mehrzahl der Bürger. Oft waren sie nicht sehr begütert. Der Mathematiker Cournot berichtet in seinen Erinnerungen, sein Großvater habe als Notar nur 800 Franken jährlich verdient und damit zehn Kinder durchgebracht. Sie lebten sparsam und einfach, oft puritanisch; die Frauen kannten keine aufwendige Kleidung. Die Familie hielt zusammen, die Autorität des Ehemannes und des Vaters war uneingeschränkt. Man darf vor allem nicht vergessen, wie eng der Kontakt dieser Bürger mit dem »Volk« geblieben war. Sobald sie etwas zurückgelegt hatten, kauften sie Grund und Boden und schauten ihren Pächtern und Tagelöhnern scharf auf die Finger; der Handwerker arbeitete mit seinen *Gesellen* oder Arbeitern; in den Stadthäusern wohnte der Bürger im Erdgeschoß und im ersten Stock, die Leute aus dem Volk kamen weiter oben. Diese Nähe erklärt zum Teil die moralische Autorität des Bürgertums und die Ausbreitung des revolutionären Gedankenguts durch die Mundpropaganda.

Jahrhundertelang war der Bürger bei allem Neid auf die Aristokratie nur darauf bedacht gewesen, irgendwie Eingang in ihre Reihen zu finden, und das war ihm oft genug gelungen. Im 18. Jahrhundert stammten viele Adlige von geadelten Bürgerlichen ab. Diesen Ehrgeiz gab es durchaus noch. Madame Roland und ihr Ehemann, der spätere Innenminister, haben sich alle erdenkliche Mühe gegeben, ihrem Adel Anerkennung zu verschaffen; die Derobespierre schrieben ihren Namen getrennt (de Robespierre), und Danton hat seinen mit einem Apostroph versehen (d'Anton); Brissot, Sohn eines Gastwirts in Chartres, hat sich in einen Brissot de Ouarville oder, schöner noch, de Warville verwandelt. Die alteingesessenen Bürger wiederum waren oft stolz auf ihr eigenes Herkommen und legten Wert darauf, nicht unter ihrer Würde zu heiraten. Ämter und Berufe schufen unter sich eine Rangordnung, die ihnen äußerst wichtig war und aus der nach Cournot »eine Kaskade der Verachtung« werden konnte: »Nichts war in dieser bürgerlichen Gesellschaft schärfer ausgeprägt als die Rangfolge. Die Frau des Anwalts am Landgericht oder des Notars wurde mit *Mademoiselle* angeredet; die des Parlamentsrats hatte unbezweifelbaren Anspruch auf den Titel *Madame,* ebenso wie in den meisten Fällen die des freien Advokaten. Nicht weniger betonte man den Unterschied zwischen einem Arzt und dem Bader oder dem Apotheker: der eine war schon in den Kreis des Bürgertums aufgenommen, der andere klopfte erst an die Tür.« Kurz, das Bürgertum machte sich die Großen, von denen es so abgrundtief verachtet wurde, nach Kräften zum Vorbild. Um so erstaunlicher ist es, daß gerade das Bürgertum mit seiner von der Demokratie so entfernten Einstellung die Unvorsichtigkeit begangen hat, durch den Angriff auf die Aristokratie den Grundsatz einer gesellschaftlichen Rangordnung überhaupt in Frage zu stellen.

Das Bürgertum gegen die Aristokratie

Zunächst erschien dem Bürgertum die Abschaffung der Ungleichheit vor dem Gesetz und des Vorrechts der Geburt durchaus nicht unvereinbar mit der Beibehaltung der Ungleichheit auf Grund von Vermögen, Amt oder Beruf. Hinzu kam, daß der Zugang zum Adel nur wenigen Bürgern gelingen konnte, so daß die anderen schließlich verdammten, was sie nur mit Neid, nicht mit Hoffnung betrachten konnten. Schließlich machte im 18. Jahrhundert der neu erwachte Exklusivitätsanspruch des Adels, der bemüht war, sich alle bedeutenden öffentlichen Ämter vorzubehalten, den Aufstieg noch schwieriger. Und dabei wuchsen Anzahl und Anspruch der Bürger mit dem allgemeinen Wohlstand; die Opfer, die sie für die Erziehung ihrer Söhne brachten, fanden nicht mehr so leicht ihren Lohn. Der Briefwechsel zwischen Sieyès und seinem Vater beweist es, und noch eindrucksvoller die Beispiele Brissot, Desmoulins, Vergniaud. Der junge Barnave schrieb: »Die breiten Straßen sind alle versperrt.« Im Laufe des Jahrhunderts hatten sich viele Männer aus der Verwaltung des Reiches über die Verbreitung der Bildung Gedanken gemacht, und noch im Jahre III der Republik befürchtete Boissy d'Anglas, sie werde das Entstehen von »schmarotzerischen und ehrgeizigen Minderheiten« zur Folge haben. Wenn sich die Türen vor einem schließen, liegt der Gedanke nahe, sie aufzubrechen. Wenn der Adel eine Kaste werden und die öffentlichen Ämter den Männern edler Geburt vorbehalten will, so muß man das Privileg der Geburt beseitigen, um »freie Bahn dem Tüchtigen« zu schaffen. Auch gekränkter Stolz spielt dabei natürlich eine Rolle, und wenn ein kleiner Adliger auch nur auf Distanz hält, streut er Salz in die Wunden. Zwischen Bürgern aller Schattierungen ist ein Band entstanden, das nichts mehr zu zerreißen vermag: die gemeinsame Abneigung gegen die Aristokratie.

Die Philosophie des Bürgertums

Doch man würde den Bürgern nicht gerecht, wenn man meinte, sie hätten nur aus Eigennutz oder persönlichen Ressentiments gehandelt. Das westliche Bürgertum, allen voran das englische, hatte sich eine Lebens- und Gesellschaftsanschauung geschaffen, die zwar zu seiner Herkunft und Rolle paßte, aber in seinen Augen für die ganze Menschheit Gültigkeit besaß. Im Mittelalter hatte die Kirche, ohne das Streben nach Wohlergehen zu verurteilen, die Vorbereitung auf das Sterben und das zukünftige Leben in den Mittelpunkt gestellt, hatte die Gleichgültigkeit der materiellen Existenzbedingungen als solche und das Verdienst von Verzicht und Askese betont. Das war eine Auffassung von Welt und Leben, die man statisch nennen könnte; der technisch-wissenschaftliche Fortschritt war für das Seelenheil bestenfalls unerheblich. Dem Bürgertum kam es nun auf das irdische Glück an, die Menschenwürde, die Notwendigkeit, beide zu fördern, indem man die Kräfte der Natur durch die Wissenschaft zu beherrschen lernte und sie zum allgemeinen Wohlstand einsetzte. Es glaubte, den Weg dorthin in der völligen Freiheit für Forschung, Erfindungen und Unternehmen zu finden, die es zu stimulieren galt durch die Verlockung des persönlichen Gewinns und den Reiz des Entdeckens, Kämpfens und Wagens. Das war eine dynamische Auffassung, die alle Menschen, ohne Unterschied der Geburt, zu einem weltweiten Wettbewerb aufrief, aus dem ein niemals endender Fortschritt für das ganze Menschengeschlecht entstehen würde. Die erste noch unklare Fassung dieses Gedankens war in Frankreich zur Renaissancezeit aufgetaucht; dann hatte Descartes einen neuen Humanismus begründet, indem er die gewaltige Perspektive einer durch die Wissenschaft beherrschten Natur eröffnete; schließlich hatten die Schriftsteller des 18. Jahrhunderts, vor allem Voltaire, die Verfasser der Enzyklopädie und die Nationalökonomen, ermutigt von ihren englischen und amerikanischen Kollegen, in glänzender Form die Grundzüge der neuen Ordnung und die daraus zu ziehenden praktischen Folgerungen dargestellt.

Die philosophische Propaganda

Die Werke dieser Autoren lieferten Stoff für die Mundpropaganda in den Salons und Cafés, die im 18. Jahrhundert immer zahlreicher wurden, und ebenso für die Gesellschaften, die überall entstanden: landwirtschaftliche Zirkel, philantropische Vereine, Provinzialakademien, lehrhafte Gruppen wie das *Musée* in Paris, Lesekabinette, Vereinigungen, in denen mit dem durch Messmer in Mode gebrachten Magnetismus experimentiert wurde, und nicht zuletzt Freimaurerlogen, die nach 1715 aus England eingeführt worden waren. Es war unmöglich, die Philosophie des Jahrhunderts aus den Gesprächen auszuklammern oder sie keinen Einfluß auf die Debatten haben zu lassen. Man sieht das schon an den Themen für die Preisausschreiben der Akademien: eines der Akademie von Dijon veranlaßte Rousseau zu seinem berühmten Diskurs über den *Ursprung der Ungleichheit unter den Menschen*. Vor allem die Freimaurerei, obwohl sie Bürgerliche, Priester, Adlige und sogar die Brüder Ludwigs XVI. zu ihren Mitgliedern zählte, förderte die philosophische Infiltration, weil sie das gleiche Ideal hatte: Gleichheit vor dem Gesetz, religiöse Toleranz, Befreiung des Menschen von aller drückenden Bevormundung.

Auf diesen ganz verschiedenen Wegen ist das Gedankengut der Schriftsteller des 18. Jahrhunderts ins Bürgertum eingedrungen und hat ihm zur vollen Erkenntnis seiner historischen Aufgabe verholfen. Man hat die Bedeutung dieser geistigen und moralischen Vorarbeit lange überschätzt, hat in ihr beinahe die einzige Ursache der Revolution erblickt. Es hieße die Realität verkürzen, wenn man das Zusammenspiel der Interessen und ihre Wirkung auf das Entstehen der revolutionären Gesinnung außer acht lassen wollte. Vor allem in den letzten Jahrzehnten hat man zu Recht nachzuweisen versucht, daß dieser neue Geist aus der wirtschaftlichen und sozialen Bewegung entstanden ist. Aber ebenso groß wäre der Irrtum, wollte man vergessen, daß es keinen wirklich revolutionären Geist gibt ohne den Idealismus, der allein zur Selbstaufopferung befähigt. Gewiß, unter der Philosophie des 18. Jahrhunderts läßt sich nur allzu leicht das Interesse des Bürgertums erkennen, das ja auch als erstes von dem neuen Regime profitiert hat. Aber es war aufrichtig überzeugt, für das Wohl der Menschheit zu wirken. Ja, es handelte in dem festen Glauben, eine Zukunft der Gerechtigkeit und des Rechts heraufzuführen. Und mit ihm war der ganze

Dritte Stand davon durchdrungen. Die Kämpfer der großen Aufstandstage, die Soldaten von Valmy, Jemappes und Fleurus, hätten ihr Leben nicht aufs Spiel gesetzt, wenn sie nur an sich selbst gedacht hätten.

2. Der erste Sieg des Bürgertums

Um den Ministern, von denen sie nichts Gutes erwarteten, etwas entgegenzusetzen zu haben, waren viele Bürger, zumal die Juristen, für die Sache des Parlaments eingetreten. Allerdings hatten etliche sich auch herausgehalten, die Rolands und Rabaut-Saint-Etienne, die das geplante protestantenfreundliche Edikt nach Paris gelockt hatte. Jedenfalls wies im Sommer 1788 noch nichts darauf hin, daß das Bürgertum im Namen des Dritten Standes in den Konflikt zwischen königlicher Gewalt und Aristokratie eingreifen würde. Doch bei der Nachricht, die Generalstände sollten einberufen werden, geriet es in Bewegung: zum erstenmal seit 1614 erteilte ihm der König das Wort. Schließlich sah es zunächst durchaus nicht nach einer Auseinandersetzung aus; wenn der König seine Untertanen zusammenrief, so geschah es doch, um sich ihrer Beschwerden anzunehmen. Die Aristokratie hatte behauptet, im Namen aller Franzosen zu sprechen, ihre Vertreter bezeichneten sich gern als »die Nationalen«, und die Versammlung von Vizille, wo sie dem Dritten Stand die doppelte Teilnehmerzahl, die Abstimmung nach Köpfen und die steuerliche Gleichbehandlung gewährt hatte, war sehr eindrucksvoll gewesen. Eine Einigung erschien durchaus nicht ausgeschlossen.

Doch die Lage veränderte sich noch einmal schlagartig, als das Pariser Parlament am 23. September verkündete, die Stände würden wie 1614 gebildet werden. Von allen Enden des Reiches kam der Protest, und über Nacht war es mit der Popularität der Parlamentsräte vorbei. »Niemals hat es eine solche tiefgehende Wandlung der Geister gegeben«, schreibt ein Zeitgenosse in seinen Erinnerungen, »niemals sind so plötzlich Verwünschungen an die Stelle der Begeisterung getreten.« Von Despotismus war im Bürgertum jetzt kaum noch die Rede. Ludwig XVI. wurde sein Idol, und mit aller Kraft wandte es sich gegen die Aristokratie. Die soziale Auseinandersetzung, der »Klassenkampf«, brach offen los. »Die öffentliche Debatte hat ein anderes Gesicht bekommen«, stellt der Journalist Mallet du Pan im Januar 1789 rückblickend fest. »Es geht erst ganz in zweiter Linie um König, Despotismus und Verfassung; es handelt sich um einen Krieg zwischen dem Dritten Stand und den beiden anderen Ständen.« Jetzt nehmen auch Madame Roland und Rabaut leidenschaftlich Anteil an den öffentlichen Angelegenheiten. »Ein knappes halbes Jahr war vergangen, seit ich Frankreich verlassen hatte«, schreibt Brissot, der eine Reise in die Vereinigten Staaten unternommen hatte, »und bei meiner Rückkehr erkannte ich meine Landsleute nicht wieder. Sie hatten einen unglaublich weiten Weg zurückgelegt.«

Die patriotische Partei

Als es sich gegen die Privilegierten erhob, nahm das Bürgertum die Bezeichnung für sich in Anspruch, die bislang die Opponenten gegen die königliche Gewalt führten: Es bildete die *nationale* oder *patriotische* Partei. Diejenigen Privilegierten, die sich die neuen Gedanken ohne Einschränkung zu eigen gemacht hatten, stellten sich auf die Seite dieser Partei. Es waren Grandseigneurs wie der Herzog von La Rochefoucauld-Liancourt, die Marquis La Fayette und Condorcet, aber auch Parlamentsräte wie Adrien du Port, Hérault de Séchelles, Le Pelletier de Saint-Fargeau. Um sich an die Spitze der Bewegung setzen zu können, taten sie sich mit Bankiers zusammen, vor allem den Labordes, mit Mitgliedern der Akademie wie dem Anwalt Target, mit angesehenen Juristen und Schriftstellern wie Bergasse und Lacretelle, Servan und Volney. Die Partei organisierte ihre Propaganda. Nach dem Vorbild der bretonischen Adligen und der Parlamentsräte nutzte jeder seine persönlichen Beziehungen, und bis in die tiefste Provinz taten Briefpartner das gleiche. Sehr nützlich waren sicherlich die von den verschiedenen Gesellschaften geschaffenen Verbindungen. Außerdem waren seit 1786 in Paris echte politische Vereinigungen entstanden: eine Gallisch-Amerikanische Gesellschaft, die Gesellschaft der Freunde der Schwarzen, die sich vor allem für die Abschaffung der Sklaverei einsetzte, und sogar richtige Klubs wie der Club du Palais-Royal. Breteuil hatte die Klubs 1787 verbieten lassen, doch Necker ließ sie wieder gewähren. Der Generalstab der Partei trat in bestimmten Salons zusammen, zum Beispiel bei Madame de Tessé, die zur vertrauten Beraterin von Mounier, einer der führenden Persönlichkeiten des Dritten Standes, wurde; die Zeitungsschreiber palaverten in den Cafés: dem Café de Foy und dem Caveau im Palais-Royal, dem Régence, ganz in der Nähe, und dem Procope auf dem linken Seine-Ufer.

Man muß sich fragen, ob ein zentrales Organ die Agitation gelenkt hat. Schon früh hat man diese Rolle der Freimaurerei zugeschrieben; die Revolution wäre demnach das Ergebnis einer freimaurerischen »Verschwörung«. Bewiesen worden ist das niemals. Viele Revolutionäre, aber durchaus nicht alle, waren »Brüder«, und es kann kein Zweifel daran bestehen, daß sie auf diese Weise leichter zusammenfanden. Doch in den Logen gab es auch viele Aristokraten, und die Leitungsgremien der verschiedenen Obödienzen der Freimaurerei, vor allem des »Grand Orient«, hätten sie nicht anweisen können, sich in den Dienst des Dritten Standes zu stellen, ohne daß es zu Protesten und Spaltungen gekommen wäre, doch davon war keine Spur. Eine Lenkungsfunktion scheint nur der »Dreißiger-Ausschuß« gehabt zu haben, von dem leider viel zu wenig bekannt ist. Er traf sich vor allem bei du Port, und zu seinen Mitgliedern haben offenbar der Herzog von La Rochefoucauld-Liancourt, La Fayette, Condorcet und der Graf von Aiguillon gehört, ferner Kirchenmänner wie Talleyrand, Bischof von Autun, Sieyès, Kanonikus aus Chartres, oder der Abbé Louis. Auch Mirabeau verkehrte dort. Dieser Ausschuß gab Anregungen für Broschüren, verbreitete Mustertexte für die Abfassung der Beschwerdehefte, unterstützte Kandidaturen und schickte Beauftragte in die Provinz, zum Beispiel Volney nach Rennes. Einige Mitglieder waren reich und konnten die Tätigkeit des Ausschusses finanzieren. Nichts deutet darauf hin, daß er im Dienste von Philippe d'Orléans stand, auch wenn Sieyès und Mirabeau mit dem Herzog Verbindung hielten, der über erhebliche Aktionsmittel verfügte: Geld, eine Art Regierung, die sein unermeßliches Vermögen verwaltete, und in der viele Männer von ihm abhängig waren. Auch er, ein entfernter Verwandter des Königs, hat Instruktionen und Musterbeschwerdehefte herstellen lassen, welche die Handschrift von Sieyès verraten. Seine Wahlkampagne verstärkte die des Bürgertums. Aber es hieße den Beitrag des Dreißiger-Ausschusses und des Herzogs stark übertreiben, wollte man sich vorstellen, daß in jeder Stadt nach ihren Anweisungen gehandelt worden wäre. Der Zustand der Verkehrsverbindungen erlaubte keine straffe Zentralisierung. Wenn die Bewegung sich so erstaunlich entwickelt hat, so ist das der Entschlossenheit des jeweiligen örtlichen Bürgertums zuzuschreiben, und es hat sich im Verlauf der ersten Revolutionsjahre gezeigt, wie sehr es auf seine Selbständigkeit bedacht war.

Die Verdoppelung

Die Propaganda wurde durch nichts gehindert. Indem der König am 5. Juli 1788 das Zusammentreten der Generalstände zusagte, hatte er alle seine Untertanen aufgefordert, die früheren Versammlungen zu studieren und Änderungen vorzuschlagen, die angesichts neuer Umstände erforderlich sein mochten. Damit hatte er durchaus nicht die Pressefreiheit gewähren wollen, doch unter dem Vorwand, seinem Wunsch nachzukommen, wurden unendlich viele Broschüren gedruckt, in denen man alles unterbrachte, was man wollte; die Zeitgenossen waren höchst erstaunt, was da alles veröffentlicht wurde. Die Broschüre, die Sieyès im Januar 1789 herausbrachte, ist wegen ihrer griffigen Formulierungen zu Recht berühmt geblieben: »Was ist der Dritte Stand? Alles. Was war er bisher? Nichts. Was fordert er? Etwas zu werden.« Wegen des scharfen Tons der beiden ersten Aussagen und wegen der erklärten Feindseligkeit der ganzen Schrift gegenüber der Aristokratie hat man die Mäßigung in der dritten häufig übersehen. Dabei entsprach sie ganz und gar dem Anliegen der ersten Kampagne der patriotischen Partei.

Diese verlangte nämlich durchaus nicht, daß die Generalstände ohne Unterschied der Stände gewählt werden sollten. Im Gegenteil, sie schien den Einfluß der Privilegierten zu fürchten und hielt sie für fähig, die Bürgerlichen so zu beeindrucken, daß sie von ihnen gewählt würden. So forderte sie in vielen Fällen, oft sogar ausdrücklich in den Beschwerdeheften, daß jeder Stand seine Vertreter nur unter den eigenen Standesgenossen wählen dürfe. Man betrachtete sich durchaus schon als »die Nation«, aber man verlangte für sich nicht mehr Abgeordnete als für Adel und Geistlichkeit zusammen. Das nannte man die »Verdoppelung«, und man berief sich dafür auf die Vorbilder der Stände des Languedoc, der Provinzialversammlungen und der Versammlung von Vizille. Die Forderung war allerdings insofern weitreichend, als sie die Abstimmung nach Köpfen mit einschloß, und der Dritte Stand forderte dies häufig mit großem Nachdruck. Da er auf die liberalen Adligen und die meisten Pfarrer rechnen konnte, würde die Aristokratie die Mehrheit und damit die Möglichkeit verlieren, dem König ihre Bedingungen zu diktieren und den Dritten Stand in der Abhängigkeit zu halten. Rein rechtlich gesehen sagte die Verdoppelung noch nichts über den Abstimmungsmodus aus, und die Unklarheit konnte nur dem Dritten Stand zugute kommen, weil sie den Widerstand eines Teils seiner Gegner schwächte. Das Bürgertum bewies von Anfang an, daß es an politischem Geschick gewonnen hatte.

Hinsichtlich der Durchführung war man sich einig, die Regierung mit einer Flut von Bittschriften einzudecken, die sich die Stadtverwaltungen im Laufe des Herbstes nolens volens zu eigen machen mußten. Als Beispiel möge der Gang der Dinge in Dijon dienen. Gut zwanzig Notabeln setzen sich zusammen und beschließen, ihren jeweiligen Körperschaften und Zünften die Frage der Verdoppelung und der Abstimmung nach Köpfen vorzulegen. Die Körperschaft der Anwälte antwortet als erste mit ja, weitere folgen mehr oder weniger rasch. Am 11. Dezember sind 20 von 50 Zünften gewonnen. Jetzt wird die städtische Obrigkeit aufgefordert, sich zu äußern. Sie stimmt der Verdoppelung zu, nicht dagegen der Abstimmung nach Köpfen. Doch die Vertreter der Zünfte dringen in den Saal ein, und unter ihrem Druck geben die Ratsherren nach. Die Anwälte werden beauftragt, den Antrag an den König im Namen des Dritten Standes von Dijon abzufassen. In den anderen burgundischen Städten und Städtchen läuft die Sache ähnlich ab, nur daß die Versammlung mancherorts zahlreicher ist; Bauern und Arbeiter füllen den Saal, so daß tatsächlich der ganze Dritte Stand die Bittschrift unterzeichnet.

So setzte das Bürgertum die »Nation« in Bewegung. Vom ersten Augenblick an ist dieses Manöver durchschaut und fortgesetzt kritisiert worden. Doch die Aristokratie war ja eben noch ganz ähnlich vorgegangen: jede politische Bewegung hat nun einmal ganz natürlich ihre Anreger und Anführer. Kein Mensch konnte schließlich behaupten, der Dritte Stand hätte es eigentlich als normal empfinden müssen, zu den Generalständen geladen zu sein und dort der Aristokratie den Vorrang überlassen zu sollen. Den Begründern der nationalen Partei durfte man allenfalls vorwerfen, die Nation veranlaßt zu haben, ihre dumpfe Trägheit abzuschütteln und sich zu organisieren, um ihre Sache zu vertreten.

Neckers Politik

Als sie ihre Bittschriften an den König richtete, verließ sich die Nation im Grunde auf Necker. Dieser Genfer, Sohn eines eingewanderten Preußen, war nach Paris gekommen, um dort sein Glück zu suchen, und er hatte es gefunden, war in der Welt nach oben gekommen. Seine Frau hatte ihren Salon und gab große Essen; seine Tochter heiratete 1786 den Baron von Staël, Botschafter des Königreichs Schweden. Das Haus stand den Literaten offen, die dem großzügigen Amphytrion den Ruf eines Philosophen und Neuerers verschafften. Während seiner ersten Ministerzeit hatte sich Necker mit dem Hof wegen kleiner Reformen überworfen, und seine Entlassung hatte ihn beim Volk beliebt gemacht. Sein Buch über die Finanzverwaltung und seine Polemik mit Calonne erhöhten sein Ansehen noch; am Ende erwartete man wahre Wunderdinge von ihm.

Er war ein geschickter Fachmann, und als Bankier und Protestant durfte er sicher etwas mehr als andere auf die Unterstützung durch ausländische Finanzkreise, nicht nur in Paris, sondern auch in der Schweiz und in Holland rechnen. Es gelang ihm, den Staat ein Jahr lang unter den schwierigsten politischen und wirtschaftlichen Verhältnissen über Wasser zu halten. Er brachte Kredite herein und gewährte dem König selbst ein Darlehen, zog die Diskontokasse zur Finanzierung heran und griff vor allem zum Mittel der *Vorleistung,* das heißt, er trat zukünftige Steuereinnahmen an die Darlehensgeber ab – ein gefundenes Fressen für die Hochfinanz! Doch dieser Ausweg konnte nur ein vorläufiger sein, und Necker wußte das nur zu gut. Er setzte seine ganze Hoffnung darauf, genügend Zeit zu gewinnen, bis die Generalstände durch die Abschaffung der Steuerprivilegien das Gleichgewicht wieder hergestellt haben würden. Der Aristokratie die Entscheidung zu überlassen, hieß zumindest, ihr den König auf Gnade und Ungnade auszuliefern; deshalb war Necker eher für eine Stärkung des Dritten Standes, ohne dabei in Abhängigkeit von ihm zu geraten. Indem man die Verdoppelung und die Abstimmung nach Köpfen allein für finanzielle Angelegenheiten gewährte, profitierte man in jeder Hinsicht: die Steuerprivilegien würden abgeschafft werden, während die Verfassungsreformen die Stände entzweien und damit den König zum Schiedsrichter machen würden. Ein Staatsmann hätte gewiß die Gefahr erkannt, die darin lag, alle Beteiligten gegen sich aufzubringen; er hätte gewußt, daß er unbedingt den König dazu veranlassen mußte, die sinnvoll erscheinenden Reformen von sich aus vorzuschlagen und sich dann eine Mehrheit dafür zu sichern. Doch Necker war weder ein großer Geist noch ein Willensmensch. Er hatte keine Vorstellung von dem zu schaffenden Werk, und selbst wenn er sie gehabt hätte, wäre er nicht fähig gewesen, sie durchzusetzen. Das ist von seinen Kritikern häufig übersehen worden. Er kannte die Schwäche des Königs, den Einfluß der Königin und der Prinzen; er hatte miterlebt, wie die Privilegierten seine Vorgänger in die Knie gezwungen hatten. Außerdem kam es ihm für sich selbst vor allem darauf an, an der Macht zu bleiben, die seiner Eigenliebe schmeichelte. Also hielt er es wie Calonne und taktierte.

Die zweite Versammlung der Notabeln

Necker berief die Notabeln noch einmal ein, weil er sich trotz des fehlgeschlagenen ersten Versuchs vorstellte, er werde sie dafür gewinnen können, die Verdoppelung zu akzeptieren. Am 6. November 1788 trat die Versammlung zusammen, doch schon bei Neckers erster schüchternen Andeutung protestierte der Fürst von Condé mit allem Nachdruck; von den sechs »Büros«, auf die sich die Anwesenden zur Beratung verteilten, lehnten fünf die Verdoppelung ab. Am 12. Dezember überreichten die königlichen Prinzen Ludwig XVI. eine Eingabe, die mit ihrer Klarheit und ihrem Pathos als das beste Manifest der Aristokratie gelten darf: »Der Staat ist in Gefahr ... Eine Revolution in den Grundsätzen der Regierung bereitet sich vor ... Bald werden die Eigentumsrechte angetastet werden, die Ungleichheit der Vermögen wird als reformierungsbedürftig hingestellt werden: schon hat man die Abschaffung der Feudalrechte vorgeschlagen ... Könnte Ew. Majestät sich dazu bereitfinden, Ihren wackeren, altehrwürdigen und achtunggebietenden Adel zu opfern, zu demütigen? ... Möge der Dritte Stand aufhören, die Rechte der zwei ersten Stände anzugreifen ... Möge er sich darauf beschränken, die Senkung der Steuern zu erbitten, mit denen er überfordert sein mag; dann könnten die zwei ersten Stände im Dritten Staatsbürger erblicken, die ihnen teuer sind, könnten aus der Großmut ihrer Gefühle heraus auf die Vorrechte verzichten, die mit pekuniären Interessen verbunden sind, und sich bereitfinden, in vollkommenster Gleichheit die öffentlichen Lasten mitzutragen.«

Doch wie nicht anders zu erwarten, neigten manche Privilegierte dazu, dem Dritten Stand zu gönnen, was man als eine Befriedigung seiner Eitelkeit ansehen mochte. Am 5. Dezember hatten die *Nationalen* des Parlaments von ihrem Hause erwirkt, daß es durch Verordnung bestimmte, die Anzahl der Abgeordneten sei durch kein Gesetz festgelegt, und das Parlament beabsichtige nicht, einer Entscheidung vorzugreifen. Das Büro der Notabeln, in dem der Bruder des Königs, der Graf der Provence, den Vorsitz führte, hatte mit 13 gegen 12 Stimmen für die Verdoppelung gestimmt, unter dem Vorbehalt, daß es jedem Stand freistehen sollte, die Abstimmung nach Köpfen anzunehmen oder abzulehnen. Privatim ergriffen etliche Privilegierte eindeutig Partei für den Dritten Stand, zum Beispiel der Graf von Saint-Chamans und seine Schwester, Madame de Meulan. François Patau, Herr von Maulette, schrieb an den Grafen von Surgères, den Vorsitzenden des Ständigen Büros der Provinzialversammlung der Ile-de-France: »Man verlangt, daß die Nichtprivilegierten, Grundlage und Stütze des Staates, ohne ausreichende Vertretung in einer Versammlung bleiben, die über ihr Los entscheiden soll. Das ist wirklich zu gewagt und wird nicht verfangen. Außerdem ist der Schleier schon zerrissen. Man sollte sich genau überlegen, was man jetzt tut ... Doch ich stelle fest, Herr Graf, daß ich Dinge wiederhole, die Sie wissen und selber denken.« Mehrere Minister, Montmorin und Saint-Priest vor allem, waren mit Necker durchaus einer Meinung. Die Königin, über den Sturz ihres Schützlings Brienne verärgert, schien durchaus geneigt, der Aristokratie eine Lektion zu erteilen. Necker kam zu dem Schluß, daß er sich über die Meinung der Notabeln hinwegsetzen könne, und er behielt recht.

Die gewährte Verdoppelung

Am 27. Dezember 1788 wurde durch einen Akt mit dem Titel »Resultat des Rates«, einer ungewöhnlichen Formulierung, die den König persönlich aus dem Spiel zu lassen schien, entschieden, der Dritte Stand solle so viele Abgeordnete haben wie Geistlichkeit und Adel zusammen; es wurde nicht festgelegt, ob bei den Generalständen nach Ständen oder Köpfen abgestimmt werden sollte. Man hat das Offenlassen dieser Frage oft als einen Fehler der Regierung bezeichnet, weil auf diese Weise nicht vor dem Zusammentreten der Versammlung eindeutig entschieden wurde. Diese Kritik ist nicht berechtigt. Necker hatte in seinem Bericht selbst darauf hingewiesen, daß die Abstimmung nach Ständen die rechtmäßige sei und ihre Ersetzung durch die Abstimmung nach Köpfen des einstimmigen Einverständnisses der Stände bedürfe; er hatte sich geradezu erstaunt gestellt, daß es eine solche Aufregung um die Verdoppelung gegeben habe, da diese als solche doch gleichgültig sei. Juristisch gesehen ist die Absicht des »Resultats« demnach eindeutig: der Grundsatz der Abstimmung nach Ständen wurde beibehalten. Politisch gesehen allerdings ist die Kritik nicht unangebracht. Einerseits schwieg sich der Text des »Resultats« über diesen Punkt aus, obwohl es darauf angekommen wäre, jedes Mißverständnis zu vermeiden. Andererseits hatte Necker geltend gemacht, man könne den Ständen nicht das Recht vorenthalten, sich für die Abstimmung nach Köpfen zu entscheiden, falls sie das wünschen sollten, ja, er hatte sogar hinzugefügt, ein solcher Abstimmungsmodus erscheine ihnen in Steuerangelegenheiten vielleicht als der geeignetste, woraus man prompt schloß, das sei wohl auch insgeheim der Wunsch der Regierung. Wahrscheinlich hat Necker das »Resultat« in diesem Sinne nur deshalb nicht ausdrücklich ergänzt, weil ihm klargeworden war, daß der König dem nicht zustimmen würde. Trotzdem konnte kein Zweifel bestehen, daß der Dritte Stand und die Privilegierten dem Text eine völlig entgegengesetzte Deutung geben würden, daß es also in der Ständeversammlung von Anbeginn der Beratungen an Streit geben würde.

Die Auseinandersetzung zwischen den Klassen spitzt sich zu

Wer daran noch zweifeln mochte, wurde bald eines besseren belehrt. Der Dritte Stand triumphierte und betrachtete die Abstimmung nach Köpfen demonstrativ als gesichert. Die Aristokratie lehnte diese Folgerung ab, verwahrte sich aber nicht weniger heftig gegen die Verdoppelung, die erst dazu geführt hatte. Der Adel des Niederpoitou versammelte sich spontan, um zu protestieren; das Parlament zu Besançon verfaßte »Vorhaltungen«, und am 6. Januar 1789 protestierten auch die in der alten Form zusammengetretenen Provinzialstände der Franche-Comté. Der Adel der Provence folgte dem Beispiel, woraufhin sich der Dritte Stand weigerte, zur Provinzialständeversammlung zu erscheinen. In der Bretagne artete die Auseinandersetzung zwischen den Klassen zum Bürgerkrieg aus. Die Stände waren am 25. Dezember 1788 zusammengetreten, doch der Dritte Stand zeigte sich nicht bereit, die Beratungen aufzunehmen, bevor Adel und Klerus nicht, wie vom Dritten Stand seit langem gefordert, ihren Anteil an der *fouage*, der örtlichen Sonderform der *taille*, zu entrichten bereit waren. Am 26. Januar 1789 wurden von den Adligen gedungene Banden mit den von Moreau, dem späteren General der Republik, geführten Jurastudenten handgemein. Die Studenten trugen den Sieg davon und belagerten nun ihre Gegner im Saal der Ständeversammlung. Als das bekannt wurde, griffen die jungen Leute in Nantes zu den Waffen und zogen nach Rennes, um den Patrioten beizustehen. Die Adligen weigerten sich, Abgeordnete zu den Generalständen zu wählen, und blieben dort unvertreten.

Der Widerstand der Aristokratie zwischen November 1788 und Februar 1789 veranlaßte viele Bürger zur Hinwendung zu Radikallösungen. Die bretonischen Abgeordneten werden sich noch in den Generalständen entschlossen jeder Versöhnung widersetzen. Rabaut Saint-Etienne hat noch im Oktober für die englische Regierungsform geworben, wobei das eine der beiden Häuser von den zwei privilegierten Ständen zu bilden wäre; er verteidigte die ehrenvollen Privilegien gleichsam als Schranke gegen die Demokratie, die in seinen Augen gleichbedeutend war mit Anarchie. Im Dezember hingegen verlangt er eine gemeinsame Kammer mit Abstimmung nach Köpfen. Vor allem Sieyès äußert in seiner berühmten Schrift ›Was ist der Dritte Stand?‹ mit kühler Schärfe den Haß und die Verachtung, die ihm die Aristokratie einflößte. Man will den Dritten Stand, sagt er, daran hindern, Zugang zu den Ämtern zu haben, geehrt zu werden, und doch, »wer würde zu behaupten wagen, der Dritte Stand berge nicht alles in sich, was erforderlich ist, um eine Nation zu bilden? ... Nähme man den Privilegiertenstand weg, so wäre die Nation nicht weniger, sondern mehr ... Was wäre der Dritte Stand ohne die Privilegierten? Alles, und zwar ein wunderbar blühendes Alles. Nichts kann ohne ihn gehen, alles ginge unendlich viel besser ohne die anderen ... Diese (privilegierte) Klasse gehört schon wegen ihrer Faulheit ganz bestimmt nicht zur Nation.« Den Schluß, der daraus zu ziehen war, formulierte Mirabeau in der Rede, die er auf der Ständeversammlung der Provence am 3. Februar 1789 halten wollte und die er, weil er ausgeschlossen worden war, nur in gedruckter Form verbreiten konnte. Er lobte Marius, der »weniger deshalb groß ist, weil er die Zimbern besiegt hat, als deshalb, weil er in Rom die aristokratische Herrschaft des Adels beseitigt hat.« Den Adel beseitigen! Gefährliche Parolen! Die Sansculotten von 1793 und Sieyès selber noch im Jahr VI der Republik werden den Kampfruf aufnehmen.

Das Wahlverfahren

Unterdessen bereitete die Regierung eine Wahlordnung vor, die am 29. Januar 1789 erlassen wurde. Sie war übrigens nicht die einzige: Paris war ausgeklammert worden und bekam erst am 23. April seine Vorschriften. Wie im Ancien régime üblich, gab es Ausnahmen: Die Provinzialstände der Dauphiné zum Beispiel durften die Abgeordneten der Provinz selbst bestimmen, eine Vergünstigung, um die sich die Aristokratie andernorts vergeblich bemüht hatte. Und alles blieb im Detail unvollkommen: die Einteilung der Wahlbezirke mußte mehrfach korrigiert werden, und die ganze Verwaltungsgeographie war ohnehin so unklar, daß bis zum Schluß bei etlichen Gemeinden unentschieden blieb, wohin sie eigentlich gehörten.

Die *bailliages* oder Vogteien waren Gebietskörperschaften, die noch auf König Philipp-August zurückgingen und deren Herr ursprünglich alle Vollmachten auf sich vereinigte. 1789 lieferten sie nur noch den Ehrentitel *Grand Bailli* und waren nichts weiter als Gerichtssprengel. Im Laufe der Jahrhunderte war ihre Anzahl sehr gestiegen; nach Größe und Bevölkerungszahl waren sie außerordentlich verschieden. Also behandelte man einige recht willkürlich als Vogteien zweiter Klasse (*bailliages secondaires*), die keinen eigenen Abgeordneten zu den Generalständen schicken durften, sondern ein Viertel ihrer Wahlversammlungsmitglieder zur Wahlversammlung einer Hauptvogtei (*bailliage principal*) delegierten.

In der Versammlung der Notabeln war der Wunsch nach einem Zensuswahlrecht laut geworden, und zwar auch für die Privilegierten. Für diese wurde es abgelehnt. Alle Erbadligen waren zur Vogteiversammlung ihres Standes zugelassen, persönlich oder durch einen Vertreter, mit oder ohne eigenen Grundbesitz. Wer keinen hatte, wurde allerdings nicht eigens geladen; die Betroffenen beklagten sich, sie würden in dieser Hinsicht den Bürgerlichen gleichgestellt. Die persönlich Geadelten wurden schlankweg zum Dritten Stand gezählt. Alle Bischöfe und Pfarrer waren ebenfalls persönlich oder durch einen Vertreter zugelassen, Kanoniker und Ordensleute dagegen durften ausschließlich Vertreter schicken, wobei den letzteren überhaupt nur einer je Ordensgemeinschaft zustand. So waren in den Vogteiversammlungen der Geistlichkeit die Pfarrer von vornherein in der überwältigenden Mehrheit. Das bedeutete einen erheblichen Nachteil für den Adel, weil sie fast alle bürgerlich und die Bischöfe fast alle adlig waren. Der Adel ernannte seine Vertreter zu den Generalständen unmittelbar, außer in den Vogteien zweiter Klasse, wo der Vorgang in zwei Stufen ablief. Das gleiche galt für Bischöfe und Pfarrer; bei den übrigen Geistlichen erfolgte die Wahl in zwei oder drei Stufen.

Die Wahlbestimmungen für den Dritten Stand waren viel komplizierter. Direkt oder indirekt wurde durchweg eine Zensusleistung verlangt. In den Städten erfolgte die Primärwahl nach Zünften, während die »Zunftfreien« eine eigene Versammlung abhielten. Grundsätzlich stand den Gesellen das Wahlrecht zu; in Reims stürmten die Tuchmacher sogar die Versammlung, und ihr Aufstand mußte mit Gewalt niedergeschlagen werden. Tatsächlich traten nur die Meister zur Zunftversammlung zusammen oder hatten jedenfalls allein die Entscheidung. In Paris erschien die Wahl durch die Zünfte unmöglich. Man stimmte nach Stadtteilen oder *Distrikten* ab, aber nur wer mindestens 6 Franken Kopfsteuer zahlte, durfte wählen, was schätzungsweise 50000 Familienväter ausschloß, von den mit ihnen unter einem Dache wohnenden Söhnen ganz zu schweigen. Auf dem Lande waren alle über fünfundzwanzig Jahre alten Ortsansässigen, die in die Steuerrolle eingetragen waren, zur Gemeindeversammlung zugelassen. Die bei ihrer Familie lebenden Söhne waren auch hier ausgeschlossen, aber so gut wie alle Familienoberhäupter durften wählen; es galt demnach ein sehr liberales, fast allgemeines Wahlrecht. Die Bauern waren in dieser Hinsicht besser gestellt, weil man ihnen nicht mißtraute. Jede Gemeinde entsandte einen Vertreter für je 100 Herde in die Vogteiversammlung, wo die Leute vom Lande demnach eine überwältigende Mehrheit bildeten.

Das System begünstigt das Bürgertum

Die Modalitäten der Stimmabgabe verwässerten allerdings, was an dem System demokratisch sein mochte, und gaben dem Bürgertum die Möglichkeit, die Bauern zur Seite zu drängen. Zunächst einmal werden die Vertreter des Dritten Standes niemals unmittelbar gewählt, sondern in zwei, drei oder vier Stufen. In Paris werden sie von den Vertretern der Distrikte, also in zwei Stufen, gewählt. In den übrigen Städten wählen die Vertreter der Körperschaften und Zünfte die Vertreter der Stadtgemeinschaft bei der Vogteiversammlung, wo sie die Abgeordneten zu den Generalständen zusammen mit den Vertretern der Gemeinden wählen; hier werden die Abgeordneten also in zwei Stufen von den ländlichen Urwählern gewählt, in drei Stufen von denen der Städte, in drei oder vier Stufen, wenn es sich um eine Vogtei zweiten Ranges handelt.

Andererseits, und das ist der springende Punkt, wählte niemand allein, indem er etwa wie heute mit seiner Wahlkarte erschien, und zwar Adlige und Geistliche ebenso wenig wie die Bürgerlichen. Alle Wähler auf allen Stufen traten zu Versammlungen zusammen, und auf Namensaufruf füllten sie ihren Wahlzettel beim Wahlvorstand aus. Da sie außerdem ein gemeinsames Beschwerdeheft zu erstellen hatten, handelte es sich nicht um eine bloße Wahlversammlung, sondern um ein beschlußfassendes Gremium. Das gab den einflußreichsten Bürgern und denen, die über die öffentlichen Angelegenheiten am besten unterrichtet oder das Sprechen vor Publikum gewohnt waren, also den Juristen, die Möglichkeit, so gut wie überall die Beratungen zu lenken. Bei den Vogteiversammlungen ließen sich die ungebildeten und mundfaulen Bauern brav führen. So bestand die Vertretung des Dritten Standes nur aus Bürgern. Soweit Landwirte gewählt wurden, bilden sie keinen Gegenbeweis, denn sie waren keine echten Männer der Scholle, sondern Gutsverwalter, deren Interessen und oft auch Lebenszuschnitt völlig denen des Bürgertums entsprachen. Die Zusammensetzung des Dritten Standes wäre ganz anders ausgefallen, wenn, wie einige Aristokraten es vorgeschlagen hatten und etliche Beschwerdehefte es forderten, die Regierung eine eigene Gruppe für die Bauern geschaffen oder jedenfalls für Stadt und Land verschiedene Abgeordnete vorgesehen hätte. Ein Dritter Stand, der zum Teil oder überwiegend aus Bauern zusammengesetzt gewesen wäre, hätte viel von seinen Fähigkeiten, seiner Autorität und wohl auch von seiner Kühnheit eingebüßt, soweit Bürger und Bauern überhaupt an einem Strang gezogen hätten, was durchaus nicht sicher ist.

Die Wahlpropaganda

Die Wahlen fanden im Februar und März statt. Von verschiedenen Seiten war Necker nahegelegt worden, ein eindrucksvolles Projekt vorzulegen, damit sich die Versammlungen an Reformvorschläge halten und für Kandidaten entscheiden könnten, die sich damit zufrieden gäben. »Sie müssen einen klaren Plan mit Zugeständnissen und Reformen haben, der nicht alles ins Wanken bringt, sondern die Grundlagen der legitimen Autorität festigt«, schrieb an Necker der Marineintendant Malouet, der selber für den Dritten Stand der Auvergne kandidierte. »Ein solcher Plan muß dank Ihres Einflusses zum Text der Beschwerdehefte in allen Vogteien werden. Man darf nicht warten, bis die Generalstände Ihnen Forderungen stellen oder Befehle erteilen. Sie müssen schleunigst selber alles anbieten, was wohlmeinende Geister in den vernünftigen Grenzen der Autorität oder der nationalen Rechte wünschen können.« Malouet hatte selbst ein fertiges Projekt parat. Doch Necker wagte nicht darauf einzugehen. Seine Gründe waren stets die gleichen: Um einen Reformplan aufzustellen, hätte der König entschlossen sein müssen, von der Aristokratie Opfer zu verlangen, ohne ihr die verlangte Gegenleistung zu bieten, und der Minister war überzeugt, daß die Aristokratie beim ersten Wort vorstellig werden und mit Erfolg seine Entlassung fordern würde. »Sie mögen recht haben«, erwiderte er Malouet. »Sie haben den Anteil des Dritten Standes so groß gemacht wie eben möglich. Doch Sie berücksichtigen nicht den Widerstand der zwei ersten Stände, und wenn man den König bestimmen könnte, sich in diesem Sinne zu äußern, so würde man ihm Adel und Klerus abwendig machen, die immerhin ein großes Gewicht in die Waagschale zu legen haben.« Sein Briefpartner entgegnete: »Ich fürchte nicht den Widerstand der zwei ersten Stände, wohl aber die Übertreibungen des Dritten.«

Die Regierung verhielt sich abwartend. Handelten andere an ihrer Stelle? Den Privilegierten fehlte es ja nicht an Einflußmöglichkeiten. Der Vorsitz der Vogteiversammlungen lag in ihrer

Hand; in Saumur ließ der Notar Rossignol einen Einspruch unterschreiben, weil der Vorsitzende versucht hatte, die Wahlmänner zu beeinflussen. In vielen Gemeinden tagten die Bauern unter der Leitung des grundherrschaftlichen Richters, und man darf unterstellen, daß sie in vielen Fällen nicht offen zu sprechen wagten. Doch das Bürgertum ließ sich nirgends einschüchtern, und die Bemühungen der Privilegierten blieben auf die Anstrengungen einzelner beschränkt.

Die patriotische Partei war sehr viel aktiver. Der Dreißiger-Ausschuß hatte seinen bestimmenden Einfluß, von dem man nicht weiß, wie weit er wirklich ging. Es steht aber fest, daß in allen Gegenden Frankreichs unternehmende Bürger sich absprachen, um die Stadt- und Vogteiversammlungen und dazu möglichst viele Versammlungen der Pfarrsprengel, also der Gemeinden, zu beeinflussen, aus Paris bezogene oder häufiger noch selbst verfaßte Mustertexte für die Beschwerdehefte zu verbreiten und Kandidaten vorzuschlagen. Viele Juristen wohnten in den Dörfern oder kamen häufig für Termine vor den grundherrschaftlichen Gerichten dorthin; sie hatten einen erheblichen Einfluß. Zahlreiche Pfarrer, die wegen materieller Konflikte, Rivalitäten um die Beeinflussung der Menschen, gekränkter Eitelkeit oder echter Sorge um das Wohl ihrer Pfarrkinder mit den Grundherren im Streit lagen, halfen mit brennendem Eifer. Seit 1789 haben sich politische Parteien viel stärkere Strukturen gegeben als damals die nationale Partei, doch niemals mehr haben sie bei den jeweiligen Regierungen so wenig Widerstand gefunden.

Die Abgeordneten zu den Generalständen

Die Adligen entschieden sich so gut wie nie für Höflinge, für liberal Gesonnene und natürlich schon gar nicht für frisch Geadelte. La Fayette kam in Riom nur mit knapper Not durch. In allen Vogteien sicherten sich die Pfarrer einen Teil der Sitze, in vielen Fällen ließen sie den Bischof außen vor. Der Dritte Stand stimmte mit Vorliebe für Juristen und wählte seine Vertreter immer aus den eigenen Reihen, außer drei Priestern, unter ihnen Sieyès, der von der Geistlichkeit in Montfort-l'Amaury abgelehnt worden war, und einem Dutzend Adliger, unter ihnen Mirabeau, sowie etlichen Männern von persönlichem, also nichterblichem Adel.

In der Vertretung des Adels fehlte es nicht an fähigen Männern, doch die Verhältnisse ließen sie nicht zur Geltung kommen, und außerdem verweigerten sich die meisten sogleich nach dem Sieg des Dritten Standes der Mitarbeit. Der bekannteste Redner der späteren Adelsopposition wird Cazalès, Abgeordneter von Rivière-Verdun, Sohn eines Parlamentsrats aus Toulouse, der sich für die Offizierslaufbahn entschieden hat. Nur die liberalen Adligen spielten später noch eine Rolle von Bedeutung, allen voran La Fayette, dann Lally-Tollendal, Clermont-Tonnerre, der Vicomte von Noailles, der Herzog von Aiguillon, Mathieu de Montmorency. Du Port, Abgeordneter von Paris, sowie Charles und Alexandre von Lameth, Abgeordnete des Artois und von Péronne, gehörten 1790 zu den Führern der patriotischen Partei. Der Herzog von La Rochefoucauld wurde ein vielbeachteter und einflußreicher Redner über Wirtschaftsfragen.

Die Geistlichkeit fand einen geschickten Fürsprecher im Abbé von Montesquiou und stellte der Konterrevolution einen mutigen, temperamentvollen Redner in der Person des Abbé Maury. Auch von den Bischöfen gelangten nur die liberalen ins Blickfeld, vor allem Talleyrand, Bischof von Autun, Boisgelin, Erzbischof von Aix, und Champion de Cicé, Erzbischof von Bordeaux, der einer der konstitutionellen Minister Ludwigs XVI. wurde. Von den Pfarrern fielen wenige auf. Am bekanntesten wurde zweifellos Abbé Grégoire, Pfarrer von Embermesnil und Abgeordneter der Vogtei Nancy.

Die Vertreter des Dritten Standes, die bald die zur Verfassunggebenden Versammlung gewordenen Generalstände führen würden, waren durch die Bank gesetzte, vermögende Männer, die angesehene Stellungen bekleideten in Paris (wie der Anwalt Target, der Astronom Bailly, beide Mitglieder der Akademie, und Camus, der Anwalt der Geistlichkeit) oder in ihren Provinzen (wie die Anwälte Mounier und Barnave in der Dauphiné, Merlin de Douai in Flandern, Lanjuinais und Le Chapelier in der Bretagne, Thouret in der Normandie). Die Jüngsten waren fast alle über dreißig und genossen jedenfalls in ihrer Heimat einen gewissen Ruf, Robespierre und Buzot zum Beispiel. Alle waren gebildet, waren Fachleute auf irgendeinem Gebiet, arbeitsam und ehrlich; die meisten fühlten sich leidenschaftlich der Sache ihrer Klasse verbunden, die für sie mit der Nation gleichzusetzen war; viele waren begeistert von ihrer Aufgabe. Auch wer sie durchaus nicht schätzt, kann nicht leugnen, daß sie eine Elite darstellten, und ihr großes Werk, so umstritten es sein mag, stellt dafür ein unwiderlegliches Zeugnis dar. Um so bezeichnender ist es, daß ihre auffallendsten Wortführer zumindest anfänglich Privilegierte waren. Das zeigt, wie sehr die Aristokratie sie noch beeindruckte, und welchen Platz Klerus und Adel im Staat hätten einnehmen können, wenn sie zum Kompromiß bereit gewesen wären.

Der Marquis von La Fayette, der sich im amerikanischen Unabhängigkeitskrieg ausgezeichnet hatte, genoß nach dem 14. Juli ungefähr ein Jahr lang ein unvergleichliches Ansehen. Er wurde zum »Helden zweier Welten« und ist so etwas wie eine Inkarnation der bürgerlichen Revolution geblieben. Seine Aufrichtigkeit, Großzügigkeit und Uneigennützigkeit haben ihm einen Glorienschein verschafft, aber es steckte in ihm mehr romantische Phantasie und jünglinghafte Ruhmbegier als politische Klugheit und realistisches Geschick. Er war eher ein Symbol als eine Führerpersönlichkeit.

Aus anderen Gründen zogen auch Abbé Sieyès und Graf Mirabeau die Blicke auf sich. Beide kamen aus der Provence. Der Abbé, Notarssohn aus Fréjus, mäßig begütert, vom Vater zum geistlichen Beruf gedrängt in der Hoffnung, er werde der Wohltäter der Familie und vor allem seiner zwei Brüder werden, hatte als Bürgerlicher nicht zum Bischofsamt gelangen können; er hatte sogar ziemlich lange warten müssen, bis er in Chartres Kanonikus wurde. Es ist sehr wohl möglich, daß diese Schwierigkeiten ihr Teil beigetragen haben zu seiner wütenden Feindseligkeit gegen die Aristokratie. Seine Schriften sorgten dafür, daß er zum Orakel wurde. In seinen Augen war der Dritte Stand die Nation, und offenbar hat er mehr als jeder andere diese Nation in den ersten Wochen geführt. Bei der Nation allein lag die Souveränität, also stand ihren Vertretern bis zur Vollendung der Verfassung diktatorische Vollmacht zu. Sieyès ist der Theoretiker der »konstituierenden Gewalt«, die Seele der juristischen Revolution gewesen. Aber er war kein Redner, kein Mann der Tat, und es kannte ihn nur das Bürgertum. Nach dem 14. Juli fand er auch in der Versammlung bald kein Gehör mehr. Der gesellschaftliche Aspekt der vom Volk getragenen Revolution verschreckte ihn, und er verteidigte die Feudalrechte und die Kirchengüter. Er fürchtete die Demokratie und wird, um die Herrschaft der »Notabeln« endgültig zu sichern, nach den Jahren des Konvents und des Direktoriums die Fäden für Bonapartes Staatsstreich vom 18. Brumaire ziehen, so daß er durch eine seltsame Schicksalsfügung der Totengräber der politischen Freiheit wird, nachdem er als Pate an ihrer Wiege gestanden hatte. Sein Verstand war seltsam beschaffen: Er bemühte sich, aus dem Verfassungsrecht eine ganz und gar abstrakte Wissenschaft zu machen, und ersann in allen Einzelheiten ein kompliziertes Regierungssystem nach dem andern, schrieb aber wenig und wartete, daß man ihn um Rat anging. Wenn er handelte, geschah es über Mittelsmänner, so daß man ihm zwar stets die gebührenden Ehren erwies, ihn aber jeweils bald wieder seiner Einsamkeit überließ.

Graf von Mirabeau schien zu größeren Taten berufen. Als Überläufer vom Adel und Sprecher des Dritten Standes bei vielen denkwürdigen Ereignissen war er wie geschaffen als Anführer der Patrioten, ähnlich wie La Fayette, und er hatte viel eher das Zeug dazu als sein Rivale: raschen, durchdringenden Verstand, reiche Phantasie, Wirklichkeitssinn, Menschenkenntnis, eine Rednergabe, die um so wirkungsvoller war, als sie vor allem improvisierend zur Geltung kam, und dabei leider nicht die geringsten Skrupel in der Wahl der Mittel. Gewiß, er war bequem und ziemlich ungebildet, doch er wußte die Helfer, die Reden und Flugschriften für ihn verfaßten, so geschickt auszuwählen und an sich zu binden, daß er noch heute als rastlos arbeitsam und allwissend gilt. Dabei gelang es ihm allerdings nie, das Mißtrauen auszuräumen, das angesichts seiner Eskapaden und seiner Bestechlichkeit nur allzu gerechtfertigt war. Das ungestüme Wesen, das er von seinen Vorfahren geerbt hatte und das vom beklagenswert schlechten Vorbild seiner Eltern nicht in Zucht genommen worden war, hatte ihn früh in eine liederliche Existenz geführt. Aus tollen Streichen waren Skandale geworden, und mehrfach war er durch höchsteigenen Siegelbrief des Königs ins Gefängnis eingewiesen worden. Da er keine eigenen Einkünfte bezog, hatte er von seiner Feder gelebt, im Dienste von Calonne und von dessen Gegnern, oder er hatte seinen Namen als Aushängeschild für Veröffentlichungen verkauft, die Spekulanten wie Clavière verbreiteten, um ihre Börsencoups vorzubereiten. Daß er seine Dienste gegen Geld dem Hof anbieten könnte, das war allen, die ihn kannten, geradezu selbstverständlich; die Entscheidung, ob man ihn kaufen solle, lag also nur bei Necker. Wegen dieses Rufs konnte er, so groß seine Verdienste um den Dritten Stand auch sein mochten, diesen doch nie wirklich führen.

Letzten Endes hat keiner dieser Männer sich so durchsetzen

können, daß sich die Revolution von 1789 in ihm personifiziert hätte. Sie ist und bleibt das kollektive Werk des Dritten Standes.

Die Beschwerdehefte

Bevor die Urwähler der drei Stände ihre Wahlmänner bestimmten, einigten sie sich auf die Liste der Beschwerden, die sie vorzubringen hatten; jede Wahlstufe verfaßte ihr Heft, die nächsthöhere Versammlung verglich die der nachgeordneten Versammlungen und faßte sie zusammen. Die Beschwerden der Vogteien gelangten dann an die Generalstände, aber für uns sind die Primärhefte, vor allem die der ländlichen Gemeinden, nicht weniger aufschlußreich. Aus ihnen lassen sich die Einflüsse ablesen, die sich auf den Versammlungen durchsetzten, manchmal sogar, welche Mustertexte vorgeschlagen worden sind. Jedenfalls zeigen sie besser als die Vogteihefte, was die Bevölkerung wünschte und wie sie dachte.

Deutlich ist zu erkennen, daß es viele Muster von häufig nur lokaler Verbreitung gegeben hat, was beweist, daß das Provinzbürgertum tatsächlich seine Unabhängigkeit bewahrt hatte, auch wenn es die Pariser Veröffentlichungen auswertete. Ferner haben die Versammlungen, wenn sie eine Vorlage benutzten, diese oft mit anderen vorhandenen Texten vermischt, nicht relevante Passagen weggelassen und spezielle Anliegen eingefügt. Viele Hefte sind aber auch eigens verfaßt worden. In der Vogtei Nancy lassen sich 11 Mustertexte nachweisen; 33 Gemeinden haben einen davon übernommen, 12 haben zwei oder mehr kombiniert, 32 haben sie nicht gekannt oder bewußt nicht verwendet. In der Vogtei Arques sind nur für ein Viertel der Hefte Vorlagen benutzt worden. Sie enthielten immer politische Forderungen, von denen man nicht annehmen darf, daß sie von den Bauern, selbst wenn sie sie übernahmen, begriffen, geschweige denn als wichtig empfunden wurden. Und man darf nicht vergessen, daß der Richter des Grundherrn anwesend war, in dessen Gegenwart die Bauern gewiß nicht immer gesagt haben, was ihnen wirklich wichtig war. Kurz, die Hefte der Gemeinden sind kein getreuer Spiegel, und noch weniger die der Vogteien, weil sie allzu oft solche Passagen aus den Primärheften weggelassen haben, die dem Bürgertum mißfielen oder ihm unerheblich erschienen.

Vergleicht man die Vogteihefte der Stände miteinander, so stellt man fest, daß sie einstimmig gegen die absolute Gewalt sind: Alle drei Stände wünschen eine Verfassung, nach der das Recht der Steuerbewilligung und der Gesetzgebung regelmäßig zusammentretenden Generalständen vorbehalten, die Verwaltung gewählten Provinzialständen überlassen und persönliche Freiheit und Pressefreiheit garantiert sein sollen. Über die Gewissensfreiheit sagen sie nur widerstrebend etwas, oft ist gar nicht davon die Rede, und die Hefte der Geistlichkeit sprechen sich dagegen aus. Natürlich bekunden alle königstreue Gesinnung; sie bestreiten dem Monarchen nicht einmal die Gesetzesinitiative und das Sanktionsrecht, vor allem aber nicht die ungeschmälerte exekutive Gewalt, insbesondere die freie Wahl der Minister, die Entscheidung über Krieg und Frieden und die Befugnis zum Abschließen von Verträgen mit anderen Staaten. Zwar wird oft eine Reform der Kirche und eine neue Einteilung ihrer Einkünfte vorgeschlagen, doch ihr Privileg der öffentlichen Ausübung des Kultus, ihre moralische Einflußnahme und ihre Ehrenvorrechte bleiben unbestritten. Viele, wenn auch durchaus nicht alle französischen Bürger haben sich als Schüler Voltaires vom christlichen Glauben abgewendet und halten sich zumeist an die »dem Menschen natürliche Religion«, wie sie auch von der Freimaurerei vertreten wurde, und deren Strenge Rousseau durch seine sentimentalen Gefühlsäußerungen gemildert hatte. Doch diese Bürger sind deshalb durchaus nicht »laizistisch« gesonnen, und weil sie überzeugt sind, es müsse zumindest für das Volk eine Religion geben, denken sie nicht daran, Kirche und Staat trennen zu wollen.

Die Stände sind sich auch einig über viele Sachreformen. Vor allem können sie nicht genug klagen über die Verschwendung bei der Regierung und ihren Beauftragten, die Mißbräuche der Steuerverwaltung, die verheerenden Auswirkungen der Verbrauchssteuern, die willkürliche Aufteilung der direkten Steuern wegen fehlender Katasterpläne. Auffallend auch, daß es zwar ein starkes Streben nach Selbständigkeit für Provinz und Stadt gibt, ja, manche Provinzen sich geradezu als eigene »Nationen« betrachten (der Artois zum Beispiel spricht von der *nation artésienne*), wobei die Verbindung mit Frankreich nur in der Person des Souveräns liegt (der König ist zum Beispiel auch Herzog in der Bretagne, König in Navarra und im Béarn), daß aber die Hefte trotzdem fast immer ein klares Gefühl für die Einheit Frankreichs verraten und deshalb die Vereinheitlichung der Gesetze und der Maße und Gewichte sowie die Verlegung der Zollschranken an die Reichsgrenze verlangen. In der Sache, also hinsichtlich der politischen und administrativen Reformen, ist sich die Nation einig.

Dagegen macht die Übereinstimmung der Stände einer radikalen Gegensätzlichkeit Platz, sobald es um die Stellung des jeweiligen Standes im Staate geht. Der Adel bleibt dabei, allenfalls die Steuergleichheit hinzunehmen; seine übrigen Privilegien sollen verstärkt werden. Der Dritte Stand fordert die volle Gleichheit für alle Staatsbürger; manche Hefte wollen der Aristokratie lediglich die Ehrenprivilegien belassen. Gegen Vermögen und Einkünfte des Adels wird nur sehr zurückhaltend argumentiert: Es wäre angebracht, freie und umzäunte Jagd sowie Taubenhaltung streng zu reglementieren; es wäre gut, einige besonders verhaßte Herrenrechte abzuschaffen, vor allem die Reste der Leibeigenschaft; ziemlich häufig wird vorgeschlagen, die Herrenrechte ablösbar zu machen; der Kirchenzehnte wird oft grundsätzlich abgelehnt, doch man würde ihn hinnehmen, wenn die Erträge wirklich nur für die Gemeindepfarrer und die Armen ausgegeben würden; immer wieder wird dem König geraten, er solle die Staatsschuld durch die Beschlagnahme eines Teiles der Klostereinkünfte oder sogar durch den Verkauf der Klöster tilgen. Vom Grundbesitz des Adels ist niemals die Rede; dieses Eigentum ist unbestritten und ebenso unantastbar wie das der Bürgerlichen. Nur: so gemäßigt die Ansprüche des Dritten Standes waren, so eindeutig und entschlossen wurden sie vertreten, und darüber wird es zum Konflikt kommen. Die Revolution von 1789 ist vor allem die Eroberung der Gleichheit.

Insgesamt jedoch vermitteln die Beschwerdehefte den Eindruck, daß Malouet recht hatte, als er Necker empfahl, einen Reformplan öffentlich vorzulegen. Ein politisches System, wie es 1814 durch die Charta eingeführt wurde, Gleichheit vor dem Gesetz, Zugang aller Franzosen zu den Staatsämtern, eine Reform des Kirchenzehnten, die Möglichkeit zur Ablösung der Herrenrechte, eine Umverteilung der Kircheneinkünfte zugunsten der Pfarrer, der Armen und der Schulen, die Zusicherung, daß die Regierung in Absprache mit den Generalständen in der Verwaltung die Mißbräuche abzustellen und die Methoden zu verbessern bemüht sein werde – das wäre ein Programm gewesen, zu dem sich die überwältigende Mehrheit von Drittem Stand und Geistlichkeit hätte bekennen können. Noch war es nicht zu spät dafür, doch es blieb kein Augenblick zu verlieren.

Aber der Hof verharrte in seiner Trägheit. Schlimmer noch: Die Nachrichten aus der Provinz scheinen ihn gegen den Dritten Stand eingenommen zu haben, und zugleich gegen Necker, den man als seinen Komplizen betrachtete. Der Hof vergaß die Vorwürfe, die man der Aristokratie eben noch gemacht hatte, und die Aristokratie wiederum verzichtete vorläufig stillschweigend auf ihre Forderungen. Man näherte sich einander wieder, um gemeinsam die überkommene Gesellschaftsordnung zu verteidigen.

3. Die Generalstände

Die Eröffnung der Ständeversammlung

Die Generalstände versammelten sich am 4. Mai 1789, um in aller Pracht mit Hof und König durch die Straßen von Versailles zur Kirche des Heiligen Ludwig zu ziehen, wo sie die Heiliggeistmesse und die Predigt von Monseigneur de la Fare, Bischof von Nancy, hörten. Versailles gewählt zu haben, war sehr unklug; die Prachtentfaltung des Hofes beeindruckte die Abgeordneten durchaus nicht, sondern konnte sie nur in ihrer Voreingenommenheit bestärken, und die Nähe von Paris ermutigte sie, Unnachgiebigkeit zu zeigen. Außerdem mußte man damit rechnen, daß jeder Konflikt in der Ständeversammlung ein bedrohliches Echo in der Kapitale finden würde. Natürlich hatte man diese Gefahren bedacht und erwogen, die Versammlung in der Provinz tagen zu lassen, doch die Schwierigkeit, so viele Menschen in einer kleinen Stadt unterzubringen, die Abneigung des Hofes gegen ein wochenlanges Leben in Langeweile und Unbequemlichkeit, der Wert, den der König auf sein gewohntes Jagdrevier legte, das alles wog schwerer als die Bedenken. In ihrer Ungeschicklichkeit dachte die Regierung auch nicht daran, die Etikette zu überarbeiten und alles wegzulassen, was die Abgeordneten des Dritten Standes verärgern mußte, weil es die Ungleichheit der Stände zu nachdrücklich betonte. Hinter den Garden, ganz am Anfang des Zuges, hatten sie zu gehen, bescheiden gekleidet im schwarzen Gewand à la française, dann folgte gold- und seidestrotzend der Adel. Ebenso erging es den Pfarrern, die sich in schwarzer Soutane vor den Bischöfen und Kardinälen einzureihen hatten. Als die Abgeordneten im Schloß ihre Aufwartung machten, versagte es sich der König nicht, »seinen« Klerus und »seinen« Adel mit besonderer Aufmerksamkeit zu empfangen. Die Eröffnungssitzung am 5. Mai verlief auch nicht ohne Kränkungen. Adel und Geistlichkeit nahmen ihre Sitze ein in dem eigens für die Notabelnversammlung gebauten Saal in der Rue des Chantiers im Hof hinter den Dekorationswerkstätten des Schlosses, den »Menus-Plaisirs«, an der Avenue de Paris. Unterdessen durften die Abgeordneten des Dritten Standes draußen stehen und warten, bis der endlose Aufruf der Vogteien zu Ende war. Als der König

Platz genommen und den Hut aufgesetzt hatte, setzten auch die Privilegierten ihre Kopfbedeckungen auf, und der Dritte Stand, ganz gegen die Gepflogenheit, tat es ihnen sofort nach.

Nach einer nichtssagenden Rede von Siegelbewahrer Barentin, einem allen Neuerungen abholden Mann, ergriff Necker bei gespanntem Schweigen das Wort. Die Ansprache wurde eine Enttäuschung; Necker war bald ermattet und mußte sein Manuskript einem Mitarbeiter geben, der endlos mit monotoner Stimme weiterlas. Kein Programm, nur Ermahnungen: an die Privilegierten, von vornherein auf ihre geldwerten Privilegien zu verzichten, an den Dritten Stand, ihnen seine »Dankbarkeit« zu bezeugen, an alle, anschließend einvernehmlich zu bestimmen, welche Gegenstände man gemeinsam behandeln könnte. Der Dritte Stand verließ den Raum müde und enttäuscht. Malouet verfehlte nicht, Necker zu erklären, die Untätigkeit der Regierung werde alles verderben; der Minister, der seine Stellung bedroht sah, empfand sich als so ohnmächtig wie nie. Mirabeau bot ihm seine Dienste an, doch da er ihn wie alle verachtete, ließ er ihn stehen.

Am 6. Mai versammelten sich Adel und Geistlichkeit in den ihnen zugewiesenen Sälen. Der Dritte Stand, sehr viel zahlreicher, behielt den Thronsaal, in den nun auch Zuschauer strömten, und da man erst viel später Tribünen baute, mischten sie sich unter die Abgeordneten und redeten auf sie ein. Seit dieser Zeit behielt man die Gewohnheit bei, dem Publikum zu erlauben, mit Beifall oder Buhrufen seine Meinung kundzutun.

Der Konflikt zwischen den Ständen

Die Privilegierten begannen sofort mit der Prüfung der Vollmachten, um sich getrennt zu konstituieren. Der Dritte Stand war in einer schwierigen Lage. Folgte er ihrem Beispiel, so akzeptierte er die Abstimmung nach Ständen, widersprach er diesem Abstimmungsmodus offen, so verstieß er gegen die Legalität. Die Vertreter der Bretagne und der Dauphiné, zumal die ersteren, hätte das nicht gestört, doch die politisch Denkenden hatten ihre Zweifel. Die Abgeordneten kannten einander nicht, und niemand wußte, wie weit sie zu gehen bereit waren; offenbar waren einige von der leidenschaftlichen Entschlossenheit der Bretonen verschreckt. Es kam also darauf an, auf Zeitgewinn zu spielen. So wie der Dritte Stand immer wieder die Verdoppelung gefordert hatte, ohne von der Abstimmung nach Köpfen zu sprechen, verlangte er nun die gemeinsame Prüfung der Vollmachten, als würde damit kein entscheidender Präzedenzfall geschaffen; er wies darauf hin, daß auf diese Weise jeder Stand konstatieren könne, daß die beiden anderen rechtmäßig zusammengesetzt seien; auf diese Weise wüßten die Stände, daß die Abgeordneten legal gewählt seien. Jetzt, da die Stände einmal zusammengekommen waren, hatte der Dritte insofern ein Druckmittel, weil nichts entschieden werden konnte, ohne daß er in aller Form seine Stellungnahme abgegeben hatte. Deshalb dachte er nicht daran, sich zu konstituieren und den geringsten Anlaß zu geben, daß man ihn als konstituiert ansehen könnte: kein Protokoll, keine Geschäftsordnung, nicht einmal ein Präsidium, sondern nur ein Alterspräsident zur Leitung der Sitzung (vom 3. Juni an war das Bailly). Ja, man bezeichnete sich nicht einmal mehr als Dritten Stand, *Tiers Etat*, sondern als die *Communes* wie das englische Unterhaus.

Doch die Nachteile waren erheblich. Die Sitzungen arteten mehr als einmal zu öffentlichen Veranstaltungen mit Lärm und Getümmel aus. Außerdem mußte man mit dem Vorwurf rechnen, man stehe der Erneuerung des Staatswesens im Wege, eine Verdächtigung, die viele im Lande beeindrucken konnte. Malouet benutzte sie als Argument, um Versöhnung zu predigen. Der Dritte Stand solle sich wie jede neu gewählte Versammlung als vorläufig konstituiert betrachten und sei durch nichts daran gehindert, den anderen Ständen Vertreter zu schicken, um in Verhandlungen einzutreten. Man entgegnete ihm, nur individuelle Gespräche seien möglich. Am 14. Mai ging Malouet noch weiter: Wenn der Dritte Stand feierlich erkläre, daß er die Rechte und Prärogativen der zwei ersten Stände achten werde, könne er anschließend die Abstimmung nach Köpfen in Steuerangelegenheiten verlangen und des Einverständnisses sicher sein. Er wurde schroff abgewiesen und galt fortan als verdächtig. Immerhin hatten jetzt alle begriffen, daß es gefährlich wäre, das Spiel weiter zu spielen. Ein neues Thema wurde benötigt, und die Geistlichkeit lieferte es.

Der Adel hatte sich von dem Verhalten des Dritten Standes nicht beeindrucken lassen. Am 6. Mai waren nur 46 gegen 188 Stimmen für ein Entgegenkommen gewesen; schon am 11. Mai erklärte sich der Stand für konstituiert. Bei der Geistlichkeit dagegen betrug die Minderheit 114 gegen 134, und es war von vornherein klar, daß sich bei einer Fortdauer des Konflikts das Stimmenverhältnis wahrscheinlich umkehren würde. Sogar mehrere Bischöfe, Champion de Cicé und Lefranc de Pompignan, Erzbischöfe von Bordeaux und Vienne, und Lubersac, Bischof von Chartres, waren zu Konzessionen bereit. So verzichtete die Geistlichkeit darauf, sich für konstituiert zu erklären, und beschloß, den Vorschlag zu machen, die drei Stände sollten Kommissare entsenden, die über die Lage zu beraten hätten.

Wieder war der Dritte Stand in der Klemme. Le Chapelier erklärte, solche Beratungen seien nicht nur überflüssig, weil der Dritte Stand doch entschlossen sei, keine Konzessionen zu machen, sondern auch gefährlich, denn wenn er Kommissare ernenne, könne man ihn juristisch als konstituiert betrachten, so daß die gemeinsame Prüfung der Vollmachten keinen Sinn mehr hätte. Andererseits konnte eine Weigerung die Geistlichkeit vor den Kopf stoßen. Auf Antrag von Rabaut Saint-Etienne wurde das Angebot am 18. Mai angenommen. Die Sitzungen der Kommissare, die vom 23. bis 27. Mai stattfanden, führten zu nichts, weil Adel und Dritter Stand sich gleich starrköpfig verhielten.

Jetzt bestand die Taktik des Dritten Standes darin, die Geistlichkeit »im Namen des Gottes des Friedens«, wie Mirabeau es ausdrückte, zu beschwören, sich mit ihm zu vereinigen. Am 27. wurde eine von Target geführte Delegation sehr freundlich empfangen. Als wenig später, am 6. Juni, die Geistlichkeit unter Hinweis auf die Hungersnot meinte, man müsse schleunigst über Maßnahmen beraten, mit denen dem Volk zu helfen sei, erhielt sie zur Antwort, gerade dafür sei ja die Vereinigung der Stände eine besonders gute Grundlage. Inzwischen allerdings hatten die Bischöfe, die merkten, daß die Pfarrer ihrem Einfluß entglitten, den König beschworen einzugreifen. Am 28. Mai hatte Ludwig XVI. daraufhin vorgeschlagen, die Sitzungen der Kommissare in Anwesenheit der Minister wieder aufzunehmen. Am 4. Juni machte das Gremium einen Einigungsvorschlag: Jeder Stand sollte die Vollmachten seiner eigenen Mitglieder prüfen; angefochtene Vollmachten sollten gemeinsam von den Kommissaren der drei Stände, die jeweils ihrem entsendenden Stand Bericht zu erstatten hätten, nachgeprüft werden; wenn auch dann keine Einigung erzielt würde, sollte der König entscheiden. Zum drittenmal war der Dritte Stand in Schwierigkeiten; er wagte den Schiedsspruch des Souveräns nicht abzulehnen und vertagte seinen Beschluß auf das Ende der Sitzungen der Kommissare. In diesem entscheidenden Moment enthob ihn der Adel der Entscheidung: Am selben Tage, dem 5. Juni, schränkte er mit 158 zu 76 Stimmen den Schiedsspruch der Kommissare und des Königs auf Einsprüche gegen die Vollmachten »ganzer Abordnungen« ein, die, wie im Falle der Dauphiné, von den drei Ständen gemeinsam gewählt worden waren. Für die Adligen, von ihresgleichen gewählt, sollten auf keinen Fall Nichtadlige zuständig sein. Am Tag darauf erklärte das Gremium seine Bemühungen für gescheitert und hielt nur noch am 9. Juni eine letzte Sitzung zur Annahme des Protokolls. Das war das Signal zum revolutionären Handeln.

Die Nationalversammlung

Ein Monat war vergangen. In Versailles und Paris wuchs die Unruhe. Die fieberhafte Erregung des Publikums bei den Sitzungen übertrug sich immer mehr auf die Abgeordneten, die außerdem Zeit zum Kennenlernen und zum Knüpfen von Verbindungen gehabt hatten. Die Bretonen hatten sich eine »Kammer der Provinz Bretagne« geschaffen, die zum Kern eines regelmäßigen Treffens von Abgeordneten des Dritten Standes im Café Amaury geworden war und als »Bretonischer Klub« bekannt wurde. Anfang Juni erklärte Sieyès, der Augenblick sei gekommen, »das Tau zu kappen«. Am 10. Juni schlug er vor, eine »Aufforderung« an die Privilegierten zu richten, sie sollten sich dem Dritten Stand anschließen; im Falle der Ablehnung würde man zum Namensaufruf der Abgeordneten ohne Ansehen des Standes schreiten und »die Nichterschienenen als abwesend« ansehen. Mit anderen Worten: Der Dritte Stand würde sich aus eigenem Willen und ohne Zustimmung des Königs zur Vertretung der Nation machen. Target und Treilhard ließen mit Zustimmung von Sieyès »Aufforderung« durch »Einladung« ersetzen, und bei der Abstimmung erhielt der so geänderte Antrag 247 Stimmen. Doch Regnaud de Saint-Jean d'Angély hatte ferner vorgeschlagen, ein Schreiben mit ausführlicher Begründung an den König zu richten, und Sieyès stimmte dem zu. 246 Stimmen sprachen sich für den Antrag mit Begründungsschreiben aus. Das waren die Schüchternen und Zögerlichen, die abschwächen wollten, was an dem Antrag ungewöhnlich war, oder sogar zu verstehen geben, daß er vom König sanktioniert werden müßte. 51 Abgeordnete stimmten für Zurückverweisung ans Präsidium oder Ablehnung. Alles kam aber darauf an, daß die Initiative des Dritten Standes Einstimmigkeit fand. In der Nachtsitzung war sie dann so gut wie erreicht, indem man über Antrag und Schreiben zusammen abstimmte. Der Namensaufruf begann am 12. Juni und dauerte bis zum 14. Am 13. hatten sich drei Pfarrer dem Dritten Stand angeschlossen, am 14. kamen noch sechs und am 15. drei weitere dazu. Aber kein Adliger hatte sich blicken lassen; La Fayette fühlte sich durch den Beschluß, der die Abstimmung nach Köpfen verwarf, gebunden und hatte nicht gewagt, sich darüber hinwegzusetzen.

Der Dritte Stand konnte keinen Anspruch auf die Bezeichnung »Generalstände« erheben, die außerdem mit der Vorstellung getrennter Stände verbunden war. Er brauchte eine andere, die nicht die Pluralität, sondern die Einheit der Nation ausdrückte. Es wurde einige Tage lang beratschlagt. Am 15. Juni schlug Sieyès vor, sich »Versammlung der bekannten und geprüften Vertreter der französischen Nation« zu nennen, eine Formulierung, die unklar war, weil damit angedeutet wurde, daß diese Versammlung noch unvollständig war. Mounier war eindeutiger, indem er geradezu unterstrich, daß sie es sei; sie sollte heißen: »Die Vertreter des größten Teils der französischen Nation, in Abwesenheit des kleineren Teils handelnd.« Trotz der behutsamen Ausdrucksweise wurde schon der Grundgedanke nicht anerkannt, und es ist durchaus möglich, daß die Opponenten durch ihre Äußerungen unbeabsichtigt zu dem Entschluß beitrugen, eine radikale Lösung zu wählen. Malouet sprach sich gegen die Vorschläge von Sieyès und Mounier aus, weil damit implizit die Ständeaufteilung aufgehoben wurde. Mirabeau, der die nationale Souveränität als das gemeinsame Gut von König und Versammlung ansah und erkannte, daß diese, ohne es recht zu merken, auf dem besten Wege war, sie ganz an sich zu reißen, wollte schon den ersten Schritt in diese Richtung verhindern und schlug die Bezeichnung *représentants du peuple* (Vertreter des Volkes) vor, was zu lautstarken Auseinandersetzungen führte. Man fragte ihn, ob er *peuple* mit *plebs* oder *populus* übersetze: Im ersteren Falle hätte die Versammlung nur die Plebs, also die Nichtadligen und Nichtgeistlichen, nicht dagegen die ganze Nation vertreten, und genau darauf wollte Mirabeau hinaus, was ihn in den Augen vieler noch verdächtiger machte. Die Mehrheit, der jetzt ein Licht aufgegangen war, fand den von Sieyès vorgeschlagenen Titel nun nicht mehr eindeutig genug. Es scheint, als habe Sieyès den entscheidenden Vorschlag längst in petto gehabt, und Legrand, ein Abgeordneter aus dem Berry, der ihn vortrug, habe nur statt seiner gesprochen. Jedenfalls war es Legrand, der am 16. Juni beantragte, der Dritte Stand solle die Bezeichnung »Nationalversammlung« führen. Der Antrag wurde am 17. Juni mit 491 gegen 89 Stimmen angenommen; fast ein Sechstel der Vertreter des Dritten Standes lehnte also die juristische Revolution ab. Unverzüglich machte die Versammlung von der Vollmacht, die sie sich soeben gegeben hatte, Gebrauch, indem sie auf Antrag von Le Chapelier die vorläufige Weitererhebung der bestehenden Steuern genehmigte. Mit anderen Worten: Wenn man ihr Widerstand leisten sollte, könnte sie die Erhebung auch verbieten.

Der Schwur im Ballspielhaus

Die Kühnheit des Dritten Standes erschreckte die Mehrheit der Geistlichkeit nicht, im Gegenteil. Schon am 19. Juni stimmte diese Mehrheit, einschließlich etlicher Bischöfe, für die Vereinigung. Da aber zehn Mitglieder unter Vorbehalt gestimmt hatten, erklärte der Präsident, Kardinal von La Rochefoucauld, den Antrag für abgelehnt und hob die Sitzung schleunigst auf. Dann eilte er zum König und flehte ihn an, einzugreifen. Schon am 15. hatte der Adel zugunsten der königlichen Gewalt abgedankt, wie Lally-Tollendal das kritisch nannte, und hatte wohl auch zu spät gemerkt, daß ohne diesen Beschützer seine gesellschaftliche Vorrangstellung in Gefahr geriet: Er hatte den König aufgefordert, den Dritten Stand zu seiner Pflicht anzuhalten.

Ludwig XVI. hatte eben den Dauphin, seinen ältesten Sohn und Thronfolger, verloren, der am 4. Juni gestorben war, und hatte sich nach Marly zurückgezogen. Am 19. beschloß er, am 22. eine »Königliche Sitzung« abzuhalten, und versammelte seinen Rat. Über die Notwendigkeit, die Beschlüsse des Dritten Standes aufzuheben und die Frage der Vollmachtenprüfung und der Abstimmung nach Köpfen einfach von oben zu entscheiden, bestand Einvernehmen, wenn auch nicht über die Form. Man erkannte auch, daß es höchste Zeit war, ein Reformprogramm vorzulegen und darin die Steuergleichheit aufzunehmen. Doch Necker wandte ein, die allein genüge nicht mehr, und wenn es nicht gelänge, den Dritten Stand für sich zu gewinnen, sei der Staatsbankrott sicher. Deshalb wollte er den freien Zugang aller Franzosen zu den öffentlichen Ämtern hinzufügen und außerdem die Erlaubnis, über die zukünftige Organisation der Generalstände nach Köpfen abzustimmen. Das brachte den Konflikt zum Ausbruch. Montmorin, Saint-Priest, La Luzerne hielten zu Necker, aber Barentin, Villedeuil, Puységur protestierten; vor allem der letztere als Kriegsminister verwahrte sich gegen jede Maßnahme, die dem König bei der Auswahl seiner Offiziere nicht freie Hand ließ, und Ludwig XVI., den diese Vorstellung außerordentlich kränkte, tadelte Necker, daß er sie überhaupt erwogen hatte. Schließlich, offenbar nach einer Intervention der Königin, wurde die Entscheidung auf den 21. Juni vertagt und die »Königliche Sitzung« entsprechend auf den 23. verschoben. Am Samstag, 21. Juni, verwarf der um einige Persönlichkeiten, darunter die beiden Brüder des Königs, verstärkte Rat Neckers wichtigste Neuerungen; am Tag darauf billigte er den endgültigen Text der Beschlüsse, von denen der König die Generalstände in Kenntnis setzen würde.

Schon die Verzögerung hatte dem Dritten Stand Zeit für die Vorbereitung des Widerstands gegeben. Am 20. Juni hatte er vor verschlossenen Türen gestanden, weil der Saal der Menus-Plaisirs von Arbeitern hergerichtet wurde. Er hatte schließlich in einer nahen Ballspielhalle, die noch heute zu sehen ist, Zuflucht gefunden. Das Gedränge war groß, die Abgeordneten sehr erregt. Die Gefahr hatte sie fast alle zusammengeführt, einschließlich derer, die am 17. Juni mit Nein gestimmt hatten, und die einen wie die anderen waren entschlossen, fest zu bleiben. Die eifrigsten, an ihrer Spitze Sieyès, wollten nach Paris ziehen, wo die Versammlung unter dem Schutz des Volkes stehen würde. Mounier ließ diese revolutionäre Entscheidung vertagen und ersetzte sie durch einen Schwur, bis zur Verabschiedung der Verfassung beieinander zu bleiben. Der Beschluß wurde durch Akklamation angenommen:

»*Die Nationalversammlung*, in Anbetracht der Tatsache, daß sie durch ihre Berufung, die Verfassung des Königreichs zu schaffen, die öffentliche Ordnung wiederherzustellen und die wahren Prinzipien der Monarchie zu wahren, durch nichts daran gehindert werden kann, ihre Beratungen fortzusetzen, an

welchem Ort auch immer sie gezwungen sein sollte, sich aufzuhalten, und daß schließlich überall da, wo ihre Mitglieder zusammentreten, die Nationalversammlung ist;
beschließt, daß alle Mitglieder dieser Versammlung augenblicklich den feierlichen Schwur leisten, nicht auseinanderzugehen und überall zusammenzutreten, wo die Umstände es erfordern werden, bis die Verfassung des Königreichs geschaffen und auf sicheren Grundlagen befestigt sein wird; und daß, nachdem dieser Schwur geleistet worden ist, alle Mitglieder, und zwar jedes einzeln, durch ihre Unterschrift diese unerschütterliche Entschlossenheit bekräftigen.«

Bailly sprach den Schwur vor, und sogleich nach ihm unterzeichneten 577 Mitglieder (557 Abgeordnete, 15 Ersatzleute und 5 Abgeordnete der Geistlichkeit). Mouniers Einfall hatte den Vorteil, den Konflikt friedlich auf der juristischen Ebene zu halten, so daß es nicht einmal nach außen so wirken konnte, als greife der Dritte Stand als erster zur Gewalt. Und es kam noch ein Vorteil hinzu: Der Schwur verband alle Mitglieder des Dritten Standes fest miteinander. Nur ein Abgeordneter wagte die Unterschrift zu verweigern, Martin Dauch, Vertreter der Vogtei Castelnaudary; er erklärte, er könne sich nicht eidlich zur Ausführung von Entscheidungen verpflichten, die der König nicht gebilligt habe. Bailly erwiderte, die Absicht der Versammlung trete klar zutage, Verfassung und Gesetze würden dem König zur Sanktion unterbreitet. Das hieß der Frage ausweichen, denn es ging ja um die Existenz der Versammlung als solche, und der Ballspielhausschwur besagte eindeutig, daß man sie selbst gegen den König verteidigen werde. Man kann also nicht behaupten, daß alle leichten Herzens zugestimmt hätten. Mirabeau soll gesagt haben: »Ich unterschreibe, weil Sie mich sonst dem allgemeinen Haß ausliefern würden ... Aber ich sage Ihnen, was hier unterschrieben wird, ist eine regelrechte Verschwörung.« Auch das Fehlen mancher Abgeordneter an diesem feierlichen Tage kann man als vorsichtiges Heraushalten deuten: 55 Abgeordnete oder Ersatzleute und 5 Pfarrer unterschrieben erst am 22. Juni. Mindestens zwei Abgeordnete des Dritten Standes folgten dem Beispiel von Martin Dauch, allerdings weniger mutig, denn sie gaben ihren Widerspruch nicht zu Protokoll, sondern enthielten sich nur der Unterschrift. Um so deutlicher wird die Entschlossenheit, die fast den ganzen Dritten Stand beseelte.

Am 22. fand man ein besser geeignetes Sitzungslokal in der

Kirche Saint-Louis, und die Mehrheit der Geistlichkeit stieß geschlossen dazu. Die Adligen der Dauphiné und eine Abordnung von Dissidenten des Adels der Guyenne folgten diesem Beispiel. Das Vorhaben der Regierung war schon jetzt zum Scheitern verurteilt.

Die Königliche Sitzung am 23. Juni

Vor dem triumphierenden Adel und den finster dreinblickenden, düster gekleideten Abgeordneten des Dritten Standes und den Pfarrern, in Abwesenheit von Necker, der damit seine Mißbilligung kundtat, erklärte Ludwig XVI. am 23. Juni, Siegelbewahrer Barentin werde seinen Willen bekanntgeben. Die Beschlüsse des Dritten Standes wurden für null und nichtig erklärt, zugleich aber auch die imperativen Mandate und damit die Auflagen, die es den Privilegierten verboten, die Abstimmung nach Köpfen zu akzeptieren. Jedem der drei Stände wurde das Recht zugesprochen, die Vollmachten seiner Mitglieder getrennt zu prüfen; nur wenn ein Abgewiesener Einspruch einlegte, sollte der Fall von den drei Ständen gemeinsam mit Abstimmung nach Köpfen entschieden werden; widersprach allerdings ein Stand dieser Entscheidung mit Zweidrittelmehrheit, so lag das letzte Wort beim König. Ferner wurden die gemeinsame Beratung und die Abstimmung nach Köpfen für Angelegenheiten allgemeiner Bedeutung gestattet, aber zu diesen gehörten ausdrücklich nicht »die althergebrachten und verfassungsmäßigen Rechte der drei Stände, die Form der für die nächsten Generalstände vorzusehenden Verfassung, Lehns- und Herrenbesitz, geldwerte Privilegien und Ehrenvorrechte der zwei ersten Stände«. Die ausdrückliche Zustimmung der Geistlichkeit war erforderlich für alles, was deren Organisation und Religionsfragen berührte.

Nach der Verlesung ergriff der König noch einmal das Wort und kündigte an, die von ihm gebilligten Reformen würden den Ständen schriftlich zugestellt werden. Er fügte hinzu: »Noch niemals hat ein König für irgendeine Nation soviel getan.«

Das Programm gewährte den Ständen das Bewilligungsrecht für Steuern und Anleihen sowie die Entscheidung über die Aufteilung der Mittel auf die verschiedenen Behörden, und zwar einschließlich der Ausgaben für den Hof. Der König versprach, der Steuergleichheit seine Sanktion zu erteilen, sobald sie von den Privilegierten gebilligt wäre. Die persönlichen Lasten blieben vorbehalten, durften aber durch eine gewöhnliche Steuer ersetzt werden. Die Freiheit der Person und der Presse sollten garantiert sein. Die Provinzialstände sollten weiterhin nach Ständen gewählt werden, aber die doppelte Vertretung des Dritten Standes bekommen und nach Köpfen abstimmen; es sollten ihnen Verwaltungszuständigkeiten eingeräumt werden. Die Generalstände hätten die erforderlichen Reformen der Krongüterverwaltung, der Salz- und Getränkesteueradministration, der Miliz und der Rechtspflege zu prüfen; die Binnenzölle könnten sie abschaffen. Hand- und Spanndienste für die Krone sowie der Heimfall des Besitzes an den Grundherrn sollten beseitigt werden.

Noch ein drittes Mal sprach der König: »Wenn Sie mich bei einem so schönen Vorhaben verlassen sollten, würde ich allein für das Wohl meiner Völker sorgen..., ich würde mich allein als ihren wahren Vertreter betrachten... Keiner Ihrer Pläne, keiner Ihrer Beschlüsse kann ohne meine ausdrückliche Zustimmung Gesetzeskraft erlangen... Ich befehle Ihnen, sogleich auseinanderzugehen und sich morgen vormittag getrennt in den für Ihren jeweiligen Stand vorgesehenen Räumlichkeiten einzufinden, um Ihre Beratungen wieder aufzunehmen.« Das war eine unverhüllte Drohung: Die Stände würden aufgelöst werden, wenn sie sich nicht unterwarfen.

Das Programm vom 23. Juni ist deshalb von größtem Interesse, weil es ganz deutlich macht, was bei der folgenden Auseinandersetzung und bei der ganzen Revolution auf dem Spiele stand. Der König fand sich damit ab, ein konstitutioneller Monarch zu werden. Damit war das politische Problem jedenfalls im Grundsatz gelöst. Die praktischen Reformen waren nur noch eine Frage der Zeit. Doch abgesehen vom Steuerprivileg, dessen Abschaffung ihm ebenso nützen sollte wie dem Dritten Stand, warf das Königtum seine ganze Macht in die Waagschale, um die überkommene Gesellschaftsordnung und den Vorrang des Adels zu erhalten.

Man kann deshalb sehr bezweifeln, daß dieses Programm, ein halbes Jahr früher formuliert, die Zustimmung des Dritten Standes gefunden hätte. Jetzt kam es jedenfalls zu spät. »Der verhaßte Prunk eines *lit de justice*«, wie ein Zeitgenosse es genannt hat, der herrische Ton des Königs und seine Drohung am Ende brachten die Gemüter erst recht in Wallung. Wer bislang

Versöhnung gepredigt hatte, schloß sich jetzt der Mehrheit an: »Nach der Königlichen Sitzung«, schreibt Malouet, »blieb uns nichts anderes übrig, als das zu tun, was wir im Ballspielhaus beschlossen hatten.« Der Adel verließ den Saal, der Dritte Stand blieb wie vereinbart auf seinen Plätzen, und mit ihm einige Pfarrer. Als der Großzeremonienmeister, der Marquis von Dreux-Brézé, auf die Befehle des Königs hinwies, erklärte Bailly: »Die versammelte Nation nimmt keine Befehle entgegen«, und Mirabeau rief dem Höfling von seinem Platz aus den Satz zu, der inzwischen zum Symbol für die ganze Sitzung geworden ist: »Wir werden unsere Plätze nur unter dem Zwang der Bajonette verlassen.« (Da die Versammlung keine Stenographen beschäftigte, sind Mirabeaus Worte nicht gleich aufgeschrieben worden und lassen sich nicht mehr genau rekonstruieren. Der zitierte Satz ist der letzte in dem Text, den Mirabeau in einem Brief an seine Wähler veröffentlicht hat.) Sieyès äußerte abschließend sehr lapidar zu seinen Kollegen: »Sie sind heute, was Sie gestern waren.« Mit anderen Worten: Die Versammlung, wie früher das Parlament, betrachtete die Befehle des Königs als nicht erfolgt. Sie bestätigte ihre früheren Beschlüsse und erklärte ihre Mitglieder für unverletzlich.

Im Schloß jubelte der Adel König und Königin zu, und man gab Befehl, den Dritten Stand zu vertreiben. Doch die Leibgardisten stießen am Eingang zum Saal der Menus-Plaisirs auf liberal gesonnene Adlige, die sie zum Abzug überredeten. Inzwischen hatte sich das Gerücht verbreitet, Necker sei entlassen worden, und die Menge wuchs mit jedem Augenblick. Der König verzichtete einstweilen auf gewaltsames Durchgreifen: »Ach, sollen sie doch verd... nochmal bleiben, wo sie sind!« Unablässig wurden Necker Ovationen dargebracht. Es erschien geraten, die Zusammenlegung der Stände zu sanktionieren. Der Adel sträubte sich, und es bedurfte eines Befehls des Königs und eines Schreibens des Grafen von Artois, damit er nachgab. Am 27. Juni erschien der Adel zur Sitzung der Nationalversammlung.

Die friedliche juristische Revolution

So vollzog sich die Revolution der Bürger, die man auch die juristische nennen könnte, weil sie mit Methoden bewirkt worden war, welche die Juristen den Parlamenten abgeschaut hatten. Und es war keine Gewalt angewendet worden. Am 7. Juli ernannte die Versammlung einen Verfassungsausschuß. Für die Geschichte wird sie von diesem Zeitpunkt an zur »Verfassunggebenden Nationalversammlung«; schon am 9. Juli legte ihr Mounier im Namen des Ausschusses einen ersten Bericht vor. Am 11. Juli brachte La Fayette seinen Entwurf für eine ›Erklärung der Menschen- und Bürgerrechte‹ ein.

Der Dritte Stand scheint damals durchaus noch nicht gewillt gewesen zu sein, die Wirkungen seines Sieges bis zur letzten Konsequenz auch nur zu durchdenken. Von seinen Befugnissen machte er sich eine Vorstellung, die eher der von Mirabeau als der von Sieyès entsprach. Mirabeau hatte zwar am 23. Juni vom König als vom »Beauftragten« der Nation gesprochen, blieb aber dabei, die Souveränität liege unmittelbar beim Monarchen und der Versammlung. Allerdings hatte diese weder die erbliche Monarchie noch das Erfordernis der Ratifizierung der Verfassung durch den König in Frage gestellt. Für sie blieb Ludwig XVI. also Träger einer eigenen, von der Geschichte gegebenen Gewalt, und die Nation hatte mit ihm einen Vertrag zu schließen, von gleich zu gleich. Der moderne Verfassungsbegriff, nach dem es nicht bloß um die Gestaltung der Befugnisse der öffentlichen Gewalten geht, sondern darum, sie überhaupt erst zu *schaffen*, war noch nicht geboren. So gesehen konnte von einer Diktatur der »verfassunggebenden Gewalt«, von der Sieyès gesprochen hatte, gar keine Rede sein. Niemand hatte bislang bezweifelt, daß der König nach Belieben die Verfassungsartikel ratifizieren oder verwerfen könne, und ein solches Sanktionsrecht stand ihm natürlich ohnehin für gewöhnliche Gesetze zu; ferner war es unbestritten, daß die exekutive Gewalt uneingeschränkt bei ihm lag.

Andererseits hatte die Vereinigung der Stände diese nicht einfach in der Nation aufgehen lassen. Der Dritte Stand hatte gar nicht erst erwogen, die Wahl einer neuen Versammlung durchzusetzen. Adlige und Geistliche behielten also alle ihre Sitze, obwohl sie nur einen winzigen Bruchteil der französischen Bevölkerung ausmachten. Über die Herrenrechte hatte der Dritte Stand kein Wort verloren. Man kann durchaus nicht behaupten, er habe damals so etwas wie eine Klassendiktatur im Auge gehabt.

Jedenfalls konnte die Geistlichkeit, nachdem die Bürgerlichen die Vereinigung und die Abstimmung nach Köpfen erlangt hatten, sich mehr für versöhnliche Lösungen einsetzen. Man ging auch sehr schonend mit ihr um; am 3. Juli wurde der Erzbischof von Vienne sogar zum Präsidenten gewählt. Die Minderheit im Dritten Stand, die am 17. Juni ihre konservative Einstellung gezeigt hatte, war ähnlich gesonnen, und ebenso die liberalen Adligen, deren Ansehen ungeschmälert geblieben war und die ganz dazu geschaffen waren, eine herausragende Rolle in Regierung und Versammlung zu spielen, weil auch die angesehensten Bürgerlichen ihre Befangenheit vor den Grandseigneurs nicht ablegen konnten. Würde der übrige Adel die vollendete Tatsache hinnehmen und bona fide mit diesen Elementen der Versammlung zusammenarbeiten, so konnte eine gemäßigte Mehrheit entstehen, die in Zusammenarbeit mit dem König eine stabile Regierung zustande bringen und durch Kompromisse Reformen einführen könnte.

Doch diese durchaus gegebenen Chancen, der Revolution ihren friedlichen Charakter zu erhalten und die nationale Eintracht wieder herzustellen, erwogen weder König noch Aristokratie auch nur einen Augenblick lang. Noch während sie die Vereinigung der Stände hinnahmen, beschlossen sie, Gewalt anzuwenden, um den Dritten Stand wieder zum Gehorsam zu zwingen.

Der Ruf nach dem Militär

Die Mehrheit des Adels nahm sogleich eine bezeichnende Haltung ein. Viele Mitglieder kamen nicht zu den Sitzungen, andere waren zwar formell anwesend, weigerten sich aber, an den Beratungen und Abstimmungen teilzunehmen, indem sie sich darauf beriefen, ihre Beschwerdehefte untersagten ihnen die Abstimmung nach Köpfen. Am 8. Juli schaffte die Versammlung das imperative Mandat ab, und der König erlaubte den Abgeordneten des Adels, in ihre Vogteien zurückzukehren und sich von ihren Wählern neue Vollmachten geben zu lassen. Der Argwohn der Bürgerlichen, die der Aufrichtigkeit ihrer Gegner ohnehin mißtraut hatten, wuchs mit jedem Tag, und die gemäßigte Mehrheit konnte auf diese Weise gar nicht erst zustandekommen.

Zur selben Zeit zog der König Truppen um Paris und Versailles zusammen; schon am 26. Juni waren die ersten Befehle hinausgegangen. Der Vorwand war leicht zu finden gewesen: die wachsende Unruhe unter dem Volk, die von der Hungersnot angefachten Aufsässigkeiten, der Ungehorsam des Regiments Gardes françaises, das Ende des Monats eine Erhebung in der Hauptstadt mit angezettelt hatte. Als die besorgte Versammlung am 8. Juli nach einer leidenschaftlichen Rede Mirabeaus gegen die Militärdiktatur Erklärungen verlangte, erwiderte Ludwig XVI., er müsse eben die Ordnung aufrechterhalten, und wenn die Versammlung das wünsche, würde er sie anstandslos nach Soissons verlegen. Er hatte ungefähr 18 000 Mann angefordert, die zwischen dem 5. und 20. Juli eintreffen mußten. Lebensmittelknappheit und Geldmangel behinderten diese Bewegungen erheblich und zwangen zur weiträumigen Verteilung der eintreffenden Truppen. Den Oberbefehl hatte man Marschall von Broglie anvertraut, der in Paris durch Baron von Besenval vertreten war. Es sieht nicht so aus, als habe Broglie mit einem unmittelbar bevorstehenden Einsatz gerechnet oder sei dafür gerüstet gewesen; es fehlte ihm auch an der nötigen Entschlossenheit, und während der entscheidenden Tage ließ er Besenval ohne Befehle. Der Hof beabsichtigte zweifellos, die Generalstände aufzulösen; er konnte nach Lage der Dinge auf die Fügsamkeit und Unterstützung der Parlamente zählen und war, wenn es sich nicht vermeiden ließ, zum Bankrott bereit. Doch einen festen Plan gab es nicht, und wenn man einen fassen wollte, so mußte man tatsächlich erst einmal Necker hinauswerfen und ein Kampfministerium bilden. Am 9. Juli traf man sich zur Beratung beim König. Man beschloß, Baron von Breteuil zu rufen, der am Tag darauf eintraf. Es wäre ein Gebot der Klugheit gewesen, insgeheim eine Regierung zu bilden, die erst in Erscheinung getreten wäre, wenn ihr alle Truppenverbände, die noch unterwegs waren, einsatzbereit zur Verfügung gestanden hätten. Was jetzt begann, war eine furchtbare Partie. Man kann gut verstehen, daß der König von Gottes Gnaden sich aufbäumte bei der Vorstellung, sich endgültig seinem Volk zu beugen, in dem er nur einen Haufen Rebellen erblicken konnte. Angesichts der Gefühle, die sie für jeden erkennbar bewegten, darf man auch unterstellen, daß die Aristokratie die kampflose Kapitulation als eine tödliche Schmach ansah. Doch das Unternehmen konnte zum Bürgerkrieg ausarten, und wenn der Coup mißlang, würde das vergossene Blut über den Adel und den König kommen. Immerhin beschloß man am 11. Juli bei einer Beratung, zu der Necker nicht zugezogen wurde, die neuen Minister öffentlich und sofort zu berufen. Die Pariser Wähler hatten die Versammlung bedrängt, die Bildung einer Bürgerwehr, einer Garde zu erlauben, und die Disziplinlosigkeit bei der Armee nahm rasch zu: Wahrscheinlich waren das die Gründe, die den Hof zum Sprung über den Graben veranlaßten. Necker wurde unverzüglich entlassen und machte sich auf den Weg in die Schweiz; auch Montmorin, Saint-Priest und Ségur mußten gehen, und La Luzerne trat zurück. Ihre Plätze nahmen Breteuil und seine Gewährsleute ein. Doch es erfolgte nichts.

Dabei rechnete die Versammlung durchaus mit einer Gewaltaktion. Manche Abgeordnete wagten sich nicht mehr in ihr Quartier zurück und verbrachten die Nacht im Sitzungssaal. Zumindest würde es einige Verhaftungen geben. Zu Thibaudeau senior, der vor Verzagtheit zitterte, sagte Herr von La Châtre ganz naiv, um ihn zu beruhigen: »Sie werden schon nicht gehängt, höchstens müssen Sie heim nach Poitiers.« Das Bürgertum insgesamt zeigte Haltung; alle Zeugen haben ihre Bewunderung für seine Entschlossenheit bekundet. Dabei durfte es sich keine falschen Hoffnungen machen: Es war auf Gnade und Ungnade den Bajonetten ausgeliefert. Reden konnten es nicht retten. Doch die Macht des Volkes griff ein, und unter ihren Schlägen brach das Ancien régime unwiderruflich zusammen.

III. Die Revolution des Volkes

1. Die Mobilmachung der Massen

Die politische Agitation

Ganz Frankreich hatte die Ereignisse mit leidenschaftlicher Anteilnahme verfolgt. In Paris begannen die Zeitungen erst Ende Juni ausführlich von den Generalständen zu berichten, doch neugierige Pariser begaben sich Tag für Tag nach Versailles und brachten Nachrichten mit, die man in den Cafés kommentierte, vor allem aber im Palais-Royal, der gerade in Mode war und dessen Gärten und Luxusauslagen unter den Arkaden die Menge anzogen. Die Kapitalrentner, die den Staatsbankrott fürchteten, waren besonders dankbare Zuhörer, und die Entlassung Neckers erbitterte sie über die Maßen.

In der Provinz hätte man, da die Zeitungen schwiegen, nur von Reisenden oder aus Privatbriefen etwas erfahren, wenn sich nicht zur Zeit der Wahlen Ausschüsse gebildet hätten, die jetzt wahre Informationsagenturen wurden. In vielen Vogteien hatten die Wähler des Dritten Standes und oft auch die des Adels einige Männer aus ihren Reihen beauftragt, mit den Abgeordneten schriftlich Kontakt zu halten, mit anderen Worten, sie zu überwachen. In anderen Fällen hielten die Abgeordneten des Dritten Standes die Stadtverwaltung des Hauptortes auf dem Laufenden. Zunächst wurden ihre Schreiben öffentlich vorgelesen. Wenn die Postkutsche in die Stadt einfuhr, kamen die Leute von allen Seiten gelaufen; in Rennes mußte der Saal, in dem man zusammenkam, zusätzlich abgestützt werden. Es wurden auch Abschriften der Mitteilungen angefertigt; in Rennes, Nantes, Angers wurden sie sogar gedruckt.

Mancherorts wurden die Behörden mißtrauisch, und später hat man die Abgeordneten ohne Beweis beschuldigt, sie hätten zur Gewalt aufgerufen. In Wirklichkeit fürchteten sie nichts mehr als das, und Duquesnoy, Abgeordneter von Bar-le-Duc, hat durchaus für seine Kollegen gesprochen, als er erklärte: »Wir müssen für das Glück des Volkes sorgen, aber es soll nicht selber daran arbeiten.« Immerhin hatten sie die politische Kampagne von 1788 nicht vergessen und verfolgten aufmerksam alle Äußerungen der öffentlichen Meinung. Sie forderten ihre Wähler immer wieder auf, die Manöver der Aristokratie zu durchkreuzen, indem sie ihre Verbundenheit mit der Nationalversammlung bekundeten, und sie fanden Gehör: Eine große Anzahl von Adressen aus dem ganzen Land unterstützte die Abstimmung vom 17. Juni, protestierte gegen die Königliche Sitzung, lobte die Vereinigung der Stände. Nur auf diesem Wege trugen die Abgeordneten zur Aufheizung der öffentlichen Stimmung bei.

Ganz sicher wären die Notabeln in den Städten liebend gern darüber hinausgegangen. Soweit die städtische Obrigkeit nicht in den Händen von Beamten lag, die ihre Ämter gekauft hatten und oft frisch geadelt waren, war sie de facto einer zahlenmäßig kleinen Oligarchie vorbehalten, die eng mit den Richtern der verschiedenen Gerichtshöfe verbunden oder sogar mit ihnen identisch war. In Paris wurde der mit bürgermeisterähnlichen Funktionen betraute Vorsteher der Kaufmannschaft mit seinen vier Ratsherren von einem Kollegium gewählt, das aus ihren unmittelbaren Vorgängern, den 24 Stadträten, die ihre Ämter gekauft hatten, den 16 *quartiniers,* vom Rathaus bestimmten Polizeibeamten, und 32 Notabeln bestand, die wiederum von den *quartiniers* ausgewählt wurden.

Das Bürgertum blickte mit Verbitterung und Mißgunst auf die Inhaber des Monopols und hätte sich nur allzu gern Zugang zum Rathaus verschafft. In Paris hatten die 407 Stadtteilsdelegierten, die die Abgeordneten gewählt hatten, weiterhin Kontakt gehalten. Am 25. Juni versammelten sich diese »Wahlmänner« in der Rue Dauphine im Saal des Museums; von dort zogen sie ins Rathaus um und bildeten eine Art offiziöser Stadtverwaltung. Mancherorts gelang unter Ausnutzung von Aufständen die Revolution in der Stadt schon vor der Eroberung der Bastille: in Rouen und Lyon taten sich die verschreckten Stadtbehörden mit Wahlmännern oder Notabeln zusammen. Das Bürgertum befriedigte damit seinen Ehrgeiz, profitierte aber auch politisch, denn in seinen Händen wurde die lokale Gewalt zur Stütze für die Nationalversammlung.

Mindestens ebenso vorteilhaft wäre die Schaffung einer eigenen bewaffneten Macht gewesen. In Paris war die Aufrechterhaltung von Ruhe und Ordnung Sache eines »Polizeileutnants«, eines königlichen Beamten, mit seinen Stadtwachen und des Regiments Gardes françaises. Die Provinzstädte hatten eine Bürgergarde, doch sie existierte nur auf dem Papier; wenn es ernst wurde, mußte man sich an die Garnison wenden oder vom Militärkommandeur der Provinz Truppen anfordern. Seit dem Frühjahr war es immer häufiger zu Krawallen gekommen, so daß in etlichen Städten die Bürgergarde reaktiviert wurde, aber sie hatte den Weisungen der gesetzlichen Obrigkeit zu gehorchen. Gewünscht hätte man sich eine Nationalmiliz, die ihre Vorgesetzten selber gewählt hätte und erforderlichenfalls unabhängig handeln könnte. In Paris schlugen die Wahlmänner der Nationalversammlung die Schaffung einer solchen Truppe vor, doch die Abgeordneten wagten nicht zuzustimmen. Man berief sich, und zwar zu Recht, auf die Notwendigkeit, das Volk in Schranken zu halten, doch die Absicht war eben auch, dem König den Vorwand für den Einsatz der Armee zu nehmen, und außerdem, dieser Armee Widerstand leisten zu können.

Außerdem ist erwiesen, daß die Bürger an der zunehmenden Disziplinlosigkeit in den Regimentern nicht unschuldig waren. Sie hatten ja auch leichtes Spiel. Da die Adligen die höheren Offiziersstellen für sich in Anspruch nahmen, konnten sich die unteren Chargen so gut wie keine Hoffnung auf Beförderung machen, und die Soldaten, die mit ihrem Sold einen Teil ihres Unterhalts zu bestreiten hatten, litten unter der Teuerung. Die Gardes françaises, die auf kleine Unterkünfte in Paris verteilt waren und in ständigem Kontakt mit dem Volk lebten, einige sogar verheiratet, standen innerlich ganz auf der Seite des Dritten Standes. Man nahm sie mit zum Palais-Royal und hielt sie in den Schenken frei, und es gibt Beweise, daß der Marquis von Valady und einer der Brüder des Dichters André Chénier sich an der Propaganda beteiligten, indem sie Geld an sie verteilten.

Die Personen des Aufstands

Als das gewaltsame Vorgehen des Hofes sich abzeichnete, hat zumindest ein Teil des Großbürgertums aktiv zur Organisation des Widerstands beigetragen. Bankiers wie Delaborde, Kaufleute wie Boscary, der sich dessen später gerühmt hat, streckten erhebliche Beträge vor, um die Aufständischen für die verlorenen Arbeitstage zu entschädigen oder mit Waffen und Munition zu versehen. Im übrigen waren unter den »Bezwingern der Bastille«, soweit sie bekannt geworden sind, alle Gesellschaftsschichten vertreten. Allerdings wird beim Studium der Liste deutlich, daß die überwältigende Mehrheit der Kämpfer Handwerksleute aus dem Faubourg Saint-Antoine und aus dem Marais-Viertel waren. Die lebendige Kraft der Aufstandsbewegung lag während der ganzen Revolution vor allem bei den Kleinbürgern aus Werkstatt und Laden. Handwerksmeister und Einzelhändler haben für die Masse der Analphabeten, ihre Gesellen und Kunden, die Verbreitung der Nachrichten besorgt und zu den Demonstrationen aufgerufen; sie übernahmen auch die Führung. Gesellen und Arbeiter haben sich ihnen angeschlossen, nicht als Mitglieder einer anderen Klasse, sondern als Zugehörige zum Handwerksstand.

Sie waren zu dieser Zeit sicherlich schon sehr zahlreich. In Paris zum Beispiel schätzt man, daß sie bei einer Gesamtbevölkerung von 500000 bis 600000 etwa 75000 zählten, mit ihren Familien also 250000 bis 300000 Menschen. In einigen Betrieben waren sie besonders konzentriert: Stoff-, Kurzwaren-, Tapetenfabriken zählten jeweils 200 bis 300 Arbeiter. Außerdem wohnten sie mit Vorliebe in bestimmten Stadtteilen. Schon damals war der Westen der Stadt vor allem eine Domäne der Reichen; hingegen waren zwischen den Markthallen und dem Rathaus, von der Seine bis zu den Boulevards und darüber hinaus mehr als 20000 Arbeiter zu finden, auf dem linken Ufer der Seine, zwischen dem Palais Mazarin und dem Pantheon, mindestens 6000. Die Arbeiter einiger Berufe, vor allem im Baugewerbe, waren straff organisiert in Gesellenzünften, *compagnonnages*, die alle Verfolgungen überdauert hatten und viel häufiger, als man landläufig annimmt, Streiks ausriefen. Bei alledem betrafen aber die betriebliche Zusammengehörigkeit und die berufliche Organisation nur eine kleine Minderheit. Die großen revolutionären Vorstädte, der Faubourg Saint-Antoine mit seinen Möbelschreinern, der Faubourg Saint-Marceau mit seinen Gerbern bestanden aus unendlich vielen Kleinbetrieben, in denen Handwerksmeister und Gesellen bei den großen Aufstandstagen fraternisierten. Insgesamt gesehen hatten die Arbeiter kein klares Klassenbewußtsein. Sonst wäre die Revolution von 1789 wohl auch gar nicht möglich gewesen. Die Arbeiter hätten sich vielleicht bereitgefunden, mit dem übrigen Dritten Stand gemeinsame Sache gegen die Aristokratie zu machen, aber wahrscheinlich hätte das Bürgertum, wie später in Deutschland, lieber auf die Unterstützung durch so bedrohliche Verbündete verzichtet.

Die kollektive Mentalität des Volkes

Handwerker und Ladenbesitzer, Gesellen und Arbeiter hatten Grund zur Unzufriedenheit mit der bestehenden Gesellschaftsordnung und waren sich in ihrem Widerwillen gegen die Aristokratie einig, doch vom Sieg des Dritten Standes konnten sie sich nicht den gleichen unmittelbaren Nutzen erhoffen wie die Notabeln. Ihnen stand vor allem eine Erleichterung der Steuerlast verlockend vor Augen, insbesondere die Abschaffung der Verbrauchssteuern und des Stadtzolls, mit dem der größte Teil der städtischen Ausgaben finanziert wurde und der die Reichen begünstigte. Hinsichtlich der Zunftordnung waren sie sich durchaus nicht einig. Ihre wenig ausgeprägten politischen Vorstellungen liefen auf eine Demokratie hinaus, aber noch dachte niemand daran, sie ihnen zu versprechen. Wenn man an diese Menschen denkt, wird einem am ehesten deutlich, daß die Einberufung der Generalstände in den Augen des Volkes etwas Mythisches hatte. Ein derart ungewöhnliches Ereignis hat eine offenkundige, wenn auch noch undeutliche Hoffnung auf eine nationale Wiedergeburt, auf ein neues Zeitalter geweckt, in dem alle glücklicher leben würden. Deshalb läßt sich die Revolution in ihren Anfängen durchaus mit der Entstehung religiöser Bewegungen vergleichen: die armen Leute erblicken darin ja häufig die Zusage einer Rückkehr ins Paradies auf Erden. An diesem Feuer hat sich der revolutionäre Idealismus gewärmt, aber es haben sich daran auch viele gefährliche Leidenschaften entzündet.

Die »Verschwörung« der Aristokratie

Die große Hoffnung wurde gedämpft von der Gewißheit, daß der Adel seine Privilegien hartnäckig verteidigen würde. In dieser Überzeugung war sich das Bürgertum mit Handwerkern und Bauern einig, zumal die meisten sehr realistisch bedachten, daß sie an seiner Stelle nicht anders handeln würden, und der Widerstand gegen die Verdoppelung und später gegen die Abstimmung nach Köpfen bestärkten sie darin. Der Monarch war wohlmeinend, doch die Aristokratie schirmte ihn ab und würde ihm ihren Willen aufzwingen; viele drohende Äußerungen legten den Verdacht nahe, daß sie vor keinem Mittel zurückschrecken werde, um den Dritten Stand zu »zerschmettern«. Schon am 15. Mai war das Volk überzeugt gewesen, wie ein Informant von Außenminister Montmorin meldete, daß die Generalstände gewaltsam aufgelöst würden; am 27. Juni teilte er mit, man warte darauf, daß »die Adligen sich aufs Roß schwingen«. Périsse-Duluc, Abgeordneter von Lyon, versicherte, am 23. Juni habe man erwogen, die Repräsentanten der Nation auseinanderzutreiben, ins Gefängnis zu werfen, ja, zu töten. Ende Juni, Anfang Juli war die Vorstellung verbreitet, der Graf von Artois werde, wenn er seine Absichten nicht durchsetzen könnte, ins Ausland gehen und die fremden Monarchen um Hilfe angehen. Was konnte auch näher liegen? Schließlich war Ludwig XVI. ein Schwager des Kaisers und des Königs von Neapel, außerdem ein Vetter von Karl IV. von Spanien, und seine beiden Brüder waren Schwiegersöhne des Königs von Sardinien. Périsse-Duluc erklärte, er habe schon vor der Eröffnung der Generalstände darauf hingewiesen, die französische Aristokratie werde sich die holländischen Konterrevolutionäre zum Vorbild nehmen, die lieber die Preußen hereingeholt hätten, als ihren Landsleuten entgegenzukommen. Die Zusammenarbeit des Königs mit dem Ausland, die für die Geschichte der Revolution eine so große Bedeutung haben würde, wurde von Anfang an unterstellt, und im Juli rechnete man jeden Tag mit dem Einmarsch der fremden Heere. Der ganze Dritte Stand hat an die »Verschwörung der Aristokratie« geglaubt.

Die fieberhafte Aufregung, die sie auslöste, artete immer wieder in Panik aus, sobald der Hof zum Angriff überging, doch die spätere Erscheinung der »Großen Furcht« hat nichts mit Feigheit zu tun. Auf Angst und Schrecken folgte sogleich eine heftige Reaktion der Entschlossenheit zur bewaffneten Verteidigung. Seit Juni hat man in Versailles durch chaotische Demonstrationen Hof und Adel einzuschüchtern versucht. Bald wird sich das präventive Vorgehen mit all seinen Begleiterscheinungen wie Verdächtigungen, Denunziationen, Hausdurchsuchungen, Verhaftungen durchsetzen. Und das Aufrühren der Leidenschaften mußte nach dem Siege geradezu den entschiedenen Willen provozieren, nun mit den Feinden der »Nation« und des Glücks aller Franzosen abzurechnen, womit wiederum die Bahn frei wurde für die spontanen Hinrichtungen ohne Prozeß und für alle Auswüchse der Rachsucht.

Wären die Volksmassen für solche Hoffnungen und Befürchtungen weniger empfänglich gewesen, wenn nicht eine verheerende Wirtschaftskrise ihnen das Leben bis zur Unerträglichkeit schwer gemacht hätte? Darüber wird man noch lange streiten. Fest steht, daß der Aufruhr in den meisten Städten 1789 immer wieder von der Not ausgelöst und mit einer Senkung des Brotpreises beantwortet wurde; in allen diesen Fällen trugen die Empörer zum Erfolg der Revolution bei, weil sie die Obrigkeit des Ancien régime schwächten und das Bürgertum stärkten, aber ganz sicherlich war das nicht ihre Absicht. Andererseits haben einige Auswirkungen der Wirtschaftskrise in erstaunlicher Weise die Vorstellung bestärkt und illustriert, die man sich von der Verschwörung der Aristokratie machte. Es läßt sich also nicht bestreiten, daß diese Krise zu den unmittelbaren Ursachen der Revolution zu zählen ist.

Wirtschaftskrise und Hungersnot

Wie immer im alten Frankreich mußten erst einmal mehrere verheerende oder auch nur mäßige Ernten aufeinander gefolgt sein. Die Franzosen aßen damals viel Brot: Arbeiter und Bauern verzehrten zwei bis drei Pfund, und der Nationalkonvent ging wenig später von einem Durchschnittsverbrauch von anderthalb Pfund aus, während gut hundert Jahre später, im Ersten Weltkrieg, die Ration auf 200 Gramm festgelegt wurde. Allerdings begnügte man sich, außer in den großen Städten und in den Weizenerzeugungsgebieten, mit Roggen- und Buchweizenbrot oder Mischbrot aus Weizen, Roggen und Gerste zu verschiedenen Teilen. Trotz seiner überholten Anbaumethoden erzeugte Frankreich am Vorabend der Revolution in guten Erntejahren durchaus genügend Getreide zu seiner Versorgung; der Süden des Landes hatte immer eine Fehlmenge, die aber durch Lieferungen über See aus der Bretagne, aus Nordfrankreich und aus dem Ausland oder auf Binnenwasserstraßen aus Burgund gedeckt wurde. Dennoch war jedermann zu allen Zeiten ängstlich bemüht, die Speicher gut gefüllt zu sehen; andernfalls könnte die Zeit bis zur neuen Ernte schwierig werden! Außer im Süden, wo die Ähren gleich entkörnt wurden, indem man auf der Tenne Maultiere, Esel und Rinder darüber trieb, wurde ja mit dem Flegel gedroschen, eine anstrengende, langwierige Arbeit, die man am liebsten nach der Herbstbestellung auf die Wintermonate verlegte; bis dahin mußte noch »altes Korn« zur

Verfügung stehen. Und davon konnte man nie genug haben, denn wenn eine Ernte schlecht war, folgte die Hungersnot bestimmt. Es war ja nicht einfach, Getreide von einer Provinz in die andere zu bringen, weil in Ermangelung von Kanälen der Wasserweg oft ausgeschlossen und der Transport über die Landstraßen langsam und sehr teuer war. Die Versorgung über See war unzuverlässig und brachte nicht viel; die Schiffe verdrängten höchstens 200 bis 300 Tonnen, oft weniger als 100. Außerdem wußte man nie, ob das Ausland nicht gerade, wenn die Not am größten war, die Getreideausfuhr verbieten würde. Jede Region bemühte sich also, ihr Korn zu behalten und autark zu sein. Die beschwerlichen Verkehrsverbindungen gestatteten ja ohnehin keine großen Entnahmen; vor allem Frankreichs Getreideausfuhren scheinen niemals mehr als 2 Prozent der Ernte ausgemacht zu haben. Trotzdem wurde jede Verladung argwöhnisch betrachtet, selbst wenn sie für eine andere französische Provinz bestimmt war. Man fürchtete nicht nur die Hungersnot, sondern schon die Verteuerung, und die Behörden in ihrer Angst um Ruhe und Ordnung teilten die Sorge der Verbraucher, vor allem die städtischen Obrigkeiten, weil sie bei Unruhen am ersten betroffen waren.

Deshalb war der Getreidehandel sehr genau geregelt. Die Bauern durften das Korn nicht auf dem Halm, nicht ab Hof, ja, nicht einmal zur Lieferung verkaufen. Sie mußten es zum Markt bringen und es den örtlichen Privatpersonen anbieten, denen das Vorkaufsrecht zustand, erst dann folgten die Bäcker und nach ihnen die Händler. Erforderlichenfalls griffen die Behörden ein, verteilten die verfügbare Menge und bestimmten sogar den Preis; überall veröffentlichten sie einen Marktbericht, dessen Preise als Grundlage für die Berechnung des vorgeschriebenen Brotpreises diente. Dieses System benachteiligte die Bauern zugunsten der Städter. Der Markt hatte im Leben der Menschen eine Bedeutung, die man sich kaum mehr vorstellen kann. Nur ganz arme Leute kauften ihr Brot jeden Tag beim Bäcker. Man legte Wert darauf, sein Korn selbst zu kaufen, für mindestens eine Woche, es mahlen zu lassen und daheim oder in dem im Auftrag des Grundherrn betriebenen »Bannofen« zu backen. Nur in den großen Städten ging man zum Bäcker, aber selbst dort, außer in Paris, taten das durchaus nicht alle.

Die Nationalökonomen hatten längst gefordert, der Getreidehandel müsse gänzlich freigegeben werden, damit das Korn so teuer wie möglich verkauft werden und damit der Anbau sich ausbreiten und vor allem modernisiert werden könne. 1763 und 1774 war der Binnenhandel zu Lande und zu Wasser schon einmal freigegeben worden, und man hatte auch den Verkauf außerhalb der Märkte gestattet; beide Male hatte man den Versuch schleunigst wieder abgebrochen. Brienne hatte 1787 einen neuen Anlauf genommen und sogar die freie Ausfuhr gestattet. Daraufhin waren größere Mengen verschifft worden. Man hat die Auswirkungen dieser Maßnahme bestritten, was selbst angesichts der vielleicht nicht sehr großen Exporte sicherlich falsch ist, denn die Vorräte wurden kleiner und die Küstenschiffahrt brachte die übrigen Bestände von Nord- nach Südfrankreich, so daß kurz vor der Ernte 1788 alle Provinzen mit leeren Händen dastanden. Und diese Ernte fiel ausnehmend schlecht aus, so daß schon im August die Preise anzogen und bis zum Juli 1789 weiterstiegen. Es gehörte zu Neckers ersten Amtshandlungen, den Kauf von ausländischem Getreide anzuordnen, Importzuschüsse zu gewähren und die Pflicht zum Angebot auf dem Markt wieder einzuführen. Im April 1789 erlaubte er den Intendanten sogar, zur Versorgung der Märkte Beschlagnahmungen vorzunehmen. Hinzu kam, daß dieser Krise in den Weinbaugegenden eine andere, ganz konträre vorausgegangen war: mehrere Jahre lang war die Lese ungewöhnlich ergiebig gewesen, der Wein war auf einen kläglichen Preis gefallen. Um so härter traf die Verteuerung des Brotes die Winzer, und von denen gab es sehr viele.

Die Arbeitslosigkeit

Mißernte und stockende Geschäfte hatten die gleiche Wirkung: die Kaufkraft der Massen sank. Das teure Getreide hatte besonders katastrophale Folgen, weil die meisten Bauern nicht einmal genug für sich selber ernteten, vor allem natürlich in schlechten Jahren. Die Agrarkrise führte zur Krise im Gewerbe. Natürlich konnten weitere Gründe hinzukommen. So haben die Zeitgenossen den Vertrag von 1786 kritisiert, der England gegen Konzessionen bei französischen Weinen und Spirituosen eine Senkung der Zölle auf bestimmte Manufakturerzeugnisse, vor allem Baumwollstoffe und Kurzwaren, gewährt hatte; da die britische Industrie sehr viel stärker mechanisiert war, führte man den auffallenden Rückgang der französischen Textilindustrie am Vorabend der Revolution auf diese überlegene Konkurrenz zurück. Tatsächlich hatte der Rückgang schon 1786 begonnen, während der Vertrag erst Mitte 1788 in Kraft trat, so daß er das Übel allenfalls verschlimmert hat. Der 1787 ausgebrochene Krieg der Türkei mit Rußland und Österreich und die Unruhen, die er in Polen auslöste, aus dem sich die moskowitischen Truppen zurückziehen mußten, trug sicherlich auch dazu bei, weil die Ausfuhren nach Osteuropa und in die Levante darunter litten. Außerdem war der ganze Außenhandel wegen der schlechten Ernte 1788 in allen westeuropäischen Ländern schwach. So herrschte gerade zu dem Zeitpunkt, da die Preise stiegen, eine besonders hohe Arbeitslosigkeit. Die Erwerbstätigen konnten keine Lohnerhöhungen durchsetzen, was ihnen ohnehin stets schwergefallen war, wie es schon der Vergleich zwischen den Zeiträumen 1726 bis 1741 und 1785 bis 1789 beweist: 65 Prozent Anstieg bei den Preisen, aber nur 22 Prozent bei den Löhnen. 1789 verdiente ein Pariser Arbeiter durchschnittlich 30 bis 40 Sous, und wenn er durchkommen wollte, durfte das Pfund Brot nicht mehr als zwei Sous kosten. Doch in der ersten Julihälfte kostete es das Doppelte, und in der Provinz bis zu acht Sous oder noch mehr, weil die Regierung aus Angst vor Unruhen nicht zögerte, für Paris Importgetreide unter dem Einkaufspreis abzugeben. Seit dem Tode Ludwigs XIV. war das Brot nie so teuer gewesen. Wie sollte man da nicht einen Zusammenhang herstellen zwischen dieser harten Entbehrung und dem Aufstandsfieber bei der Bevölkerung zum genau gleichen Zeitpunkt?

Die Vorstellungen des Volkes

Das Volk hatte sich Knappheit und Teuerung niemals mit Meteoriten oder übersinnlichen Phänomenen erklärt. Es wußte, daß die großen Empfänger des Zehnten und die Herren, die Naturalabgaben bezogen, über gewaltige Getreidemengen verfügten und mit dem Verkauf gerne warteten, bis die Kurse gestiegen waren. Noch mehr suchte es die Schuld bei den Kornhändlern, den kleinen Aufkäufern, die auf den Märkten feilschten, den Müllern und Bäckern, denen der Getreidehandel zwar verboten war, die ihn aber heimlich doch betrieben: alle standen in Verdacht zu horten, um die Preise hoch zu treiben. Die

Käufe der Regierung oder der örtlichen Behörden wurden nicht weniger argwöhnisch betrachtet, weil man überzeugt war, daß sie der Auffüllung der öffentlichen Kassen oder der persönlichen Bereicherung dienten. Als Ludwig XV. eine Gesellschaft mit der Schaffung von Speichern für die guten Jahre beauftragt hatte, um die Versorgung von Paris zu sichern, hatte man ihn sofort beschuldigt, seinen Kronschatz auf Kosten der Ernährung des Volkes zu füllen, und es gab wenige, die nicht an diesen »Pakt mit dem Hunger« glaubten. Auch Necker hatte man vorgeworfen, mit den Müllern unter einer Decke zu stekken, die den Importweizen vermahlen durften; sie reexportierten ihn, so hieß es, heimlich als Mehl. Die Freigabe des Getreidehandels erschien wie eine Blankovollmacht, die in verbrecherischer Weise allen ausgestellt wurde, die sich am Elend der Ärmsten mästeten. Die Erkenntnisse der Nationalökonomen mochten zutreffen, aber tatsächlich kam ja die Freiheit zunächst den Grundbesitzern und Händlern zugute, während die kleinen Leute erst einmal die Leidtragenden waren. Die Männer der Wissenschaft empfanden gerade diese Benachteiligung als gerechtfertigt und erklärten ohne Umschweife, sozialen Fortschritt könne es nun einmal nur zu Lasten der Armen geben. Das Volk dachte und sagte auch manchmal, es müsse vom Ertrag seiner Arbeit leben können, und der Brotpreis müsse dem Lohn angemessen sein. Wenn also die Regierung den Händlern und Grundbesitzern im Namen des Gemeinwohls freie Hand lasse, so müsse sie eben dafür sorgen, daß alle das gesicherte Recht auf Leben hätten, indem sie sich bei den Reichen holte, was sie brauchte, um den Bäckern Zuschüsse zu geben oder das Korn mit Verlust zu verkaufen. Doch das einfachste Mittel erschien dem Volk zweifellos die Rückkehr zur Reglementierung, die notfalls auch durch Beschlagnahme und Preisfestsetzung durchgesetzt werden müsse.

Die Unruhen

Unter diesen Umständen ist es nicht weiter erstaunlich, daß Knappheit und Teuerung immer wieder zu Krawallen führten. Mal hielt man sich an die, von denen man annahm, daß sie Getreide horteten oder damit wucherten, plünderte ihre Häuser oder brachte sie sogar »an die Laterne«, das heißt, hing sie an dem Strick auf, an dem die Straßenlaternen aufgezogen und heruntergelassen wurden. Mal vergriff man sich an Persönlichkeiten, die mit unvorsichtigen Äußerungen, die mehr oder weniger getreu weitergegeben worden waren, den Zorn der Öffentlichkeit erregt hatten. Am 28. April 1789 wurden dem Tapetendrucker Réveillon, der angeblich gesagt hatte, die Arbeiter könnten auch mit 15 Sous pro Tag auskommen, und dem Salpeterfabrikanten Henriot die Werkstätten im Faubourg Saint-Antoine verwüstet bei einem Aufruhr, der erst mit scharfen Schüssen und Hinrichtungen niedergeschlagen werden konnte. Häufiger war der Markt Schauplatz von Tumulten; man bemächtigte sich des Korns der Bauern oder forderte das Eingreifen der Behörden. Immer wieder wurden auch die Transporte angehalten, die ja ständig zu Wasser und zu Lande unterwegs waren, vom Hof zum Markt, von einem Markt zum andern, von der Stadt zur Mühle und zurück, so daß an den Hungrigen ständig Korn und Mehl, die ihnen fehlten, vorbeigefahren wurden. Armee und Gendarmerie eilten von einem Schauplatz zum nächsten, wurden erschöpft und nervös; beide, die ja selbst unter der Teuerung litten, brachten durchaus Verständnis für die Revoltierenden auf. Schließlich fühlten sich die Behörden und die höheren Gesellschaftsklassen ebenfalls bedroht, denn nicht nur die Stadtverwaltung konnte Opfer des Aufruhrs werden, sondern ebenso die großen Empfänger des Zehnten und die Grundherren. Ab Frühjahr 1789 gab es kaum mehr eine Stadt, in der nicht eine oder mehrere »Erschütterungen« oder Aufstände vorgefallen wären, und im Juli wurde es noch schlimmer damit, weil unmittelbar vor der neuen Ernte das Elend besonders groß war.

Die Furcht vor den Räubern

Die Krise erschütterte das Land auch durch die Entwurzelung eines Teils der Bevölkerung. Das Bettlerunwesen war ohnehin eine unheilbare Seuche, weil immer Arbeitsmangel herrschte, vor allem auf dem Lande, und weil die Kranken, Alten, Witwen praktisch ihrem Schicksal überlassen blieben. Betteln schändete auch nicht: der Familienvater mit vielen Kindern schickte sie »Brot besorgen«. Arbeitsuchende und Bettler verließen oft ihr Kirchspiel, wurden Vagabunden, landeten schließlich in der

Stadt. In Krisenzeiten stieg ihre Zahl unvorstellbar an. Noch 1790 zur Zeit der Verfassunggebenden Versammlung ergab eine amtliche Untersuchung, daß 2739 000 Familienväter, also ungefähr zehn von dreiundzwanzig Millionen Franzosen, unterstützungsbedürftig waren, und daß drei Millionen Franzosen als gänzlich »Mittellose«, sprich, als Bettler anzusehen waren. Die Stadtverwaltungen warfen den Ortsfremden vor, sie seien an den Gewalttätigkeiten schuld, unter denen ihre Städte litten. Das war eine Übertreibung: In Paris zum Beispiel zeigen die Verhaftungsprotokolle, daß die allermeisten Beschuldigten arbeitslose Ortsansässige waren. Aber natürlich trugen die vielen, die ohne festen Wohnsitz unterwegs waren, zur allgemeinen Unsicherheit bei, zumal auf dem Lande, wo sie sich zu Banden zusammentaten, die nicht vor Drohung und Gewalt zurückschreckten. Man bezeichnete sie schlechthin als »Räuber«, und aus ihren Reihen kamen tatsächlich die Banditen, Salzschmuggler und Betrüger, die einzeln oder in Trupps ihr Leben fristeten. Vom Land übertrug sich die »Furcht vor den Räubern« auf die Stadt. So kam es schon lange vor dem Juli 1789 zu lokalen Ausbrüchen von Panik. Im Mai erwartet man in Montpellier, daß die Räuber jeden Augenblick vom Meer her kommen würden! Im Juni geht in Beaucaire das Gerücht, sie würden kommen und die große jährliche Handelsmesse plündern. Am 8. Juli verbreitet sich in Bourg das Gerücht, sie hätten schon die Grenze überschritten, von Savoyen her, dem kargen Land, dessen ärmliche Auswanderer man kannte. Diese Aufregungen waren ein Grund mehr, um die Aufstellung von Milizen, von Bürgerwehren zu fordern und auch häufig genug durchzusetzen.

Und wieder: die Verschwörung der Aristokratie

Zwischen der Furcht vor der Aristokratie und vor den »Räubern« entstand bald eine Verbindung. Früh schon galt es für ausgemacht, daß die Aristokratie das Getreidehorten förderte und selber ihr Korn zurückhielt, um dem Dritten Stand zu schaden, ja, sie hatte wohl gar nichts dagegen, wenn das Getreide unreif abgeschnitten und die Ernte vom Feld gestohlen würde. Man fürchtete, sie werde zu den Waffen greifen, und man rechnete damit, daß sie ihre Truppen unter den Landstreichern rekrutieren werde, so wie die Werber des Königs ja auch bei den Ärmsten der Armen am ehesten Erfolg hatten und auch Gefängnisse, Strafanstalten und Arbeitshäuser für die Stellung eines Soldatenkontingents in Betracht gezogen wurden. Und weil man damit rechnete, daß die Adligen fremde Truppen ins Land rufen würden, empfand man es als ganz selbstverständlich, daß sie sich auch auf »Räuber« aus benachbarten Staaten stützten. Anfang Juli erzählte man sich in Paris, es seien schon 60000 unterwegs. Die »Verschwörung der Aristokratie« wurde im Zeichen der Wirtschaftskrise zu einem wahren Schreckgespenst. Die Aristokraten waren offenbar nicht nur darauf aus, die Befreiung des Dritten Standes zu verhindern, sondern wollten ihn durch Plünderung und Massenmord auch noch bestrafen. Die Leidenschaften waren aufs höchste erregt, und die Entlassung Neckers wirkte wie eine Fackel, die man in ein Pulvermagazin schleudert.

2. Die Pariser Revolution vom 14. Juli 1789

Der Aufstand

Am Sonntag den 12. Juli begann sich die Nachricht im Laufe des Vormittags zu verbreiten. Es war schönes Wetter, und am Nachmittag drängte sich die Menge im Palais-Royal. Verblüffung und Ungläubigkeit schlugen bald in Entrüstung und Zorn um. Man bildete Gruppen um spontane Redner, die sich in Verwünschungen ergingen. Nur einer ist namentlich bekannt geblieben: Camille Desmoulins. Gegen halb vier Uhr rief er, mit einer Pistole fuchtelnd, zu den Waffen. Bald darauf zogen die ersten Demonstranten durch die Straßen. Der Hauptzug machte sich gegen vier Uhr vom Palais-Royal auf und zwang die Theater, die mit ihren Vorstellungen um fünf oder halb sechs Uhr begannen, zum Schließen. Aus dem Wachsfigurenkabinett Curtius holte man die Büsten von Necker und des Herzogs von Orléans und trug sie im Triumph auf den Boulevard. Dann ging es wieder zum Palais-Royal, und schließlich machte man sich in Richtung Champs-Elysées auf.

Endlich entschloß sich die Kavallerie zum Eingreifen. Doch die Gardes françaises stellten sich auf die Seite des Volkes, griffen ebenfalls zu den Waffen und rückten gegen die regulären Truppen vor. Das Regiment Royal-Allemand unter dem Kommando des Fürsten von Lambesc wollte gegen acht Uhr die Demonstranten von der Place Louis XV vertreiben. Die Menge floh in die angrenzenden Tuileriengärten und bewarf von der Terrasse aus die Reiter, die nun angriffen und mehrere Personen überritten und verletzten, mit Steinen. Sicherlich hat es noch etliche weitere Zusammenstöße gegeben. Marat hat sich später gerühmt, er habe die Menge gegen eine Abteilung Soldaten am Pont Royal geführt. Wie es heißt, soll Danton den Stadtteil, der immer noch nach dem seit 1771 leerstehenden Théâtre-Français (heute Odéon) benannt war, zum Aufstand gerufen haben; dort wohnte er, dort steht die Statue zu seinem Gedenken. Die Mitglieder der vielen Gerichtsberufe hatten sich ohne Besinnen von der Bewegung mitreißen lassen.

Besenval hatte immer noch keine Befehle. Er resignierte und zog seine Truppen zum Biwakieren auf dem Marsfeld zusammen. Die sich selbst überlassene Stadt war Tumulten und Ausschreitungen ausgeliefert. Die kleinen Leute hatten ihren ganz eigenen Haß und ihre Bedürfnisse durchaus nicht vergessen. Sie eilten zu den »Barrieren«, den Torhäusern für den Stadtzoll in der Mauer, die von den Generalsteuerpächtern 1766 um die Stadt gezogen worden war, und zündeten sie an; am Tag darauf plünderten sie das Priorat Saint-Lazare, von dem man behauptete, es berge einen Kornspeicher. Da sich die Polizei nicht blicken ließ, erschienen Leben und Besitz der Menschen bedroht, und Paris verbrachte bange Stunden.

Die Furcht

Doch das war nicht das Schlimmste. Was hatte der Hof vor? Niemand kam auf den Gedanken, daß er überhaupt keinen festen Plan haben könnte, und doch war es so. Am 13. Juli waren die Verkehrswege nach Versailles unterbrochen, die Brücken von Sèvres und Saint-Cloud militärisch bewacht. Die Versammlung schien verloren, und die Pariser versuchten auch nicht, ihr zu Hilfe zu kommen; wenn der 14. Juli sie gerettet hat, so war das ein Nebenergebnis. Die Menschen in der Hauptstadt fürchteten um ihr eigenes Leben, und wahrhaftig nicht ohne Grund. Die königlichen Truppen, so sah es aus, würden die Stadt bald einschließen. Von Norden her würden sie den Montmartre besetzen und ihre Batterien dort aufstellen; von Westen kommend würden sie zu Besenval und seinen Schweizern stoßen; im Süden bedrohten sie die Viertel auf dem linken Ufer der Seine; im Osten dräute die Bastille, und Festungskommandant de Launay hatte schon die Kanonen in die Schießscharten vorziehen lassen, von wo sie die Umgebung und den Faubourg Saint-Antoine unter Feuer nehmen konnten. Eingekreist, bombardiert und angegriffen, würde die Hauptstadt erobert und zur Plünderung freigegeben werden. Am 17. Juli notierte der Buchhändler Hardy aus der Rue Saint-Jacques, es seien 30 000 Mann einsatzbereit gewesen, und dazu eine große Anzahl von Räubern. Unter diesen Umständen mußte immer neue Panik entstehen. In der Nacht vom 13. auf den 14. Juli wird dem Rathaus gemeldet, 30 000 Mann seien in den Faubourg Saint-Antoine eingedrungen; kurz darauf, das Regiment Royal-Allemand sei an der Barrière du Trône, dem Stadtzoll am östlichen Ende des Faubourg, eingetroffen; wenig später dann, der Feind sei durch die Porte de la Chapelle einmarschiert. Diese Gerüchte sind uns durch das Protokoll des Wahlmännerzusammenschlusses bekannt geblieben; gewiß hat es noch viele andere gegeben. Diese dramatischen Tage in Paris sind im Grunde der erste Akt der »Großen Furcht«.

Der spontane Wille zur Verteidigung

Die von diesen Ereignissen bewirkte militärische Reaktion, die Entschlossenheit, sich zur Wehr zu setzen, war unvergleichlich rasch und wirksam. Am 13. Juli läuteten die Sturmglocken, und das Volk begnügte sich nicht länger damit, die Tore zu bewachen und alle Ein- und Auspassierenden genau zu visitieren, sondern begann, Barrikaden zu errichten und sich notdürftig zu bewaffnen, vor allem aus den Läden der Büchsenmacher. Zugleich übernahm das Bürgertum die Leitung der Bewegung und bemühte sich, den Strom in geordnete Bahnen zu lenken, damit Zucht hineinkäme und zugleich der Widerstand schlagkräftiger würde. Schon am 10. war bei den Wahlmännern vorgeschlagen worden, eine Versammlung der *Commune* zu bilden, eine gewählte Stadtvertretung. An diesem Tage wirkte der Vorschlag noch revolutionär, doch am 12. wurde er ohne langes Hin und Her angenommen; für den Zeitraum bis zu einer Wahl wurde ein Ständiger Ausschuß gebildet, dem Flesselles, der Vorsteher der Kaufmannschaft, seine vier Beisitzer und einige Stadträte angehören sollten, dazu aber eine Mehrheit von Wahlmännern. Auf dieses Gremium stützten sich die Wahlmänner fortan, um den Gang der Geschäfte zu beeinflussen, Zugang zu den öffentlichen Kassen zu bekommen und Anweisungen an die Verwaltung geben zu können. Das Bürgertum war zum Herrn über die Stadt geworden und beschloß am 13., jeder Stadtteil, »Distrikt« genannt, habe 800 Mann zur Bürgerwehr oder Nationalmiliz zu stellen; die Gardes françaises unterstellten sich den Befehlen dieses Ausschusses der *Commune;* Patrouillen begannen durch die Straßen zu gehen; nachts blieb jedes Haus beleuchtet.

Nach den Vorstellungen des Ständigen Ausschusses sollte sich die Miliz aus angesehenen, zuverlässigen Männern zusammensetzen; alles, was er an Waffen und Munition auftreiben würde, sollte ihr zukommen. Doch die Menge drängte sich um das Rathaus und verlangte, mit der Begründung, man müsse sich verteidigen, Gewehre. Flesselles tat alles, um die Sache hinauszuzögern, doch er mußte sich an die Zeughausverwaltung im Arsenal wenden und die wenigen Waffen, die man ihm lieferte, verteilen lassen. Tatsächlich ging es also um eine allgemeine Bewaffnung, und dafür waren die Bestände kläglich unzureichend. So strömte die Menge zum Hôtel des Invalides, wo sie am Vormittag des 14. Juli aus den Kellern 32000 Gewehre holte. Vergeblich suchte man hinter dem Luxembourg-Palast das in dem großen Gebäude der Kartause vermutete Waffenlager. Schon am 13. hatte man im Arsenal nichts gefunden, aber erfahren, daß sich die unmittelbar neben dem Arsenal liegende Bastille dort versorgt hatte. Diese Auskunft führte zu dem entscheidenden Vorgang.

Die Eroberung der Bastille

Die konterrevolutionäre Legende stellt es so dar, als habe das törichte Volk von Paris die Bastille angegriffen, um Gefangene zu befreien, die es dort gar nicht gab, von ganzen sieben abgesehen; sie fügt höhnisch hinzu, daß man die Ehre, Häftling in der Bastille zu sein, längst niemandem aus dem Volk mehr antat; das trifft zu. Doch das berüchtigte Staatsgefängnis erschien dem Pöbel als das Symbol des Despotismus, und selbst wenn er in dem ihm unterstellten Irrtum befangen war, so wäre das nur allzu begreiflich, weil man eben nicht wußte, was hinter den trutzigen Mauern vorging. Nun zogen aber die Bewohner am Morgen des 14. Juli durchaus nicht zur Bastille, um sie anzugreifen, sondern um vom Festungskommandanten die Austeilung von Waffen und Munition zu verlangen, die bei ihm lagerten, und außerdem das Zurückziehen der Kanonen, mit denen er die Stadt bedrohte, aus den Schießscharten. Mit ihren 30 Meter hohen Mauern und 25 Meter breiten wassergefüllten Gräben ließ sich die Bastille nicht im Handstreich erstürmen. Die Besatzung bestand nur aus 80 invaliden Soldaten, verstärkt durch 30 Schweizergardisten unter dem Befehl von Leutnant Ludwig von Flue. Die Invaliden sahen die Ausländer nicht gern und ließen sich nur mit Mühe überreden, auf das Volk zu schießen; der unfähige und unentschlossene Festungskommandant de Launay hatte nicht einmal genügend Proviant einlagern lassen. Doch draußen wußte niemand von diesen Schwächen. Der

Gedanke, die Bastille einzunehmen, entstand aus gänzlich unvorhersehbaren Umständen.

Gegen acht Uhr war der Ständige Ausschuß von den Unruhen benachrichtigt worden und hatte drei Vertreter zu de Launay geschickt, um ihn zu beruhigen und zum Zurücknehmen der drohenden Kanonen aufzufordern. Erst gegen zehn Uhr gelangten sie zur Bastille. Der Festungskommandant empfing sie leutselig und lud sie zum Essen ein. Sie nahmen Platz. Die Menge draußen, die erheblich angewachsen war, wußte nicht, was drinnen vorging, meinte, man halte die Männer gefangen, wurde immer erregter, und in dieser Situation begannen die Eifrigsten davon zu sprechen, man müsse die Übergabe der Festung verlangen oder sie erstürmen. Die Wahlmänner des angrenzenden Distrikts hörten von den Vorgängen und schickten einen ihrer Kollegen, den Rechtsanwalt Thuriot, mit der Aufforderung zu de Launay, er solle sich ergeben. Thuriot stellte fest, daß die Kanonen aus den Schießscharten zurückgezogen worden und die Invaliden offenbar zur Kapitulation bereit waren, doch der Stab überzeugte den Kommandanten, so etwas dürfe er nicht tun. Zu diesem Zeitpunkt war die Menge erst in den Vorhof eingedrungen, dessen Tor auf die Rue Saint-Antoine führte, und der vom Eingangshof mit dem eigentlichen Festungszugang durch eine Mauer mit Tor und Zugbrücke getrennt war. De Launay hatte nur die Zugbrücke hochziehen lassen; das Tor ist unbesetzt geblieben. Eine halbe Stunde nach Thuriots Weggang klettern zwei Männer auf die Mauer und lassen die Brücke herunter. Die Menge strömt hinein, de Launay verliert die Nerven und gibt Feuerbefehl. Etliche Männer brechen zusammen, die übrigen drängen zurück und rufen »Verrat!«, weil sie überzeugt sind, man habe sie nur so weit vordringen lassen, um sie desto leichter zusammenschießen zu können. Wer Waffen hat, beginnt jetzt auf die Verteidiger zu schießen, und das Feuern zieht sich lange hin, mit ganz einseitiger Wirkung: die Angreifer hatten mindestens 98 Tote und 73 Verwundete, während nur ein einziger Invalide getroffen wurde. Zwei weitere Delegationen des Ständigen Ausschusses, die zweite mit weißer Fahne, versuchen vergebens, die Kämpfenden zu trennen; die Besatzung schießt auch auf sie, was Anlaß zu noch größerer Verbitterung bei den Angreifern gibt.

Es war keine Entscheidung abzusehen, als zwei Abteilungen der Gardes françaises zusammen mit Bürgern der Miliz unter der Führung des ehemaligen Unteroffiziers Hulin vom Rathaus kommend mit fünf Kanonen in die Höfe der Bastille einrückten. Elie, Leutnant im Regiment der Königin, schloß sich ihnen an. Unter dem Feuer der Festung wurden drei Kanonen vor dem Eingang in Stellung gebracht. Diese Maßnahme entschied alles: de Launay bot die Kapitulation an und drohte die Pulvervorräte anzuzünden, wenn nicht verhandelt würde. Elie akzeptierte, doch die Menge protestierte. »Runter mit den Brücken! Keine Kapitulation!« Trotz der Vorhaltungen des Ludwig von Flue befahl der völlig kopflos gewordene de Launay, die innere Zugbrücke herunterzulassen.

Die Menge stürzte in die Festung. Der größte Teil der Besatzung konnte gerettet werden, aber drei Offiziere des Stabes und drei Invaliden wurden totgeschlagen. De Launay konnte man noch mit großer Mühe heil bis an die Tür des Rathauses bringen; dort durchbrach die drängende Menschenmasse die Begleitmannschaft, und auch er wurde umgebracht. Kurz danach wurde Flesselles durch einen Pistolenschuß getötet. Die abgeschnittenen Köpfe trug man auf Spießen im Triumph durch die Straßen.

Besenval hatte sich den ganzen Tag nicht gerührt, weil ihm seine Regimenter nicht zuverlässig erschienen. Er hatte de Launay aufgefordert durchzuhalten, doch sein Schreiben fiel den Aufständischen in die Hände. Am Abend zog er sich in Richtung Saint-Cloud zurück.

So fiel die Bastille durch die Unfähigkeit des Festungskommandanten, den Ungehorsam königlicher Truppen und die heldenhafte Standhaftigkeit von ein paar hundert Kämpfern. Der Verrat, den man de Launay vorwarf, verstärkte noch die Angst vor dem Komplott der Aristokraten. Niemand hatte auch nur einen Augenblick lang gemeint, es ginge um die Bastille; und auch jetzt dachte niemand, ihr Fall habe den Konflikt schon entschieden. In der Nacht vom 14. auf den 15. Juli gab es weitere Panikreaktionen. Desèze, der spätere Verteidiger des Königs im Prozeß, der sich aktiv an der Aufstellung der Nationalgarde beteiligt hatte, schrieb am 18. Juli: »Wir rechneten alle mit einem Kampf gegen die Truppe und waren darauf gefaßt, umgebracht zu werden.« Doch schon am nächsten Tag festigte sich die Pariser Revolution. Die Wahlmänner beschlossen, einen Bürgermeister zu ernennen, und entschieden sich für Bailly; La Fayette boten sie das Kommando über die Nationalgarde an. Der Marquis gab den Bürgersoldaten als Abzeichen eine Kokarde in den Farben von Paris, rot und blau, zwischen die er das

Weiß des Königs setzte. Die Trikolore, das Emblem der Revolution, war eine Synthese des alten und des neuen Frankreich.

Der König kapituliert

Die Eroberung der Bastille, an sich so unbedeutend, war schon deshalb ein großes Ereignis, weil sie den Hof verunsicherte. Die Hauptstadt für den König verloren und zur Verteidigung entschlossen! Die Truppen, die zur Verfügung standen, reichten nicht aus, um Paris zu nehmen oder einzuschließen, ganz abgesehen davon, daß sie wahrscheinlich nicht Disziplin halten würden. Außerdem war damit zu rechnen, daß die Provinz dem Beispiel der Kapitale folgen würde. In der Nacht vom 14. auf den 15. Juli schwankte der König, ob er fliehen oder nachgeben sollte; eine andere Lösung wurde gar nicht erst erwogen. Später hat er gegenüber Fersen, dem Freund der Königin, zugegeben: »Ich habe die Gelegenheit verpaßt.« Doch für den Augenblick erschien ihm die Flucht, trotz allen Drängens des Grafen von Artois, eines Königs unwürdig.

Am 15. begab er sich in die Nationalversammlung, beteuerte seine lauteren Absichten und kündigte den Abzug der Truppe an; am Tag darauf berief er Necker von neuem in die Regierung. Am 17. machte er sich in Begleitung von fünfzig Abgeordneten auf den Weg nach Paris. Der Empfang war würdig, aber zurückhaltend. Bailly brachte im Rathaus seine Freude darüber zum Ausdruck, daß das Volk seinen König »wiedergewonnen« habe, und als man Ludwig XVI. die nationale Kokarde präsentierte, steckte er sie sich an den Hut. Bei der Rückfahrt ließ sich das Volk, da die Kapitulation des Monarchen endgültig erschien, mit Jubelrufen hören.

Die Furcht bleibt

Allerdings glaubte man nicht, daß die Aristokratie das Spiel schon verlorengäbe. Die Furcht war allgegenwärtig. Soldaten der Gardes françaises glaubten, man habe sie vergiftet. In Versailles ging das Gerücht, von den Stallungen des Grafen von Artois führe ein unterirdischer Gang zur Nationalversammlung, die jeden Augenblick in die Luft gesprengt werden könne. In Paris hatte der Ständige Ausschuß größte Schwierigkeiten mit der Getreideversorgung, die natürlich mit böser Absicht erklärt wurden. Überall, auf den Märkten und auf den Transportwegen, kam es zu Übergriffen; am 17. Juli wurde in Saint-Germain-en-Laye ein Müller totgeschlagen, und am 18. konnte ein kleiner Steuerpächter noch im letzten Augenblick gerettet werden. Vor allem war man darauf gefaßt, die Kornfelder würden verwüstet werden, und am 26. Juli wurde der Nationalversammlung tatsächlich mitgeteilt, in der Pikardie geschehe das; die Meldung war falsch. Aus der Provinz hörte man die bedenklichsten Dinge: viele Adlige machten sich zur Emigration bereit, die ausländischen Mächte könnten jeden Augenblick ihre Truppen einmarschieren lassen, gedungene Räuber und Banditen hausten im ganzen Land. Der Graf von Artois, die Condés, die Polignacs und etliche andere Grandseigneurs hätten Frankreich schon verlassen. Vor Brest, hieß es, kreuze ein englisches Geschwader, und eine Verschwörung unter Beteiligung des bretonischen Adels sei drauf und dran, den Hafen zu übergeben. Der englische Botschafter legte offiziellen Protest ein, doch niemand glaubte ihm. Der Ständige Ausschuß ließ die Umgebung der Stadt nach Räubern durchkämmen, nahm in Paris die Vagabunden fest und schickte sie zurück in ihre Heimatgemeinden. Alle Vorstädte, die fürchteten, sie würden nun bei ihnen hängenbleiben, stellten Bürgermilizen auf; örtliche Unruhen und Angst gab es in Bougival, Sceaux, Villiers-le-Bel und Pontoise am 17. und 18. Juli, in Etampes am 21., und die Pariser Volksstimmung wurde davon angesteckt. Der Sieg des Volkes hatte die Zuversicht also durchaus nicht gestärkt, und die Presse machte von ihrer neu gewonnenen Freiheit Gebrauch, indem sie die Erregung mit rückblickenden Enthüllungen über die Verschwörung der Aristokratie und mit Gerüchten, die deren Fortbestand zu beweisen schienen, noch anheizte. Mit der Furcht wuchs die Entschlossenheit zum Aufspüren und Bestrafen der Schuldigen. Schon am 13. Juli hatte Desèze notiert, man spreche »von der Ausrottung aller Adligen«. Und trotz aller Bemühungen hatten weder Bailly noch La Fayette Paris wirklich in der Hand. Auf Anordnung des neuen Bürgermeisters wählten die Distrikte am 23. Juli einen Gemeinderat von 120 Mitgliedern, der die Wahlmänner ablöste, doch die einzelnen Distriktversammlungen traten weiterhin täglich zusammen und nahmen für sich in Anspruch, die Entscheidungen der Stadtverwaltung zu bestätigen oder zu verwerfen: Das war die unmittelbare Demokratie, die sich das Kleinbürgertum aus Werkstatt und Laden wünschte, viel mehr als die Arbeiter, und dieses Kleinbürgertum stellte nun einmal die meisten Männer zur Nationalgarde.

Das Unglück wollte es, daß man in der Umgebung der Stadt fast zur gleichen Zeit den königlichen Intendanten für Paris und die Ile-de-France, Bertier de Sauvigny, dem man die mangelhafte und angeblich betrügerisch organisierte Getreideversorgung anlastete, und seinen Schwiegervater Foullon de Doué verhaftete, von dem es hieß, er sei im verhaßten Ministerium vom 11. Juli als Mitarbeiter von Breteuil vorgesehen gewesen, und außerdem noch Besenval. Foullon wurde am 22. Juli ins Rathaus gebracht, von der Menge herausgeholt und an der nächsten Laterne aufgehängt; kurz darauf wurde Bertier gebracht und erlitt dasselbe Schicksal. Wieder wurden die abgeschnittenen Köpfe auf Spießen herumgetragen. Am 30. Juli kam Besenval, im Schutze einer starken Eskorte, doch auch er wäre wohl umgebracht worden, wenn der kurz vor der Schweizer Grenze eingeholte Necker nicht gerade zurück gewesen wäre und sich für ihn eingesetzt hätte.

Diese Morde erregten in der Nationalversammlung heftigen Protest; vor allem Lally-Tollendal verwahrte sich dagegen. Auch ein berühmt gewordener Brief des später so radikalen Babeuf bezeugt dessen Entsetzen darüber, daß das Volk seinen Sieg so beschmutzte. Doch es wäre ein Irrtum, wenn man unterstellen wollte, das revolutionäre Bürgertum sei sich in seinem Abscheu einig gewesen. »Ist dieses Blut denn so rein, daß man so bedauern muß, es zu vergießen?« rief Barnave vor versammeltem Hause aus. Und am Ende des Monats schrieb Madame Roland aus dem Beaujolais nach Paris: »Wenn die Nationalversammlung nicht zwei bedeutenden Köpfen einen förmlichen Prozeß macht oder sich ein selbstloser Decius findet, der sie abschlägt, seid Ihr alle verloren.« Auch sie war eben, wie Barnave, in der allgemeinen Vorstellung von einer Verschwörung der Aristokratie befangen.

Trotzdem mußte natürlich, auch wenn man die Volkswut als verständlich empfand, mit diesen spontanen Hinrichtungen Schluß sein. So kam schon zu dieser Zeit der Gedanke auf, eine Polizei und einen Gerichtshof zu schaffen, die mit Härte gegen die Verschwörung der Aristokratie vorgehen sollten. So könne man, hieß es, den Übergriffen des rasenden Volkes jeden Vorwand nehmen, zugleich aber werde die Sicherheit der Revolution viel besser gewährleistet als durch unkontrollierte Selbstjustiz. Am 23. Juli schlug Duclos-Dufresnoy, ein Notar aus der Rue de Richelieu, der Versammlung des Distrikts Filles-Saint-Thomas die Schaffung eines Gerichtes von 60 Geschworenen vor, also einem je Distrikt, die offenbar vom Volk gewählt werden sollten. Ein solches revolutionäres Volkstribunal lag durchaus schon auf der Linie der unmittelbaren Demokratie, die von den Distrikten bald darauf für die Hauptstadt gefordert wurde. Auch Barnave verlangte, wenn auch weniger präzise, »eine legale Gerichtsbarkeit für Verbrechen gegen den Staat«, und Prieur wollte einen Ausschuß bilden zur Entgegennahme von Denunziationen. In der Abendsitzung nahmen sich die Abgeordneten das Thema noch einmal vor, und Petion schien ganz begeistert von der Vorstellung, gewählte Schöffen einzusetzen. In dem Aufruf an die Nation, den die Versammlung schließlich verabschiedete, versprach sie die Einrichtung eines Ausschusses zur Entgegennahme und Prüfung der Denunziationen von Taten der Aristokratenverschwörung sowie die Einsetzung des Gerichtshofs, der die Schuldigen abzuurteilen hätte, wobei Aufnahme oder Unterlassung der Strafverfolgung allein in der Zuständigkeit dieses Ausschusses liegen sollte. Bis zum 28. Juli geschah allerdings nichts.

An diesem Tage hatte man eben die Einsetzung eines Petitionsausschusses für die vielen von außen hereinkommenden Anträge beschlossen, als du Port darauf drang, nun auch den am 23. angekündigten Ausschuß einzusetzen, den er »Nachforschungsausschuß« nannte. Man erfüllte ihm seinen Wunsch, und so entstand der Vorläufer des später so berüchtigten »Sicherheitsausschusses«. Außerdem bildete die Pariser Gemeindeversammlung, die Commune, einen eigenen, den ersten revolutionären »Überwachungsausschuß«. Doch du Port hatte auch einen vorläufigen Gerichtshof für Verbrechen der Nationsbeleidigung gefordert, und es wurde beschlossen, der »Nachforschungsausschuß« solle die Frage prüfen. Er wurde aber erst am 30. Juli ernannt, also an dem Tage, als der Tumult stattfand, der beinahe Besenval das Leben kostete. In der Hoffnung, ihn zu retten, versprach die Pariser Stadtverwaltung die Einsetzung eines von den Distrikten zu wählenden Volkstribunals, und tatsächlich verlangten Bailly und Sémonville von der Versammlung in Versailles einen entsprechenden Beschluß. Doch man begnügte sich damit, den Beschluß vom 28. zu bestätigen. Im

Grunde hatte die Mehrheit nur Zeit gewinnen wollen; mehrere Abgeordnete hatten sogar protestiert, indem sie das vorgeschlagene Tribunal mit den »Außerordentlichen Kommissionen« verglichen, die man dem Absolutismus so heftig zum Vorwurf gemacht hatte. Außerhalb der Sitzung nahm man sich die Vertreter der Commune heftig vor. Sie hüteten sich, weiter darauf zu dringen, und wußten auch warum. Die Angelegenheit wurde diskret begraben, so daß die Geschichte davon kaum Kenntnis genommen hat.

Doch der Nachforschungsausschuß blieb, und eine in anderer Hinsicht bezeichnende Auseinandersetzung entstand am 25. und 27. Juli um Briefe, die man bei Baron von Castelnau gefunden hatte. Der Präsident der Versammlung hatte sie nicht ohne deren Zustimmung öffnen wollen. Einige Abgeordnete sprachen von der Wahrung des Briefgeheimnisses, andere, und zwar Target und Barnave ebenso wie Petion und Robespierre, hielten dafür, die Nation sei für die Abwendung der Aristokratenverschwörung zu allen Maßnahmen berechtigt. Ein Adliger, Gouy d'Arsy, brachte das entscheidende Argument: »Im Kriegszustand ist es erlaubt, Briefe zu öffnen, und ... wir dürfen uns als im Kriegszustand befindlich betrachten, wir sind es auch tatsächlich.« Die Versammlung ging zur Tagesordnung über, aber man sieht, daß einen Monat vor der Verabschiedung der Erklärung der Menschen- und Bürgerrechte die Relativierung dieser Rechte bereits im Gange war und sich schon jetzt die später, im Jahr II der Republik, vom Wohlfahrtsausschuß so häufig in Anspruch genommene Theorie abzeichnet, der Kriegszustand setze die Verfassungsbestimmungen außer Kraft.

Mehr als einmal hat man, um den Sieg des Dritten Standes und die Erinnerung an den 14. Juli in Mißkredit zu bringen, darauf hingewiesen, daß in der zweiten Julihälfte schon die Vorzeichen der Schreckenszeit zu beobachten gewesen seien. Das ist gewiß richtig. Doch die Beobachtung gewinnt erst dann ihre eigentliche historische Bedeutung, wenn man sich die Entstehungsgeschichte und den Inhalt der kollektiven Mentalität vergegenwärtigt, die zur Schreckenszeit geführt hat. Dann wird einem nämlich deutlich, daß die »Verschwörung der Aristokraten« einer der Schlüssel zum Verständnis dieser Revolution ist. 1789 erschien diese Verschwörung abgewendet, deshalb wurde auch die Repression weniger scharf. Doch schon gegen Ende des Jahres wurde sie dann sehr real und stellte sich so dar, wie das Volk sie sich immer ausgemalt hatte. Als 1792 die Furcht angesichts der Preußen und Emigranten, die Frankreichs Boden schon betreten hatten, übermächtig wurde, nützte es nichts mehr, daß Danton am 17. August den Revolutionsgerichtshof schuf, der bereits drei Jahre vorher gefordert worden war: die Septembermorde geschahen trotzdem. Und 1793, im Augenblick größter Gefahr, gelang es dem Konvent nur durch die Organisation des Schreckens von oben her, eine Neuauflage dieser Massaker zu vermeiden. Erst als am Sieg der Revolution nicht mehr zu rütteln war, verloren sich die Furcht und die mit ihr einhergehenden mörderischen Ausschreitungen.

3. Die Revolution in den Provinzstädten

Nach der Entlassung Neckers

Die Entlassung Neckers führte in den Städten der Provinz zu einer starken Erregung, und die sofortige, heftige Reaktion war diesmal ohne Zweifel spontan, weil den Abgeordneten gar keine Zeit zum Eingreifen geblieben war; außerdem hatte die Regierung absichtlich die Beförderung der Briefpost einstellen lassen. Von überall her trafen die Anträge bei der Versammlung ein. Viele hatten einen drohenden Unterton. In Nîmes zum Beispiel erklärten die Bürger am 20. Juli, sie betrachteten »die Agenten der Despotie und die Provokateure der Aristokratie als schändliche Verbrecher und Vaterlandsverräter«; sie forderten alle bei der Armee stehenden Männer von Nîmes auf, den Befehl zu verweigern, wenn man von ihnen verlangen sollte, das Blut ihrer Mitbürger zu vergießen. Aber dabei blieb es durchaus nicht. In mehreren Städten beschlagnahmte man alles, was den königlichen Behörden die Möglichkeit geben konnte, den Hof bei seinen Aktionen zu unterstützen, vor allem öffentliche Kassen und Korn- und Futtermittellager; in Le Havre hielt man für Paris bestimmtes Getreide an und zwang die von Honfleur anrückenden Husaren zur Umkehr. Zugleich war man darauf gefaßt, den königlichen Truppen Widerstand zu leisten und sogar nach Versailles zu marschieren, um der Versammlung beizustehen. In Städten wie Montauban, Bourg, Laval bildete man Ausschüsse, die eine Bürgerwehr aufstellten und, zum Beispiel in Château-Gontier, die Nachbarorte zur Hilfe aufforderten oder sich, zum Beispiel in Bourg und Machecoul, der Hilfe der Bauern versicherten. Besonders schwerwiegende Vorgänge wurden aus Rennes und Dijon gemeldet. In Rennes gaben sich die Bürger nicht mit der Beschlagnahme der öffentlichen Kassen und der Aufstellung einer Miliz zufrieden, sondern überredeten am 16. Juli einen Teil der Garnison zum Ungehorsam und eigneten sich die Waffen und Kanonen an, deren sie habhaft werden konnten. Gouverneur Langeron forderte Verstärkungen an. Am 19. befand sich die Stadt in Aufruhr, die befehlstreu gebliebenen Soldaten der Garnison liefen auch über, und Langeron verließ die Stadt. Schon am 15. Juli hatte man in Dijon den Gouverneur verhaftet, Adlige und Priester unter Hausarrest gestellt: das erste Beispiel für Freiheitsentzug bei »Verdächtigen«.

Nach dem 14. Juli

Von der Eroberung der Bastille erfuhr man, je nach Entfernung, zwischen dem 16. und 19. Juli. Es folgte ein Ausbruch überschwenglicher Begeisterung. Wieder gingen Adressen an die Nationalversammlung, diesmal Glückwünsche, überall erklang das Te Deum, auf den Straßen gab es Feste und Umzüge, mit großem Pomp wurde die Nationalkokarde den Behörden angetragen, deren Vertreter sich nolens volens damit schmückten, wie jedermann; am Abend dann war großes Feuerwerk.

Vielerorts ging die Revolution in den Städten gewaltlos vor sich. Die alte Obrigkeit war so überrascht, daß sie den Demonstranten nachgab. Sie zog Notabeln zur Mitarbeit heran oder ließ, wie in Bordeaux, einfach die Wahlmänner ans Ruder. Andere Behörden akzeptierten die Einsetzung eines Lebensmittelversorgungsausschusses. Häufiger noch zwang man sie zur Schaffung eines »Ständigen Ausschusses« zur Leitung der Bürgerwehr, der dann früher oder später die Verwaltung übernahm. Denn die Bildung einer »Nationalgarde«, in den Augen des Bürgertums von besonderer Bedeutung, gehört in jeder Stadt zu dieser Bewegung. Nicht zu übersehen ist die Aktivität der jungen Männer, die häufig eigene Kompanien bilden und in manchen Fällen eine eigene Vertretung im Ausschuß durchsetzen. Es kommt auch vor, daß sich die Soldaten mit den Bürgern verbrüdern und eigene Delegierte bekommen.

In einigen Fällen gibt sich das Volk aber nicht damit zufrieden, einfach bei den Demonstrationen des Bürgertums mitzumachen. Es verlangt von der Stadtverwaltung die Herabsetzung des Brotpreises oder sammelt sich vor dem Rathaus und ruft: »Brot für zwei Sous!« Die Obrigkeit zögert, fühlt sich bedroht, flieht. Der Aufruhr hat freie Bahn: Die Häuser der hohen Herren, der Kornhändler, der reichsten Einwohner werden verwüstet oder jedenfalls belagert; erst nach einiger Zeit machen die Miliz oder in einigen Fällen die Garnison den Unruhen ein Ende. In Valenciennes, in Valence tritt die alte Verwaltung ihr Amt wieder an, doch meistens, zum Beispiel in Lille, Maubeuge und Cherbourg, läßt sie sich nicht mehr blicken, und ein »Nationaler Ausschuß« oder »Ständiger Ausschuß« übernimmt ihre Aufgaben – die Revolution ist dann wirklich gelungen.

Zumeist hatten die Stadtverwaltungen sich durch Zuwahl ergänzt, oder der Ausschuß hatte sich in eigener Verantwortung gebildet. In den folgenden Wochen mußten diese Honoratioren oft gewählten Bürgern ihren Platz räumen, doch die demokratische Entwicklung war insgesamt langsamer und tastender als in Paris. Außerdem gab es noch eine dritte Kategorie von Städten, in denen es überhaupt nur zu der mühsamen Aufstellung einer Bürgerwehr reichte und die Befugnisse der alten Obrigkeit unangetastet blieben. So ist es in Béziers und in allen seeflandrischen Städten gegangen, die klug genug gewesen waren, den Brotpreis schon von sich aus herabzusetzen.

Die örtlichen Behörden gewinnen an Bedeutung

Die Revolution hat in der Provinz demnach sehr verschiedene Gesichter gehabt, und oft ist sie auf halbem Wege stehengeblieben. In jedem Falle aber war der städtischen Obrigkeit nichts anderes übrig geblieben, als sich nicht mehr ausschließlich nach den Anordnungen der Nationalversammlung zu richten; die königlichen Intendanten hatten ja ohnehin fast alle ihren Posten verlassen. Dem König war hier wie in Paris jede Autorität entglitten. Zugleich war es vorbei mit der Zentralisierung: Jeder Ausschuß, jede Stadtverwaltung übte eine fast unumschränkte Gewalt aus, und zwar nicht nur in den eigenen Mauern, sondern auch über die Kirchspiele der Umgebung, wohin die Miliz ausgesandt wurde, um verdächtige Schlösser zu durchsuchen, Korn aufzutreiben und seinen Transport zu bewachen und Unruhen niederzuschlagen. Man empfand die unbedingte Notwendigkeit des Zusammenstehens für das Gelingen der Revolution. Schon versprachen die Städte einander Hilfe und Beistand, die bald entstehenden »Föderationen« zeichneten sich ab. Zugleich wollte man unbedingt die größtmögliche lokale Selbständigkeit erreichen und wachte eifersüchtig darüber. So verwandelte sich Frankreich spontan in einen Bund von Gemeinden.

Gewiß, die Nationalversammlung genoß ein Ansehen, wie keine Volksvertretung seither, doch jede Stadt – und die ländlichen Gemeinden folgten dem Beispiel bald – empfand sich als frei, ihre Dekrete mehr oder weniger eifrig und buchstabengetreu durchzuführen; streng eingehalten wurden sie nur, wenn sie der Meinung der Bürger ganz entsprachen. Diese Selbständigkeit trug zweifellos dazu bei, daß die Menschen ein gewisses Interesse an den öffentlichen Angelegenheiten entwickelten, daß sich am Ort verantwortliche Männer fanden und auch Lust am Handeln gewannen. Diese außerordentliche Lebendigkeit des regionalen und gemeindlichen Lebens ist ein ganz bezeichnender Zug jener Zeit. Die Verteidigung der Revolution profitierte davon; ab Juli 1789 war Frankreich von einem Netz von Ausschüssen überzogen, die den Aristokraten auf die Finger sahen und ihre Pläne vereitelten.

Das Verhalten des Volkes: Steuern und Lebensmittelversorgung

Natürlich war die Kehrseite der Medaille bald nicht mehr zu übersehen. Was erwartete das Volk in den Städten denn vor allem? Die Abschaffung der Verbrauchssteuern und eine strenge Reglementierung des Getreidehandels. Beiden Wünschen mußte man wohl oder übel nachkommen. Die Erhebung der Steuern war unterbrochen; die Büros für die Eintreibung von Salzsteuer, Getränkesteuer, Stadtzoll waren in vielen Fällen verwüstet, die Bücher verbrannt; die verhaßten »Salzlecker« und »Schnüffler« hatte man vertrieben. Das Korn wurde nur noch mit haargenau ausgefüllten Frachtbriefen oder amtlichem Begleitschein transportiert. Doch trotz aller Vorsichtsmaßregeln wurden die Fuhren immer wieder von aufrührerischen Haufen angehalten, auf den Märkten führten die Käufe der Händler und Kommissare aus den großen Städten ständig zu Zwischenfällen, so genau der Handel auch überwacht sein mochte, und dabei blieb es bis zum Herbst: die Knappheit und Verteuerung des Brots rief immer wieder Krawalle hervor. Die Nationalgarde zeigte, wenn es um Steuern und Versorgungsprobleme ging, wenig Lust, gegen die aufsässige Menge vorzugehen, und manchmal war sie selber die Urheberin der Tumulte. Wie hätten Ordnungskräfte, die sich vor allem aus den Kreisen der Handwerker und Ladenbesitzer rekrutierten, die Gefühle des Volkes auch nicht teilen sollen? In ihrem Aufruf vom 10. August mochte die Nationalversammlung verkünden, die alten Steuern blieben bis zur Einführung eines neuen Steuersystems in Kraft, sie mochte am

29. August die völlige Freigabe des Binnenhandels mit Getreide beschließen und nur den Export verbieten – sie predigte tauben Ohren.

Die Furcht in der Provinz

Es ist bemerkenswert, daß die größeren Ausschreitungen mit Mord und Totschlag, zu denen es zu Beginn der Revolution in Provinzstädten wie Bar-le-Duc oder Tours kam, fast immer ihren unmittelbaren Anlaß in Lebensmittelknappheit oder hohen Preisen hatten. Das bedeutet aber nicht, daß die Furcht vor der Aristokratenverschwörung die Gemüter weniger erregte; sie verschwand auch nicht etwa mit der Nachricht vom Nachgeben des Königs. Mit Besorgnis sah man den in ihre Garnisonsstädte zurückkehrenden Regimentern entgegen. Châlons und Verdun weigerten sich sogar, die Truppen des Regiments Royal-Allemand wieder aufzunehmen. Als Marschall von Broglie in Sedan eintraf, forderte eine große Menschenmenge seine Abreise. Jeder Transport von Waffen oder Bargeld ist verdächtig, weil er fürs Ausland bestimmt sein könnte. Schon in diesen Wochen stellt man sich der Emigration mit Gewalt in den Weg: Kutschen werden angehalten, durchsucht, Reisende von Distinktion – Bischöfe, Adlige, Abgeordnete – vorläufig festgehalten. Immer fester rechnet man mit dem Eingreifen fremder Mächte. In Westfrankreich stehen die Engländer regelmäßig im Verdacht, Brest besetzen zu wollen; im Südosten sind die Soldaten des Piemont drauf und dran, in die Dauphiné einzumarschieren; in Bordeaux erwartet man die Invasion der Spanier. Räuber und Banditen meint man ohnehin überall zu entdecken, vor allem als von den Orten im Pariser Becken die Nachricht ausgeht, daß die Obrigkeit der Hauptstadt alle mittellosen Menschen ohne festen Wohnsitz aus ihren Mauern treibt, und von anderen Großstädten ähnliche Absichten gemeldet werden. Die lokalen Panikreaktionen häufen sich: in Verneuil und Umgebung am 21. Juli, in Brives am 22., in Clamecy am 29. Die örtlichen Anführer der Revolutionsbewegung sind überzeugt, daß die Aristokratie sich mit weiteren Vorhaben trägt, und benutzen all diese Gerüchte, um ihre eigenen Handlungen zu rechtfertigen. Auch die Abgeordneten, voller Mißtrauen und Groll, warnen ihre Wähler, fordern sie zur Wachsamkeit auf und empfehlen ihnen, starke Bürgergarden zu bilden. Die Provinzstädte sind wie Paris auf alles gefaßt. Nicht lange, und die »Große Furcht« wird über sie kommen.

IV. Die Revolution der Bauern

1. Die Bauern

Bis zum 14. Juli war so gut wie nicht von den Bauern die Rede gewesen. Dabei machten sie mindestens drei Viertel der Bevölkerung des Reiches aus, und rückblickend stellt man fest, daß die Revolution ohne ihre Unterstützung schwerlich gelungen wäre. Doch die Hefte der Vogteien hatten ihre Beschwerden nicht richtig wiedergegeben oder ganz außer acht gelassen; jedenfalls gehörten sie nicht zu den vordringlichen Anliegen der Nationalversammlung, in der die Bauern nicht mit einem einzigen Abgeordneten vertreten waren. Jetzt erhoben sie sich plötzlich auch, nahmen ihre Sache selber in die Hand, und versetzten dem, was vom Lehns- und Herrensystem noch geblieben war, den Todesstoß. Ihr Aufstand ist eines der ganz unverwechselbaren Charakteristika dieser Revolution.

Die Lage der Bauern

Im Jahre 1789 waren die meisten französischen Bauern längst freie Männer, das heißt, sie konnten sich frei bewegen und arbeiten, wo und wie es ihnen gefiel, konnten Boden erwerben und vor Gericht ihre Angelegenheiten vertreten. Es gab noch »Leibeigene«, vor allem in der Franche-Comté und im Nivernais, doch sie waren nicht mehr wirklich an die Scholle gebunden, und zudem hatte der König schon 1779 das »Verfolgungsrecht« abgeschafft, das dem Herrn das Geltendmachen seiner Rechte an ihnen erlaubte, wo immer sie sich befanden. Was den Leibeigenen vor allem ausmacht, ist das fehlende Verfügungsrecht über seine Habe: Er ist der »toten Hand« unterworfen, das heißt, wenn er bei seinem Tode nicht mindestens ein in häuslicher Gemeinschaft mit ihm lebendes Kind hinterläßt, erfolgt der »Heimfall« seines ganzen Besitzes an den Grundherrn. Trotzdem war für die Betroffenen – mancherorts galt diese Regel ja noch – die Lage unendlich viel besser als die der Bauern in Mittel- und Osteuropa, die der Willkür des Adligen ausgeliefert waren; in Frankreich schützte die königliche Justiz Person und Recht des Leibeigenen und des Freien.

Außerdem waren viele französische Bauern Grundeigentümer, worin sie sich von den englischen Bauern unterschieden, die von der Aristokratie fast durchwegs zu Tagelöhnern gemacht worden waren. Ihre Anzahl und die Größe ihres Besitzes waren je nach Gegend sehr verschieden. Das Elsaß, Flandern, der Westteil der Normandie, der Limousin, das Loiretal, die Ebenen von Saône und Garonne und ganz allgemein der Süden mehr als der Norden begünstigten den grundsässigen Bauernstand, der dort die Hälfte bis zu drei Vierteln des Bodens besaß. Doch in waldigen, heidigen, sumpfigen Gegenden und in der Nähe der Städte sah es ganz anders aus: Im Umland von Versailles war nur 1 bis 2 Prozent des Landes in Bauernhand. Für das ganze Königreich kann man wohl durchschnittlich 30 Prozent unterstellen. Der Rest befand sich in den Händen der Geistlichkeit, ein Zehntel mag es gewesen sein, des Adels, etwa doppelt soviel, und der Bürger, ein Fünftel vielleicht. Der Klerus war vor allem im Norden begütert, nach Westen und Süden zu immer weniger; die Adligen scheinen hauptsächlich im Norden, Westen und Osten Besitz gehabt zu haben, während Südfrankreich besonders viel bürgerliches Grundeigentum aufwies.

Überall jedoch gab es Bauern ohne eigenen Grund. Die Anzahl dieser Agrarproletarier war durchwegs hoch; im Limousin schätzte man sie auf fast ein Fünftel der Familienväter, 30 bis 40 Prozent in der westlichen Normandie, 70 Prozent in der Umgebung von Versailles, in Seeflandern bis zu 75 Prozent. Ein Teil von ihnen fand allerdings Pachtgrund. Der Angehörige des geistlichen Standes, der Adlige und der Stadtbürger bewirtschafteten ihr Land ja selten selber, außer in Weingegenden und einigen Gegenden Südfrankreichs. Sie verpachteten es gegen Geld oder, häufiger, gegen Naturalleistung, also einen Anteil an der Ernte. Und da ihre Ländereien häufig sehr zerstückelt waren, verpachteten sie gerne einzelne Schläge, so daß die Tagelöhner häufig ein kleines Stückchen Land fanden, und die Bauern zu ihrem eigenen Hof zupachten konnten. So war das eigentliche Proletariat, also Bauern, die weder eigenes Land noch Pachtland hatten, nicht allzu zahlreich, aber überall anzutreffen. Die ländliche Bevölkerung hatte ebenso viele Schattierungen wie die städtische: die reichsten Leute sind die *fermiers,* die Großbauern, obwohl sie den Boden häufig nicht besitzen; der *laboureur,* der Bauer schlechthin, ist zumindest Eigentümer eines Teils seines Bodens; dann folgen der *petit fermier* oder kleinbäuerliche Pächter um Geld, der *métayer* oder Naturalpächter, schließlich der Bauer, der nicht über genügend Grund zum Leben verfügt, danach der Tagelöhner mit eigenem Haus und Garten und einem Stückchen Pachtland, und ganz am Ende der Tagelöhner, der wirklich nur seine Arbeitskraft hat.

Leider verfügte die große Mehrheit der Bauern nicht über einen Hof, der sie und ihre Familie ernähren konnte. Daran war unter anderem die zurückgebliebene Technik der Bodenbearbeitung schuld. In Nord- und Ostfrankreich war das Gemeindegebiet in unzählige lange, schmale Schläge aufgeteilt, die üblicherweise in drei Felder zerfielen, das eine in turnusmäßigem Wechsel mit Wintergetreide, das zweite mit Sommergetreide bestellt, das dritte in Brache liegend. Südlich einer Linie von der westlichen Normandie durch die Beauce hinüber nach Burgund waren es nur zwei Felder, davon eines in Brache. In Westfrankreich, im Limousin, in den Bergen machte der bestellte und eingezäunte Grund weniger als die Hälfte der Fläche aus; der Rest wurde nur zeitweilig genutzt, manchmal nur alle zehn Jahre oder noch seltener. Jedenfalls sorgte allein schon die Drei- oder Zweifelderwirtschaft dafür, daß ein Drittel oder die Hälfte des Ackerlandes brachlag. Der Bauer brauchte deshalb viel mehr Fläche als heute. Im späteren Departement Nord hatten neun von zehn Familien nicht genug zur Selbstversorgung. Die Lage hatte sich seit der Mitte des 18. Jahrhunderts noch verschärft, weil die Bevölkerung erheblich gewachsen war, um drei Millionen ungefähr. Die Anzahl der Proletarier hatte zugenommen, und im Erbgang waren die Höfe durch Teilung kleiner geworden. Man kann am Ende des Ancien régime tatsächlich von einer Agrarkrise sprechen.

Seit 1764 und 1766, als der König Befreiung vom Kirchenzehnten und von bestimmten Steuern für Urbarmacher gewährt hatte, erfolgte der Ansturm zahlloser Bauern auf den Gemeindebesitz. Waldränder und Lichtungen wimmelten von Habenichtsen, die sich dort Notunterkünfte bauten, kultivierten, was und wo sie konnten, und Holz zum Verkauf und Kohlebrennen fällten. Auch in den Sumpfgebieten lebte eine armselige Bevölkerung von Fischfang und Torfstechen. In den Beschwerdeheften führen die Bauern heftig Klage über die Adligen und Pfarrer, die ihren Besitz selber bewirtschaften, und verlangen die Aufteilung der großen Höfe. In der Pikardie und im Hennegau wehrten sich die Großpächter, wenn die Grundeigentümer sie auswechseln wollten, mit äußerster Heftigkeit, bis hin zu Brand und Mord. Es ist also nicht weiter erstaunlich, daß manche

Gemeinden den Verkauf des Kronlandes und sogar eines Teils des Kirchenguts verlangten. Bezeichnend ist, daß das individuelle Eigentum niemals in Frage gestellt wurde. Auf dem Höhepunkt der Schreckenszeit werden zwar Güter einzelner Emigranten und wegen politischer Verbrechen Verurteilter verkauft, ja, man beschließt sogar, das Land der Verdächtigen zu beschlagnahmen, aber als eine Art Bestrafung der Feinde des Vaterlandes. Der Besitz der friedlich in Frankreich gebliebenen Adligen wird zu keiner Zeit angetastet; häufig war ihr Land ja auch an Bauern verpachtet. Der Pachtzins war allerdings im Laufe des 18. Jahrhunderts ungefähr auf das Doppelte, die Preise dagegen nur um durchschnittlich 65 Prozent gestiegen, und auch die Naturalpacht war für den Bauern ungünstiger geworden. Im allgemeinen stand dem Besitzer die Hälfte von der Ernte und vom Viehzuwachs zu, aber er setzte immer häufiger alle möglichen sonstigen Abgaben durch, ja sogar einen Zuschlag zur Pacht in bar. Das geschah vor allem, wenn er alle seine Pachthöfe an einen Generalpächter verpachtete, der seinerseits die *colons* oder Unterpächter schröpfte; im Bourbonnais, Nivernais und Beaujolais wurde darüber bitter Klage geführt. Doch trotz dieser Beschwernisse hätte der Geld- oder Naturalpächter nichts gewonnen, hätte er sein Pachtland gegen das kleine Stückchen Feld eingetauscht, das bei einer allgemeinen Aufteilung des Bodens auf ihn entfallen wäre, und natürlich hätten die grundbesitzenden Bauern dabei nicht mitgemacht.

Die Lasten des Bauern

Ohne zu vergessen, daß die Krise in der Landwirtschaft bedrängende Wirklichkeit war, muß man doch feststellen, daß bei der bäuerlichen Bevölkerung Einmütigkeit nur gegen diejenigen Belastungen herbeigeführt werden konnte, die ihr König und Aristokratie auferlegten.

Der Bauer war so gut wie alleiniger Zahler der *taille*, der Königssteuer, und nur er war der Rekrutierung zur Miliz durchs Losverfahren unterworfen. Nur er hatte Hand- und Spanndienste für Straßenunterhalt und Militärtransporte zu stellen. Trotzdem war er der Hauptleistende bei Kopfsteuer und örtlicher Ergänzungssteuer. Wirklich drückend aber waren die Verbrauchssteuern, vor allem die Salzsteuer, die den Salzpreis in einem großen Teil des Königreichs auf dreizehn Sous das Pfund trieb. Die Forderungen des Königs waren im 18. Jahrhundert ständig gewachsen, und die Hefte der ländlichen Gemeinden beschweren sich samt und sonders darüber, aber man weiß nicht, ob diese Forderungen angesichts des Preisanstiegs 1789 wirklich einen größeren Teil des Volkseinkommens abschöpften als ein halbes Jahrhundert zuvor. Es spricht allerdings manches dafür. Im wallonischen Flandern, einem Land mit Provinzialständen, das also relativ besser dran war, machte die Erhöhung der direkten Steuern allein seit dem Regierungsantritt Ludwigs XVI. an die 28 Prozent aus. Der Bauer verschonte den Bürger nicht bei seinen Anklagen, weil er merkte, daß das Einkommen aus beweglichem Eigentum nicht so belastet wurde wie das aus Grundbesitz, aber vor allem waren natürlich die Privilegien der Aristokratie Gegenstand seines Zorns.

Der Kirchenzehnte

Die königlichen Steuern machten die seit Menschengedenken geleisteten Abgaben an die Aristokratie nur noch schwerer erträglich. Der Geistlichkeit stand der Kirchenzehnte zu. Die Bezeichnung täuscht, denn bei aller Verschiedenheit nach Gegenden machte er niemals ein Zehntel der Ernte aus, weder bei den vier »großen Zehnten« (auf Weizen, Roggen, Gerste und Hafer) noch bei den »kleinen Zehnten« (auf sonstiges Getreide, Obst und Gemüse und einige Produkte der Viehzucht). Die Beschwerdehefte zeigen, daß der Zehnte bereitwilliger hingenommen worden wäre, wenn sein Ertrag nicht zum größten Teil den Bischöfen, Abteien und Kapiteln zugeflossen wäre oder gar den Grundherren, denen er »abgetreten« worden war (während der Pfarrer allenfalls den »kleinen Zehnten« behalten durfte), sondern, wie es eigentlich sein sollte, für Kultus, Pfarrkirche und Ortspfarrer verwendet worden, vor allem aber den Armen zugute gekommen wäre. Denn wenn der Bauer seinen Zehnten abgeliefert hatte, mußte er für diese trotzdem noch beinahe alle Aufwendungen tragen. Außerdem hatte der Zehnte den üblichen Nachteil aller Naturalsteuern: Der Zehnteinnehmer mußte ihn selber holen kommen; verspätete er sich, so konnte die Ernte unter Witterungsunbilden leiden. Außerdem fehlte den

Bauern das Stroh, ein wichtiger Grundstoff für den Stallmist, den einzigen Dünger, von dem er wußte, und der Zehnte hemmte die Fortschritte bei der Urbarmachung und beim Anlegen neuer Kulturen. Mit den steigenden Preisen für Agrarerzeugnisse stiegen auch die Zehnteinkünfte, die für 1789 mit brutto 120 Millionen veranschlagt wurden. Gerade in knappen Zeiten brachte der Zehnte viel Geld ein und fehlte den Bauern bei der Selbstversorgung; hinzu kam, daß der große Zehntempfänger von vornherein als preistreibender Spekulant galt.

Die Herrenrechte

Was sich aus der Lehnszeit erhalten hatte, war noch viel unbeliebter. Dabei gilt es zu unterscheiden zwischen dem, was »feudal«, und dem, was »herrenrechtlich« war. Lehnsrechtlich betrachtet waren die Ländereien Lehnsgüter, die eines vom andern abhingen und letztlich dem König gehörten. Sie waren einem besonderen Recht unterworfen, insbesondere dem Anerbenrecht des ältesten Sohnes, und bei jedem Eigentumsübergang verlangte der Lehnsherr von seinem neuen Vasallen oder »Lehnsmann« eine ausdrückliche Treueverpflichtung und die Bewertung des Lehens sowie eine Abgabe für diesen »Mannfall«. Soweit der Bauer kein Lehnsgut erworben hatte, was zumindest in Nordfrankreich selten der Fall war, interessierte ihn dies alles nicht. Andernfalls entrichtete er als Nichtadliger an den König ebenso wie ein lehenbesitzender Bürger eine besondere Abgabe, die »Lehensbefreiung«.

Von den Lehnsgutbesitzern waren manche Herren über die zu ihrem Besitz gehörenden Menschen. Das wichtigste Charakteristikum dieser Herreneigenschaft war die hohe und niedere Gerichtsbarkeit. Zur hohen gehörte auch das Recht über Tod und Leben, aber es war ein rein formales, weil jedes Todesurteil vom Parlament bestätigt werden mußte. Dem hohen Gerichtsherr standen die »gemeine Polizei« und die Untersuchung im Strafverfahren zu, doch er legte keinen großen Wert darauf, weil sie ihm nichts einbrachten; 1772 hatte der König ihm sogar die Möglichkeit eröffnet, sich diese Kosten vom Halse zu schaffen, indem er die Beschuldigten einfach den königlichen Gerichten übergab. Dagegen waren die Zivilprozesse und die niedere Gerichtsbarkeit, zu der die »Flurpolizei« gehörte und die in allen die Herrenabgaben betreffenden Sachen entschied, von großem Wert; im letzteren Falle entschied ja der Grundherr durch seine Richter in eigener Angelegenheit. Selbst wenn sie kein »einträgliches Recht« gewesen wäre, hätte er seine Gerichtsbarkeit mit Nachdruck verteidigt, weil sie das Symbol seiner gesellschaftlichen Überlegenheit war. Es waren viele Ehrenrechte damit verbunden: die wappengeschmückte Kirchenbank, die Darreichung von Weihwasser und geweihtem Brot, die Beisetzung im Chor der Kirche, der Galgen auf der höchsten Erhebung des herrschaftlichen Grundes, etliche, zuweilen demütigende Frondienste, die dem Bauern seine Untertänigkeit deutlich machten.

Außerdem verbanden die Juristen eine Reihe lohnender Rechte mit der Herreneigenschaft: das ausschließliche Recht zur Ausübung von Jagd und Fischfang, zur Taubenhaltung und Wildeinzäunung, zur Erhebung von Marktabgaben, ferner das Eichrecht an Maßen und Gewichten, Brücken- und Wegezölle, Turmwache und Schloßwache, persönlicher Herrendienst, vor allem aber das Recht der Festsetzung des ersten Ernte- und Weinlesetages sowie das Schankrecht. Dazu gehörte der »Weinbann«, der dem Herrn während einer bestimmten Zeit das alleinige Recht zum Verkauf des neuen Weins vorbehielt, außerdem die Verpflichtung der Rechtsschuldner, sich gegen Gebühr seiner Mühle, seines Backofens, seiner Kelter zu bedienen: diese einträglichen Monopole ließen sich gut verpachten. An der Gerichtsbarkeit hing auch das Eigentum an den Straßen und Wegen, außer den königlichen Straßen, und damit das Recht, dort Bäume zu pflanzen, von dem im 18. Jahrhundert in manchen Provinzen wie Flandern, Artois und Anjou in der Weise kräftig Gebrauch gemacht wurde, daß man an allen öffentlichen Wegen in den Feldrain der Bauern hineinpflanzte. Hinzu kamen für den Grundherrn in seiner Eigenschaft als Gerichtsherr in vielen Dörfern noch die verschiedensten persönlichen Frondienste und Abgaben in Geld oder Naturalien für jeden ortsansässigen Bewohner.

Von diesen eigentlichen Herrenrechten sind die realen oder »dinglichen« Rechte zu unterscheiden, die man so nannte, weil sie nicht an Personen, sondern an den Boden gebunden waren. Alle Besitzer von Lehnsgütern, ob adlig oder nicht, erhoben sie, weil sie ihr Gut nicht bewirtschafteten (abgesehen von einer Reserve oder »Umschwung«, bestehend aus dem Schloß und einem Park, einigen Wiesen, Wäldern und den gegen Geld oder

Naturalien verpachteten Höfen). Der ganze Rest des Lehens befand sich in den Händen von Hintersassen, deren Anspruch auf das Land nicht nur erblich war, sondern auch veräußert werden konnte: sie waren die eigentlichen grundbesitzenden Bauern. Nur theoretisch behielt der Lehnsgutinhaber das Obereigentum an diesem Land; es galt als dem Bauern auf Dauer überlassen, gegen Abgaben, die ein für allemal festgelegt waren und nur mit Zustimmung des Grundherrn abgelöst werden konnten. Es gab zwei Arten von Abgaben: Die jährlichen Renten konnten aus einem meist sehr geringen Geldbetrag bestehen, sie konnten aber auch in natura zu leisten sein und waren dann, angesichts der gestiegenen Lebensmittelpreise, natürlich sehr viel mehr wert. Auf Ackerland konnte die Naturalabgabe auch eine Art Zehnter zu einem feststehenden Satz sein. Die anderen Realabgaben waren fallweise zu leisten: sie fielen bei jedem Eigentumsübergang durch Erbfall oder Veräußerung an. Sie waren außerordentlich hoch und betrugen mindestens ein Achtel, in manchen Fällen bis zur Hälfte des Hofwertes. Die Leibeigenen hatten darüber hinaus noch die schon erwähnten besonderen Belastungen zu tragen.

Die »feudale Reaktion«

Im Laufe des 18. Jahrhunderts war auch die Inanspruchnahme durch den Grundherrn immer drückender geworden. Da Philosophen und Nationalökonomen das System kritisiert hatten, war es allen Herren nur um so notwendiger erschienen, ihre Rechte bestätigt zu sehen, indem sie die Grundbücher auf den neuesten Stand bringen ließen und ihre Ansprüche ausnahmslos geltend machten. Immer häufiger verpachteten sie ihre Rechte, und die Einnehmer, die sie teuer erworben hatten, waren unerbittlich beim Eintreiben, ließen alte, längst vergessene Rechte wieder aufleben oder maßten sich unberechtigte Ausweitungen an. Bei Einsprüchen gaben die grundherrliche Gerichtsbarkeit und die Parlamente den Bauern immer unrecht. Doch die eigentliche Herausforderung, mit der man die Bauern zu wütender Verzweiflung trieb, war die Beeinträchtigung ihrer gemeinschaftlichen Rechte, denn da sie nicht genügend Ackerland hatten, hing ihre Existenz von ihnen ab.

Die gemeinschaftlichen Rechte der Bauern

Die Brache, also ein Drittel oder die Hälfte der landwirtschaftlich genutzten Fläche, und dazu die Gründe, die nur in großen Zeitabständen bestellt wurden, waren ihrer Bestimmung nach gemeinschaftlich, und jeder, oder zumindest jeder Grundbesitzer, durfte sein Vieh darauf weiden lassen. Nach der Ernte wurde auch das übrige Land gemeinschaftliches Gut, und die Wiesen galten nach dem ersten oder zweiten Schnitt, je nach Gegend, als Freiweide. Oft hatte das Dorf einen gemeindlichen Viehhüter, der alle Tiere des Ortes weidete. Deshalb blieben Felder und Grünflächen offen. Außer in den Gegenden mit Dreifelderwirtschaft erlaubte das Gewohnheitsrecht dem Besitzer, fremdes Vieh durch einen Zaun auszusperren, doch er machte von diesem Recht selten Gebrauch, weil ein Zaun teuer war, vor allem aber, weil er damit den Zorn der Bauern erregte. Eine weitere Möglichkeit für den armen Mann bot die Allmende, das freie Gemeindeland, das vor allem in Westfrankreich und in den Bergen nach wie vor unermeßlich groß war. Auch im Wald konnte der Bauer sein Vieh weiden lassen, Holz sammeln, Bäume fällen für Bau oder Reparatur seines Hauses und seiner Ackergeräte, und zum Heizen. Nach der Ernte durften Ähren gelesen und die Stoppeln geschnitten werden, die wegen des so gut wie ausschließlichen Gebrauchs der Sichel sehr hoch stehengeblieben waren. Die Nationalökonomen verurteilten diese Gemeinschaftsrechte, weil sie dem Fortschritt der Kulturtechniken im Wege standen, und die Großgrundbesitzer, zumeist der Aristokratie angehörend, teilten ihre Meinung. Schon waren die Wälder, abgesehen von den Gemeindeforsten, nach und nach für die Bauern unzugänglich geworden, seit Colbert 1669 seine Verordnung über Gewässer und Wälder erlassen hatte. Im Laufe der zweiten Hälfte des 18. Jahrhunderts gestattete die königliche Verwaltung in etlichen Provinzen das Einzäunen und die Aufteilung der Allmende. Überall war die Aristokratie die große Nutznießerin. Sie verhinderte die Freiweide auf ihrem Land, schickte aber das eigene Vieh weiterhin auf die Felder der Bauern. Da bei der Allmende den Hintersassen nur der Nießbrauch zustand, erkannten die Juristen den Grundherren das Obereigentum daran zu. Prompt wurde sie von ihnen aufgeteilt und mindestens zu einem Drittel beansprucht.

Die Beschwerden der Bauern

Viele Hefte beschweren sich bitter über solche Rechtsveränderungen und Anspruchsausweitungen durch den Grundherrn. Sie betonen, welchen Schaden Jagd-, Taubenhaltungs- und Wildeinzäunungsrecht für den Ackerbau bringen, weil es keine präzisen Bestimmungen und vor allem keine Einspruchsmöglichkeit gibt. Die Naturalabgaben werden kritisiert, ebenso wie beim Zehnten. Die Hefte weisen auch auf die drückende Gesamtbelastung durch die verschiedenen Abgaben hin und ziehen den Vergleich mit den königlichen Steuern, die insgesamt weniger ausmachten. Seltener werden konkrete Maßnahmen wie der Wegfall besonders lästiger Ansprüche oder die Möglichkeit der Ablösung von Abgaben durch Geld vorgeschlagen. Das System wird niemals grundsätzlich in Frage gestellt, aber man muß bedenken, daß die Bauern nicht alles gesagt haben, was sie auf dem Herzen hatten, und daß die Bürger, die den Vorsitz führten, hinsichtlich der Herrenrechte oft zögerlich waren, weil das ein Eigentum war, weil schon viele Bürger welche erworben hatten und weil andere als Richter und Beamte der Herren tätig waren. Man ahnt, worauf die Bauern eigentlich hinauswollten, wenn die Hefte fordern, das Originaldokument, aus dem der Abgabenanspruch im Austausch gegen die Lehnsguthergabe hervorgeht, solle vorgelegt werden, andernfalls sei der Anspruch als erloschen anzusehen: Der Bauer betrachtete sich offensichtlich als den einzigen rechtmäßigen Eigentümer und sah für die Herrenrechte bis zum Beweise des Gegenteils keine andere Grundlage als die der Gewalt. Gelegentlich kommt es in den Heften denn auch zu einer Äußerung des lange aufgestauten Grolls gegen die Herren, diese »Blutsauger«.

Man darf allerdings nicht meinen, die Herrenrechte seien von einem Ende des Königreichs zum anderen in gleicher Weise ausgeübt worden und die Bewohner aller Gemeinden seien gleichermaßen damit belastet gewesen. In manchen Provinzen wie der Franche-Comté und der Bretagne waren sie sehr drückend, in anderen wie in Seeflandern vergleichsweise erträglich. Auch in dieser Hinsicht war Frankreich von unendlicher Vielfalt. Es hatten nicht einmal alle Bauern das gleiche Interesse an der Abschaffung des Kirchenzehnten und der Herrenrechte: Die Grundeigentümer unter ihnen profitierten ja davon. Zweifelsfrei fest steht nur, und die Erfahrung hat es bewiesen, daß sie diese einmütig und heftig ablehnten, viel heftiger als die Steuern für den König. Gegen die Aristokratie hatten die Bauern viel mehr Grund zur Klage als die kleinen Leute in der Stadt, und es lag nahe, daß sie es übernahmen, ihr den Todesstoß zu versetzen.

Die Einberufung der Generalstände und die Verschwörung der Aristokraten

Der Haß der Bauern auf die Grundherren war nichts Neues. Die Geschichte Frankreichs kennt viele Bauernaufstände, *jacqueries*. Auch im 18. Jahrhundert hat die Eintreibung der Abgaben mehr als einmal zu Ausschreitungen geführt und vor allem zu unzähligen Prozessen, die von den Bauern mit erstaunlicher Sturheit durchgehalten wurden. Daß sie sich aber 1789 überall erhoben, erklärt sich vor allem aus der Einberufung der Generalstände. Man kann sich das Echo auf dem Lande gar nicht stark genug vorstellen. Die Nachricht bedeutete, so jedenfalls legten es sich die Bauern zurecht, daß der König sie zum Vorbringen ihrer Beschwerden aufforderte, weil er ihnen nachgehen wollte. Und wenn die Dinge nicht gut stehen, so doch deshalb, weil sie zuviel zahlen müssen, an den König selber, gewiß, vor allem aber an den Kirchenzehnteneinnehmer und an den Herrn. Die unzweifelhaft gute Absicht des Königs wird von ihnen schon als die vollendete Tat angesehen; jedenfalls handelt man, wenn man sie vorwegnimmt, sicher ganz im Sinne des Königs. Der »Leutnant«, Vertreter des Königs in der Vogtei Saumur, berichtet denn auch, die schlimmste Auswirkung der Einberufung der Generalstände sei wohl, daß die Wahlversammlungen in den Landgemeinden glaubten, sie seien mit souveräner Macht ausgestattet, und daß die Bauern meinten, sie seien fortan von der Leistung der Herrenabgaben frei. Von überallher im Reich kommt im Laufe dieses Frühjahrs die alarmierende Meldung: Die Bauern bekunden ihre Entschlossenheit, bei der nächsten Ernte nichts mehr abzugeben oder zu zahlen. Die Klassensolidarität erweist sich als sehr stark. In Chatou nehmen sich die Bauern bei Ausschreitungen einen der Ihren vor, der ihnen verdächtig erscheint: »Bist du vom Dritten Stand?« Und als er verneint, erklärt man ihm: »Das werden wir dir schon zeigen!« Die Unruhen auf dem Lande sind noch viel mehr als die in der Stadt Massenbewegungen.

Gleichzeitig setzt sich die Vorstellung von der »Aristokratenverschwörung« durch, und zwar auch stärker als bei den Bürgern, weil die Bauern aus fast tausendjähriger Erfahrung wissen, daß die Lehnsrechte in den Augen des Grundherrn unantastbar sind: seine gesellschaftliche Vorrangstellung und seine Einkünfte hängen daran. Es ist also ganz unvorstellbar, daß er nicht alles tun wird, um den »lieben König« zu hintergehen und, sollte ihm das nicht gelingen, um den Dritten Stand mit Waffengewalt niederzuhalten. Die Untätigkeit der Generalstände und die Tatsache, daß sie sich über alles ausschweigen, was die Bauern wirklich interessiert, wird der »Verschwörung« zugeschrieben, und wenn dann von gewaltsamem Durchgreifen die Rede ist, wer könnte daran noch zweifeln? Hört man schließlich, daß der König beim Besuch in seiner aufrührerischen Hauptstadt den Widerstand gebilligt hat, der die Anstrengungen der Aristokratie zum Scheitern brachte, wer sollte da noch an Zurückhaltung denken? Bei den Unruhen, die jetzt ausbrechen, werden die Bauern stets versichern, sie handelten nach dem Willen des Königs, und es werden sogar angebliche königliche Befehle weitergesagt.

Die Städte, das heißt das Bürgertum, haben ganz offenkundig zur Entstehung und Verbreitung dieser kollektiven Mentalität beigetragen. Es gab ja Kontakte genug zwischen Städtern und Landleuten. Der Hauptansteckungsherd war der Markt: Mindestens einmal pro Woche kam der Bauer dort hin, und so erfuhr er, was es Neues gab, konnte mit den kleinen Leuten aus der Stadt Beziehungen knüpfen und sich ihre Aufstände zum Vorbild nehmen.

Die Wirtschaftskrise

Auch für das Land gilt wie für die Stadt: Ohne die Erregung durch die Einberufung der Generalstände wäre eine Erhebung der Bauern unvorstellbar. Die Wirtschaftskrise hat dann die Stimmung heftig angeheizt, ebenso wie die Furcht vor der Aristokratenverschwörung. Die große Masse der Landbevölkerung litt, so überraschend das klingen mag, unsäglich unter der Lebensmittelknappheit, eben weil die meisten Bauern keine vollen Selbstversorger waren und nach jeder schlechten Ernte die Anzahl derer, die nicht genug zu essen hatten, mit dem Fortschreiten des Jahres zusehends wuchs. Sie gingen zum Kornkaufen auf den nächstgelegenen Markt, beteiligten sich an Ausschreitungen, die sie sehr erregten, und trugen den Keim zu Unruhen und Unsicherheit in ihre Dörfer. Auch auf dem Lande selber zögerten sie nicht mehr, Kornfuhren anzuhalten, so daß im Laufe des Sommers von Ruhe und Ordnung nirgends mehr die Rede sein konnte. Über die Ursache des Übels und die Abhilfe waren sie sich mit dem Volk in den Städten einig: Die staatliche Reglementierung war für sie das Allheilmittel, der hortende Spekulant der Feind.

Teure Zeit bedeutete auf dem Dorf zugleich Arbeitslosigkeit. Diese Krankheit war endemisch, weil der Tagelöhner im Winter ohnehin kaum etwas zu verdienen fand. War das Korn knapp, erging es ihm auch im Sommer nicht anders, weil die Bauern schon ihre Knechte nur mit Mühe durchbrachten und möglichst wenig zusätzliche Kräfte beschäftigten. Andererseits schlug die Krise im Gewerbe, von der Agrarkrise ausgelöst, aufs Land zurück, weil sehr viele Kleinbauern in der Arbeit für Händler in der Stadt ein Zusatzeinkommen fanden. Arbeitslosigkeit und Teuerung ließen außerdem die Scharen der Bettler anwachsen, von denen es ohnehin nur allzu viele gab, und der Bauer hatte sie mehr zu fürchten als der Städter, weil er ihrer Rache ausgeliefert war, wenn er sie abwies: Sie schlugen ihm die Obstbäume ab, verletzten sein Vieh, legten Feuer an seine Strohschober oder sein Haus. Im Frühjahr 1789 tauchten überall organisierte Bettlerbanden auf, die von Hof zu Hof zogen, bei Tag und bei Nacht, und mit heftigen Drohungen auftraten. Die Angst vor Räubern und Banditen verließ den Bauern nie, doch diesmal war sie besonders groß, weil sie das unreife Korn abschneiden oder zertrampeln konnten. Die Obrigkeit konnte die Gefahr nicht leugnen und erlaubte den Bauern widerstrebend, ja, ordnete mancherorts sogar an, Wachen aufzustellen und ließ Waffen für diesen Zweck ausgeben. So kommt es lange vor dem 14. Juli schon zu örtlichen Panikreaktionen, die in der Stadt ihr Echo finden. Wie für die Bürger stehen auch für die Landbewohner alle verbrecherischen Elemente im Solde der Aristokratie, ebenso wie die fremden Truppen, und diese unterstellte Komplizenschaft hat die Angst vor Räubern und Banditen auf die ganze Nation übertragen und ihr soziale und politische Sprengkraft gegeben.

Die Wirtschaftskrise hat demnach eine zweifache revolutionäre Wirkung gehabt: Einerseits hat sie den Bauern gereizt und verständlicherweise vor allem gegen den Zehnteinnehmer und den Grundherrn aufgebracht, die ihm mit den Abgaben einen Teil seiner Lebensgrundlage nahmen, andererseits hat sie die Anzahl der gänzlich Mittellosen vergrößert und damit ein Klima der Unsicherheit geschaffen, das letzten Endes der Verschwörung der Aristokratie angelastet wurde.

Die Unruhen auf dem Lande

So wie die Furcht nicht erst nach dem 14. Juli aufkam, hat auch der Bauer, um rebellisch zu werden, durchaus nicht erst auf das Vorbild der Hauptstadt gewartet. Ihm reicht die Anschauung dessen, was in der nahen Marktstadt geschieht, und selbst darauf kann er verzichten. Schon Ende März haben sich wegen der Brotteuerung die kleinen Leute in Toulon und Marseille erhoben, und die Bewegung ist sofort fast auf die gesamte Haute-Provence übergesprungen; am 20. April stehen die Dörfer im Tal der Avance, bei Gap, gegen ihre Herren auf. Am 6. Mai ist Aufstand in Cambrai, und gleich ist der ganze Cambrésis in Erregung und steckt auch die Pikardie an. In der Umgebung von Paris und Versailles organisieren die Bauern das systematische Abschlachten des Wilds, bedienen sich im Forst nach Herzenslust und schießen auf die Waldhüter.

Doch die große Erschütterung durch den 14. Juli hat natürlich entscheidende Wirkung. Vier Aufstände waren die unmittelbare Folge. Einer brach in der Normandie los. Im Süden der Provinz hatte es ohnehin immer wieder Zwischenfälle auf den Märkten gegeben; in Falaise waren sie am 17. und 18. Juli besonders heftig. Die Patrioten von Caen besetzten wenig später das Schloß, und vom 22. Juli an breitete sich der Bauernaufstand, südlich von Falaise entstanden, nach Westen bis Noireau und nach Süden über die Mayenne aus und dauerte bis zum 6. August. Im Norden konnten Pikardie und Cambrésis, wo jetzt starke Militäreinheiten lagen, nicht aktiv werden, doch die Klöster im Scarpe-Tal und südlich der Sambre wurden angegriffen. Viel heftiger war die Erhebung in der Franche-Comté. Am 19. Juli war der Schloßherr von Quincey bei Vesoul schon geflohen, so daß sein Verwalter die Bauern, die den Sonntag ausnutzten, um die Eroberung der Bastille zu feiern, empfing und ihnen zu trinken geben ließ. Als am Abend der Wein zur Neige ging, legte ein Bauer beim Suchen in einem Vorratsraum versehentlich Feuer an ein dort abgestelltes Pulverfaß. Die Explosion forderte mehrere Tote und Verletzte. Sofort hieß es, das sei ein Hinterhalt, und der Zwischenfall fand in ganz Frankreich, ja sogar in der Nationalversammlung gewaltigen Widerhall. Am Tag darauf stand das Schloß in Flammen, und in den folgenden wurden an die dreißig weitere Schlösser nördlich und südlich des Doubs verwüstet oder angezündet. In der Umgebung von Belfort sorgte die Garnison für Ruhe und Ordnung, doch weiter östlich, im Oberelsaß, entstand zwischen dem 25. und 30. Juli ein neues Zentrum der Gärung. Schließlich erreichte die Aufstandsbewegung am 26. Juli auch Igé bei Mâcon, und am Tag darauf war das ganze Weinland in Bewegung, die Schlösser wurden geplündert und angesteckt. Am 29. Juli scheiterte ein Sturm auf Schloß Cormatin und die Abtei von Cluny, doch die Bewegung breitete sich weiter nach Süden aus und erfaßte auch das Beaujolais.

Der Aufruhr ist vor allem gegen die Aristokratie gerichtet. Eines der Hauptziele der Bauern ist das Erzwingen eines Verzichts auf die Herrenrechte, vor allem aber die Vernichtung der Archive mit den Urkunden, aus denen diese Rechte abgeleitet werden. Tätlichkeiten gegen Personen kommen selten vor, und obwohl von »Mord« die Rede ist, wird kein Todesfall gemeldet. Zugleich erkennt man die Feindseligkeit des Bauern gegen alle Neuerungen, die seine Existenz bedrohen: Zäune werden niedergerissen, die Freiweide wieder in Anspruch genommen, die aufgeteilte Allmende der Gemeinschaft zurückgegeben, die Wälder gestürmt. So kommen auch die Bürger nicht ungeschoren davon. Mancherorts wird eben auch der Großpächter belästigt und geschröpft. Im Elsaß haben besonders die Juden zu leiden, und so kommt es an etlichen Orten zu einer Annäherung von Adel und Bürgertum, von neuen städtischen Ausschüssen und Behörden des Ancien régime, besonders auffallend im Mâconnais, wo die Bürgermilizen durch die Dörfer ziehen, um Ruhe und Ordnung wieder herzustellen; die Ausschüsse von Tournus, Cluny und Mâcon bildeten Sondertribunale und ermunterten die Vogteigerichte: 33 Aufrührer wurden aufgehängt. Der passive Widerstand gegen die Entnahme des Zehnten und der Naturalabgaben für den Grundherrn aus der in Gang befindlichen Ernte allerdings ließ sich nicht brechen – es gab nur, wer wollte. Und hinzu kam, daß fast zur gleichen Zeit die »Große Furcht« der Bewegung eine unwiderstehliche Kraft verlieh.

Die Große Furcht

Die Massenerscheinung der *Grande Peur* ist aus örtlichen Panikunruhen entstanden, von denen zwei unmittelbar mit der politischen Krise zusammenhängen: In Nantes verbreitete sich am 29. Juli das Gerücht, die Dragoner seien im Anmarsch; in Visargent bei Lons-le-Saunier hielt man am 23. Juli die Nationalgardisten, die zu einer Durchsuchung aufs Schloß zogen, aus der Ferne für eine Räuberbande, was durchaus verständlich ist, weil um diese Zeit in der Franche-Comté die Unruhen in vollem Gange waren. In den anderen Fällen spielte die Angst vor Landstreichern, entstanden aus den wirtschaftlichen und sozialen Umständen, die ausschlaggebende Rolle. Am 24. Juli sehen die Leute südlich des Städtchens Romilly in der Champagne Gestalten aus dem Wald kommen und verfallen in Panik, in Estrées-Saint-Denis, nicht weit von Clermont im Beauvaisis, bekommen es Schnitter auf dem Felde am 26. aus dem gleichen Grunde mit der Angst, ebenso in Ruffec am 28., und die »Furcht« in der Provinz Maine ist wahrscheinlich aus einem ähnlichen Vorkommnis in der Nähe des Waldes von Montmirail entstanden. Wenn man bedenkt, daß im Wald eine vielköpfige Bevölkerung von Holzfällern und Köhlern lebte, halbwilde, gefürchtete Gestalten, ist man über die Rolle, die die Furcht bei diesem Anlaß gespielt hat, nicht weiter erstaunt.

Die örtlichen »Furchtanfälle« hatten sich schon früher ziemlich weit ausgebreitet. Bezeichnend für die Große Furcht ist die Tatsache, daß diese sechs Paniken, die man als die auslösenden bezeichnen kann, zu Bewegungen führten, von denen sich einige über Hunderte von Kilometern verfolgen lassen; sie erfaßten ganze Provinzen. 1703 im Languedoc und in der Guyenne, 1848 in der westlichen Normandie, zuvor in England nach der Revolution von 1688 haben Paniken auch über große Entfernungen ansteckend gewirkt; doch die Große Furcht von 1789 läßt sich mit nichts vergleichen, sie hat den größten Teil Frankreichs erfaßt. Von Estrées-Saint-Denis breitete sich die Panik in den Norden bis nach Flandern aus, zum Meer zwischen der Bray im Nordwesten der Ile-de-France und der Somme, nach Süden bis Paris und ins Marnetal. Von Maizières-la-Grandeparoisse südlich Romilly gelangte sie nach Norden bis Châlons, ins Gâtinais um Orléans im Westen und die Seine hinunter von Süden her nach Paris, mit einer anderen Verzweigung durch Burgund bis Dijon, am Allier hinauf in die Auvergne. Von den östlichen Teilen der Provinz Maine ging die Furcht hinüber bis in die Bretagne, erregte die Normandie von Caen bis zur Seine und drang hinunter an die Loire zwischen Blois und Tours. Die Panik von Nantes blieb auf den Poitou beschränkt, die der Franche-Comté dagegen erreichte die Provence, und die von Ruffec nicht nur die Pyrenäen, sondern auch den größten Teil des Zentralmassivs.

Die Furcht ist von Leuten jedes Standes weitergetragen worden. Zunächst rechtfertigen die Flüchtenden ihre Angst, indem sie einander mit Gruselgeschichten überbieten, zumeist sind es Bürger, Priester und Mönche; die Postkuriere folgen ihrem Beispiel; dann schicken viele ihre Diener aus, um ihre Freunde zu warnen: Pfarrer, Amtspersonen, Adlige machen sich gegenseitig nervös. Selbst königliche Beamte und die Gendarmerie lassen sich mitreißen. Man hat ja keine Möglichkeit zur Nachprüfung, und überdies machen sich die Ungläubigen geradezu verdächtig. Vielleicht erklärt sich die Tatsache, daß die Große Furcht manche Gegenden verschonte, aus der Kaltblütigkeit weniger unbekannt gebliebener, verantwortungsbewußter Männer.

Die Nachricht vom Herannahen der Räuber führt unterwegs zu weiteren Tumulten in den Dörfern, die als »Ankündigungspaniken« die Verbreitung beschleunigen: sie sind dem Volk der jeweiligen Gegend in Erinnerung geblieben und erschweren den Zugang zum Verständnis der allgemeinen Erscheinung. Und ist die Erregung weitergezogen, genügt anschließend der kleinste Zwischenfall, schon ist die Furcht wieder da; solche »Relais« geben sie weiter, in der Dauphiné sogar in verschlimmerter Form: Die in panischem Schrecken herbeigeströmten Bauern blieben beisammen und verbrannten und zerstörten die Schlösser, so daß durch ein besonders mächtiges »Relais« die Furcht von der Franche-Comté bis ans Mittelmeer gelangte.

Eine solche Ausbreitung war nur durch die Zustände auf dem Lande möglich, wo alle mit der Furcht vor »Räubern« aufgewachsen waren und der politische und soziale Konflikt eine Verschwörung der Aristokratie glaubhaft machte, als deren Werkzeug die »Räuber« geradezu erwartet wurden.

Als man merkte, daß die »Räuber« nur in der Einbildung existiert hatten, waren sich alle Zeitgenossen einig, dann sei eben die Furcht vorsätzlich geschürt worden, um die Menschen in Unruhe zu versetzen. Die Revolutionäre behaupteten, die Adligen hätten darin eine Möglichkeit erblickt, ihnen das Regieren unmöglich zu machen, indem sie die Anarchie entfesselten, doch da sich die Große Furcht gegen die Adligen selbst wendete, fand diese Version keinen Anklang. Die Aristokratie wiederum war überzeugt, die Revolutionäre seien die Schuldigen; sie hätten auf diese Weise das Volk bewaffnen und zum Aufruhr treiben wollen, das sonst nur allzu gerne friedlich und gleichgültig geblieben wäre. Noch heute wird behauptet, die Furcht sei fast auf den Tag und die Stunde überall gleichzeitig ausgebrochen und durch mysteriöse Boten in Gang gesetzt worden. In Wirklichkeit ist sie nicht überall in Frankreich zu beobachten; die Bretagne, der Untere Languedoc, Lothringen und Elsaß, der Hennegau und die Normandie östlich der Seine sind gar nicht betroffen gewesen, und ferner viele Gegenden nicht, wo die Bauern sich schon früher erhoben hatten. Sie hat auch durchaus nicht überall am gleichen Tag begonnen, sondern ist vom 20. Juli bis 6. August zu beobachten. Vor allem aber geben die Dokumente in vielen Fällen genaue Auskunft darüber, wer sie verbreitet hat.

Ganz unbestreitbar hat die so falsch getaufte »Große Furcht« eine heftige Reaktion der Selbstverteidigung hervorgerufen und die Bauern dazu bewogen, sich zusammenzutun und zu bewaffnen. In der Dauphiné hat sie eine echte Bauernrevolte zur Folge gehabt, und überall hat sie die feindselige Einstellung gegenüber der Aristokratie verstärkt; zwei Adlige sind ermordet worden, der eine in Ballon bei Le Mans, der andere in Le Pouzin bei Privas an der Rhône. Doch sie hat den Aufstand der Bauern nur sehr verstärkt, nicht überhaupt bewirkt: sie waren schon aufgestanden.

V. Die Nacht des 4. August und die Erklärung der Menschen- und Bürgerrechte

1. Das Vorhaben einer Erklärung der Rechte und die Privilegien

Während sich die Revolution des Volkes ausbreitete, waren die Debatten in der Nationalversammlung ohne entscheidendes Ergebnis weitergegangen. Delegationen aus dem ganzen Lande verlangten Gehör, »Adressen« wollten verlesen sein – man überlegte, wie man Ruhe und Ordnung schaffen könnte, konzentrierte sich aber auf nichts. Der am 14. Juli gewählte Verfassungsausschuß prüfte die Entwürfe für Rechteerklärungen und Verfassungen, deren es immer mehr wurden: nach La Fayette hatten inzwischen auch Sieyès, Target, Mounier und andere ihre Vorschläge eingereicht. Schließlich, am 27. Juli, verlasen Champion de Cicé und Mounier ihre ersten Berichte, und Clermont-Tonnerre fügte eine Zusammenfassung der einschlägigen Passagen aus den Beschwerdeheften hinzu. Jetzt begann überhaupt erst die Auseinandersetzung um die Frage, ob eine »Erklärung« grundsätzlich angebracht sei. Die meisten Patrioten und der liberale Adel waren nachdrücklich dafür; sie beriefen sich auf das Vorbild der Amerikaner und verwiesen vor allem darauf, daß es für die Unterrichtung des Volkes über die Prinzipien der neuen Ordnung unbedingt erforderlich sei, einen »nationalen Katechismus« zu schaffen, wie Barnave es nannte. Der entgegengesetzte Standpunkt wurde nicht nur von Privilegierten vertreten, sondern auch von einigen Abgeordneten des Dritten Standes, besonders beredt von Biauzat aus Clermont-Ferrand; etliche leugneten die Existenz »natürlicher Rechte« und wollten nur die positiven, vom Gesetz geschaffenen Rechte anerkennen, doch die meisten Gegner hielten sich an ganz realistische Argumente: natürliche Rechte gebe es zweifellos, doch das Gesetz müsse ihnen Grenzen setzen; wenn man sie allgemein und philosophisch formuliere, würde sich das Volk dann nicht darauf berufen, um die Einschränkungen, die ihm die Versammlung auferlegen würde, anzufechten? Es sei besser, die »Erklärung« erst dann zu schaffen, wenn die Verfassung vollendet sei, damit man die beiden Texte aufeinander abstimmen könne, meinte vor allem Mirabeau. Die Frage wurde erst am Vormittag des 4. August entschieden: Die Versammlung beschloß, als erstes eine Erklärung der Menschen- und Bürgerrechte zu verabschieden.

In diesen ganzen Tagen waren nur allgemeine politische oder

philosophische Argumente vorgebracht worden, ohne jede Konkretisierung, so daß die Berichte von der Diskussion oft den Eindruck entstehen lassen, sie habe in einer Akademie für Staatsrecht stattgefunden. Keine Anspielung auf die Privilegien oder auf die Unterteilung der Franzosen in drei Stände, keine Erwähnung der Vorrechte des Königs, kein Wort, außer in der Rede von Malouet, über die Gefahr, daß die Erklärung eines Tages gegen die Herrschaft des Bürgertums gewendet werden könnte. Dabei war jedem Redner mindestens eine dieser Erwägungen präsent, und sie bestimmte sein Verhalten. Für die Mehrheit der Versammlung war natürlich die Abschaffung der Stände und der Privilegien der Angelpunkt des ganzen Vorhabens.

Die bloße Vereinigung der drei Stände hatte ja deren Auflösung durchaus nicht präjudiziert, ebensowenig wie die am 16. Juli von einer Minderheit des Klerus ausgesprochene Zustimmung zur Aufgabe seiner Steuerprivilegien. Der Adel war diesem Beispiel bisher auch noch nicht offiziell gefolgt. Am 8. Juli hatte bei der Beseitigung der imperativen Mandate ein Adliger ausgerufen, das bedeute die Abschaffung der Stände, was ein deutlicher Hinweis darauf war, daß sie durchaus noch nicht als abgeschafft angesehen wurden, und noch am 10. August wollte der Marquis von Thiboutot aus der Normandie unbedingt eine Rede verlesen, in der er die Ehrenrechte der Herren und die Sonderrechte der Lehnsgüter verteidigte; er erklärte, der Adel billige den Verzicht durch einige seiner Mitglieder durchaus nicht und lege Wert auf die Aufrechterhaltung »der Vorrechte, die ihn auszeichnen«. Champion de Cicé und Clermont-Tonnerre hatten noch am 27. Juli von der Schaffung eines Oberhauses gesprochen, wobei sie allerdings die Frage offenließen, ob es allein den beiden privilegierten Ständen vorbehalten sein sollte.

So lag den Aristokraten daran, die »Erklärung« zu vertagen: War die Gleichheit der Rechte erst einmal verkündet, würde man sich anschließend darauf berufen und die Privilegierten mit der übrigen Nation gleichstellen; andernfalls würde es ihnen vielleicht doch gelingen, einige ihrer Vorrechte zu behalten. Am 29. Juli, als gerade über die endgültige Geschäftsordnung der Versammlung debattiert wurde, ließen sie bei einer scharfen Auseinandersetzung über die Definition der Mehrheit ihre Hintergedanken erkennen: anstelle der absoluten Mehrheit, also der Hälfte der Stimmen plus einer, verlangte Lubersac, Bischof von Chartres, die Zweidrittelmehrheit für die Aufhebung »bestehender und althergebrachter Gesetze«. Wäre er damit durchgekommen, hätte der Adel hoffen dürfen, die erforderlichen gut dreihundert Stimmen zusammenzubringen, um die Abschaffung der Stände und der Privilegien zu verhindern, ganz abgesehen von der Steuerfrage. Je länger sich die Diskussion über den Grundsatz einer ›Erklärung‹ hinzog, um so klarer wurde es den ungeduldig werdenden Patrioten, daß ihre Gegner eine Verschleppungstaktik anwendeten.

Und das war noch nicht alles. Sie bekamen auch zu spüren, daß wegen der Privilegien, die Provinzen und Städte besaßen, die Aristokratie in den Reihen des Dritten Standes durchaus diskrete Unterstützung fand. Parisot, Abgeordneter von Bar-sur-Seine, notiert am 5. August morgens: »Wir waren zu der Überzeugung gelangt, daß Adel und Klerus nur Zeit gewinnen und nichts tun wollten ... und haben gemerkt, daß, so lange die beiden privilegierten Klassen überhaupt noch Privilegien behielten, das Partikularinteresse immer stärker sein würde als das Gemeinwohl.« Doch die Abschaffung der Stände und Privilegien nach der Geschäftsordnung behandeln zu lassen, bedeutete die Fortsetzung der Obstruktionspolitik und der geheimen Absprachen.

Das »magische« Vorgehen

Die Sitzung am 3. August war um elf Uhr abends aufgehoben worden, und »wir, ungefähr hundert an der Zahl«, berichtet Parisot, »traten in einem besonderen Komitee zusammen, in dem wir fast die ganze Nacht beieinander blieben.« Zweifellos handelte es sich um den Bretonischen Klub. »Man beschloß *eine Art Magie* anzuwenden, indem man die Verfassung vorläufig beiseite ließ, um erst einmal die Privilegien der Klassen, Provinzen, Städte und Zünfte zu zerstören. In dieser Absicht haben wir gestern [am 4. August] um fünf Uhr den Saal betreten. Nur unser Komitee wußte, was geschehen sollte.« Die Nacht des 4. August war also das Ergebnis eines parlamentarischen Manövers, um durch ein überraschendes Vorgehen die wichtigste Abstimmung der revolutionären Epoche für sich zu gewinnen, wahrscheinlich in der Hoffnung, daß viele der zu erwartenden Opponenten sich zu einer Nachtsitzung nicht bequemen würden.

Nur sagt Parisot nicht alles, und die Abschaffung der Privilegien ist nicht der einzige Gegenstand der *Magie* gewesen.

Die Revolte der Bauern

Angesichts des Aufstands des Volkes waren viele Patrioten ratlos. Er hatte sie gerettet, und sie durften gar nicht daran denken, ihn zu verurteilen. Im Gegenteil, sie rechtfertigten ihn. Die Revolution der Juristen hatte das Volk in seine Souveränität eingesetzt, König und Aristokratie hatten sich bemüht, sie ihm mit Gewalt wieder zu nehmen. Bei der Machtprobe hatte das Eingreifen der Massen dem Recht zum Sieg verholfen: der 14. Juli war eine sakrosankte Revolution. Da aber die Versammlung das Volk vertrat, hätte das Volk sich doch eigentlich damit zufriedengeben sollen, sich Achtung verschafft zu haben, und müßte nun in Ruhe den juristischen Fortgang der Dinge und die Reformen, die zu verkünden die Versammlung für angezeigt hielt, abwarten. Davon konnte aber gar keine Rede sein, und am 20. Juli, dann noch einmal am 23. Juli, hatte Lally-Tollendal schon wortreich gewarnt.

Überall und ständig war die öffentliche Ordnung gestört. Spontane Gewaltakte hatten Stadt und Land mit Blut besudelt. Häuser und Schlösser waren angezündet oder verwüstet worden. Leben und Eigentum der Staatsbürger waren nicht mehr sicher. Und das Volk wartete nicht auf wohlerwogene Beschlüsse der Versammlung, um sich seine Wünsche zu erfüllen; das hatten die Unruhen auf dem Lande gerade nachdrücklich bewiesen, so daß sich niemand mehr Illusionen hingeben konnte. Gewiß, das Feudaleigentum konnte in der neuen Gesellschaft keinen Platz finden, doch das bedeutete nicht, daß das Bürgertum ruhig mit ansehen mochte, wie es anders als auf rechtmäßigem Wege und gegen Entschädigung aufgehoben würde: Der Präzedenzfall wäre für alle anderen Formen des Eigentums zu gefährlich gewesen. Außerdem war deutlich geworden, daß das Volk gefühlsmäßig die Wirtschaftsfreiheit ablehnte, die doch gerade einen der Ecksteine der zukünftigen Staatsform bilden sollte. Im Gegenteil, die kleinen Leute verlangten die endgültige Rückkehr zur Reglementierung des Getreidehandels, und auch die Bauern hingen offenbar trotz aller Zwänge an der herkömmlichen Wirtschaftsweise. Zwischen dem Bürgertum und den Volksmassen war der Bruch in dieser Hinsicht radikal.

Sollte man sich also an die Armee, sprich, an den König wenden, um das Volk wieder zum Gehorsam zu zwingen? Die Patrioten mochten sich dazu nicht verstehen, und das Scheitern des Versuchs Ludwigs XVI. wird dadurch entschuldigt. Jetzt überhäufte man den Monarchen mit Elogen und gab sich offiziell ganz überzeugt, daß er durchaus mit der Versammlung einig gehe – was blieb anderes übrig, um die Zögernden zu beruhigen und dem Ausland jeden Vorwand zum Eingreifen zu nehmen? Dabei erwog jeder, ob nicht der Hof die erste günstige Gelegenheit ergreifen würde, um seinen gewaltsamen Unterdrückungsversuch zu erneuern, und die Revolutionäre sprachen Tag für Tag von der Aristokratenverschwörung, um auch bei den schlichtesten Gemütern dieses Mißtrauen zu nähren. Wie hätte man unter diesen Umständen den König auffordern können, das Volk entwaffnen zu lassen? Einen Tag später wäre ihm die Versammlung auf Gnade und Ungnade ausgeliefert gewesen, und diesmal ohne die Aussicht auf Rettung in letzter Minute. Etliche Abgeordnete ließen das sehr deutlich durchblicken, Barnave ebenso wie Robespierre, indem sie die »Rebellen« in Schutz nahmen, und niemand wagte zu leugnen, was jedermann deutlich war.

Für die Städte schien die Lösung durch die Schaffung der Nationalgarde gefunden zu sein, weil die Versammlung glaubte, daß Handwerker und Ladenbesitzer, ohne die der Mannschaftsbestand dieser Bürgermiliz kläglich geblieben wäre, nichts gemein hätten mit dem »Pöbel«, dessen Exzesse sie beklagte. Das Scheitern ihrer Bemühungen um die Wiedereinführung des freien Getreidehandels würde sie bald eines anderen belehren. Hinsichtlich der Bauern durfte man sich ohnehin nichts vormachen: Um sie zur Raison zu bringen, mußte man Armee und Vogteigerichtsbarkeit freie Hand lassen.

Doch noch am 3. August fand der Berichtsausschuß nichts besseres vorzuschlagen als einen Aufruf, mit dem die Versammlung den Behörden befahl, die Ordnung wiederherzustellen, und dem Volk weiterhin Steuern, Zehnten und Herrenabgaben zu entrichten. Doch selbst diese Proklamation wurde vertagt. Ein Abgeordneter hatte in den Saal gerufen: »Man darf nicht von legitimen Rechten sprechen, wo es um angemaßte Rechte geht, die zumeist auf Macht und Gewalt beruhen. Man darf nicht von Rechten sprechen, wo es um das Feudalsystem geht;

die Menschen auf dem Lande erwarten ihre Abschaffung, sie haben sie in ihren Heften gefordert, und es hieße sie erzürnen, wollte man eine solche Erklärung abgeben.«

Die Vorbereitung der Nacht des 4. August

Tatsächlich blieb ja, wenn man nicht mit Gewalt durchgreifen wollte, nur eines: den Bauern zu geben, was sie verlangten. Beim Kirchenzehnten verursachte die Abschaffung keine grundsätzliche Schwierigkeit, weil man ihn als eine Art Steuer ansehen konnte; allerdings mußte man ihn für die Finanzierung des Kultus jedenfalls teilweise durch eine Abgabe ersetzen, die alle zu leisten hätten, während die Abschaffung des Zehnten ja nur denen zugute kam, die Grund und Boden besaßen. Beim Lehnssystem hatte der Redner vom 3. August ja schon implizite das Argument entkräftet, mit der Abschaffung der Feudalrechte taste man das Eigentum an: sie waren eben kein Eigentum wie jedes andere, die meisten waren usurpiert zu Lasten des Staates oder mit Gewalt aufgezwungen. In vielen Beschwerdeheften der ländlichen Gemeinden war ja verlangt worden, der Herr solle seine Papiere nachprüfen lassen und vor allem die Abgaben auf Grund und Boden rechtfertigen durch die Vorlage des Urdokuments, mit dem er das Land an den Bauern abgetreten hatte. Und in diesem Punkt fand die Aristokratie Helfer im andern Lager, weil eben viele Bürger Herrenland oder ganze Lehnsgüter besaßen, Verwalter oder Großpächter oder in der Rechtspflege der Herren tätig waren. Doch das Hindernis war vor allem ein politisches: Die Revolution hatte nur gesiegt, weil Pfarrer und liberale Adlige zu ihr gehalten hatten; war es nicht unklug, sie vor den Kopf zu stoßen, indem man gegen ihren Willen den Zehnten und die Herrenrechte nahm? Target hatte in seinem Entwurf wie viele seiner Vorredner die Ablösung gegen Geld empfohlen, für die sich der König von Sardinien schon 1770 entschieden hatte, indem er bestimmte: »Eigentumsrechte, deren Ausübung dem Gemeinwesen schadet, können nur mit einem Betrag, der mindestens ihrem Wert entspricht, abgelöst werden.« Trotzdem war noch mit heftigem Widerstand und tausend Einwänden zu rechnen, was die Debatte ewig in die Länge ziehen und völlig konfus machen würde. Jetzt oder nie mußte man von der »Magie« Gebrauch machen, von der Parisot gesprochen hatte. Der Ausweg, den man fand, war, daß man einem liberalen Adligen, dem Herzog von Aiguillon, einem der reichsten Grundbesitzer Frankreichs, das Einbringen des Antrags überließ. Man durfte viel davon erwarten: Verwirrung bei den Aristokraten, Wetteifern bei den liberalen Adligen und Prälaten, moralische Verpflichtung für die Widerstrebenden beim Dritten Stand, sich nicht weniger hochherzig zu zeigen als die Privilegierten. 1791 erwies der Marquis von Ferrières dem Verfahren rückblickend seine Reverenz, indem er von der »kunstvollen Vorbereitung der Abendsitzung des 4. August« sprach. Die Führer des revolutionären Bürgertums hatten mit der Geschicklichkeit altgedienter Staatsmänner die Mehrheit zu zwingen verstanden, sich von eigenen Interessen freizumachen und jedenfalls ein paar Stunden lang nur an das Wohl der Nation zu denken.

Die Nacht des 4. August

Am Mittwoch, den 4. August, trat die Versammlung um acht Uhr abends zusammen, um Target den Aufruf verlesen zu hören, der am Vorabend im Grundsatz angenommen worden war. Kaum hatte er geendet, erschien der Vicomte von Noailles am Rednerpult. Als Schwager von La Fayette war er zweifellos ins Vertrauen gezogen worden, und es ist denkbar, daß er dem Herzog von Aiguillon nur zuvorkommen wollte, um sich einen Erfolg vor der Nachwelt zu sichern. Als mittelloser jüngerer Sohn setzte er sich allerdings dem Vorwurf aus, etwas aufzugeben, das er nicht besaß, und der ganzen Angelegenheit damit eher zu schaden. »Man will die Erregung dämpfen«, gab er zu bedenken, »aber wie soll das geschehen, wenn man die bäuerlichen Gemeinden nicht zufriedenstellt? Sie haben keine Verfassung verlangt; diesen Wunsch haben sie nur auf Vogteiebene zum Ausdruck gebracht. Was haben sie also gefordert? Daß die Verbrauchssteuern abgeschafft werden, daß es keine Bevollmächtigten des Intendanten mehr geben soll, daß die Herrenrechte verringert oder ablösbar gemacht werden. Diese Gemeinden sehen seit über einem Vierteljahr, daß ihre Vertreter sich mit dem beschäftigen, was wir mit vollem Recht die öffentlichen Angelegenheiten nennen, doch die öffentlichen Angelegenheiten sollten nach ihrer Meinung vor allem die Angelegenheiten sein, die sie begehren und heftig zu bekommen wünschen. Nach allen Auseinandersetzungen der Vergangenheit zwischen den Vertretern der Nation zu schließen, haben die Leute auf dem Lande nur erlebt, daß ihre Bevollmächtigten ihr Glück forderten, und daß die Personen, die an der Macht sind, sich ihnen entgegenstellten. Was folgte daraus? Sie haben gemeint, sie müßten sich bewaffnen, um der Gewalt standhalten zu können, und heute kennen sie keine Zurückhaltung mehr.« Das war eine vorzügliche Kurzfassung der Entwicklung der Einstellung bei den Bauern und der Ursachen für den Aufruhr auf dem Lande. So beantragte Noailles denn auch, daß die Versammlung vor der Veröffentlichung ihres Aufrufs Steuergleichheit und Ablösbarkeit der Herrenrechte beschließen solle; Hand- und Spanndienste, »tote Hand« und alle persönliche »Hörigkeit« sollten entschädigungslos abgeschafft sein.

Gleich nach ihm nahm der Herzog von Aiguillon diese Vorschläge mit gewissen Abweichungen auf. Er begründete ausführlich die Notwendigkeit der Ablösung. »Diese Rechte sind unverkennbar ein Eigentum, und jedes Eigentum ist heilig; sie sind aber eine Belastung für das Volk, und jedermann stimmt darin überein, daß sie ein ständiges Ärgernis darstellen ... Man kann [von den Grundherren] nicht verlangen, daß sie auf ihre Lehnsrechte schlechtweg verzichten ... Die Billigkeit verbietet es, den Verzicht auf irgendein Eigentum zu verlangen, ohne den Eigentümer, der den Genuß der Verfügungsgewalt dem allgemeinen Vorteil opfert, angemessen zu entschädigen.« Sein Vorschlag enthielt nicht die kleinste Ausnahme von der Ablösemöglichkeit.

Vielleicht war er der getreuere Interpret des Bretonischen Klubs als Noailles; erst die Erfahrung bewies, daß der Dritte Stand der für die Bauern günstigeren Lösung den Vorzug gab. Donnernder Beifall, zu dem die laut Parisot eingeweihten hundert Abgeordneten zweifellos den Einsatz gaben, lohnte den selbstlosen Vorschlag der beiden Grandseigneurs, doch es war die Formulierung von Noailles, die mit Begeisterung übernommen wurde. Das Recht der »toten Hand«, die Hand- und Spanndienste und alle an die Person gebundenen Leistungen wurden entschädigungslos abgeschafft, während Bannrechte, Wäge- und Maßrechte sowie Schürfrechte, vor allem aber die Realabgaben für ablösbar erklärt wurden. Gegen den Wegfall der Steuerprivilegien erhob sich natürlich überhaupt keine Stimme mehr.

Ein Abgeordneter aus der Bretagne, Leguen de Kérangal, dankte den beiden Rednern mit bewegten Worten. Anschließend beantragte der Marquis von Foucault mit Erfolg die Überprüfung der Pensionen, womit er vielleicht Noailles oder dessen Familie treffen wollte. Nach ihm ließ der Vicomte von Beauharnais die Gleichheit der Strafen und den Zugang aller Staatsbürger zu den öffentlichen Ämtern beschließen. Lubersac, Bischof von Chartres, nahm sich darauf das Jagdrecht vor, und mehrere Adlige erklärten, sie verzichteten auf das Vorrecht der Wildeinzäunung und der Taubenhaltung. Cottin, Abgeordneter von Nantes, ließ die grundherrliche Gerichtsbarkeit abschaffen, worauf ein Abgeordneter des Adels prompt beantragte, die Rechtspflege solle fortan kostenlos sein, und gleich den Ämterkauf mit abschaffen ließ. Der Herzog von Châtelet stellte den Kirchenzehnten zur Debatte, dessen Umwandlung in eine ablösbare Geldverpflichtung sogleich beschlossen wurde. Schließlich kam die Reihe an die Provinzen mit eigenen Ständeversammlungen, an die Provinzen und Städte, die allesamt auf ihre Privilegien verzichteten, nachdem die Vertreter der Bretagne und der Dauphiné mit gutem Beispiel vorangegangen waren. Die Geistlichkeit hatte sich bei diesem Wettlauf zum Opferaltar nicht hervorgetan; sie hatte es einem Adligen überlassen, vom Zehnten zu sprechen. Immerhin boten die Pfarrer den Wegfall der Kasualien und damit die kostenlose Seelsorge an; die Versammlung fügte das Verbot des gleichzeitigen Besitzes mehrerer Pfründen hinzu und untersagte, an den Papst die »Annaten« abzuführen, also einen Jahresertrag seines Bistums, den der Bischof ihm auf Grund der Investitur schuldete. Damit war auch die Reform der Kirche von Frankreich begonnen. Ein Abgeordneter aus dem Beaujolais, wahrscheinlich Chasset, ließ noch die Reformierung oder Abschaffung der Zünfte unterbringen. Am Ende wurde Ludwig XVI. auf Antrag von Lally-Tollendal zum »Erneuerer der französischen Freiheit« erklärt, und es wurde beschlossen, ein Te Deum zu singen. Um zwei Uhr früh wurde die Sitzung geschlossen. »Eine Ansteckung der Gefühle hat die Seelen mitgerissen«, berichtet der Genfer Etienne Dumont als Augenzeuge. Die »magische« Operation war gelungen.

Allerdings nicht ganz so vollständig, wie es scheinen mag. Die Abgeordneten der Provinzen und Städte hatten sich der Bretagne und der Dauphiné nur widerstrebend angeschlossen, sie stimmten Steuergleichheit und Verwaltungsreform auf der unteren Ebene zu, hatten aber Wert darauf gelegt, ihren Wahlkreisen die jeweiligen »Besonderheiten« zu erhalten, und hatten zu Protokoll gegeben, sie stimmten im eigenen Namen und unter dem Vorbehalt, die Angelegenheit erst einmal ihren Wählern vorzutragen: Der Partikularismus, nicht die Privilegierten hatten der Ansteckung am besten widerstanden.

Das Dekret vom 5./11. August

Die Beschlüsse der Nacht des 4. August waren unter Formulierungsvorbehalt gefaßt worden. Fréteau verlas am 5. August die Liste der Beschlüsse, und die Diskussion begann. Grundsätzlich sollte es nur um den Wortlaut gehen, doch die Auseinandersetzung um den Text führte zu immer neuen Veränderungen des Inhalts. Groß waren Bestürzung und Wut außerhalb der Versammlung, bei den Privilegierten und am Hof. Am 8. August entrüstete sich ein Abgeordneter des Adels in einem Brief an die Marquise von Créquy über »eine Revolution, die de facto Lehnswesen und Adel aufhebt, 500 000 Familien ihres Eigentums beraubt, den Provinzen ihre Rechte und Privilegien nimmt und Frankreich Ketten anlegt, über die wir uns bei den Orientalen nur wundern. Den Abgeordneten stand keine der Vollmachten zu, die sie sich angemaßt haben; sie hätten nur über den Verzicht auf die geldwerten Privilegien abstimmen dürfen. Stattdessen haben sie das Eigentum zerstört.« Er war nicht der einzige, der erklärte, der Adel sei nicht bereit, die Initiative einiger seiner Mitglieder gutzuheißen. Da in der Nacht des 4. August offenbar kein Privilegierter Einspruch erhoben hat, ist anzunehmen, daß die Widerstrebenden nicht an der Sitzung teilgenommen oder sich ohnmächtig gefühlt haben. Inzwischen waren sie zur Besinnung gekommen, was schon am 6. August zu merken war. Manche beriefen sich trotz der Abschaffung des imperativen Mandats auf ihre Pflicht, erst ihre Wähler zu konsultieren; Pfarrer erhoben Einspruch gegen die Ablösbarkeit des Zehnten, Adlige gegen die der Herrenabgaben und gegen die Aufhebung der grundherrschaftlichen Gerichtsbarkeit. Andererseits war das Feudalrecht juristisch so komplex, daß die Unterscheidung zwischen persönlichen Abgaben, die entschädigungslos wegfallen sollten, und ablösbaren dinglichen Abgaben außerordentlich schwierig oder gar unmöglich war; die Protestierenden hatten keine Mühe, selbst Kenner des

Lehnsrechts in Verlegenheit zu bringen. Doch die Mehrheit wollte ihnen nun einmal nicht im geringsten entgegenkommen. Im Gegenteil, die Unklarheit hinsichtlich der Unterscheidung zwischen den Rechten wirkte sich gegen sie aus: Die Bannrechte verschwanden aus der Aufzählung der abzulösenden Rechte ebenso wie das Wäge- und Maßrecht. Wenn sich der Adel noch Illusionen hingegeben hatte, belehrte ihn schon der erste Satz des endgültigen Dekrets mit dem Datum 5./11. August 1789 eines anderen: »Die Nationalversammlung zerbricht das Feudalregiment *gänzlich*.« Das stimmte zwar auch wieder durchaus nicht: zum einen würde der Zwang zur Ablösung den Rechten noch ein langes Leben sichern, zum anderen hatte man weder an die Ehrenvorrechte noch an das Anerbenrecht des ältesten Sohnes gerührt. Doch der Ausgang war nicht einen Augenblick lang zweifelhaft gewesen. Trotzdem waren die zwei herausragenden Führer des Dritten Standes, Mirabeau und Sieyès, der Sitzung am 4. August ferngeblieben, obwohl sie zweifellos wußten, was da zu erwarten war. Sicher waren sie nicht damit einverstanden.

Mirabeau griff zwar das Dekret nicht an, trug aber dazu bei, daß am 6. August die Beratung über die Ehrenvorrechte und am 12. die über das Erbrecht des ältesten Sohnes vertagt wurden. Sieyès schwieg sich aus, aber gegen Monatsende reichte er beim »Feudalausschuß«, der am 12. zur Vorbereitung des Gesetzes über die Einzelheiten der Ablösung eingerichtet worden war, ein Memorandum ein, in dem er die Entscheidung der Verfassunggebenden Versammlung heftig kritisierte. Wenn die beiden Männer sie nicht offen und rechtzeitig angegriffen haben, so doch wohl deshalb, weil sie spürten, daß die Strömung zu stark war.

Wirklich erregt wurde die Debatte, als es um den Kirchenzehnten ging. Sie entwickelte sich geradezu bedrohlich für die Geistlichkeit und endete mit einer entscheidenden Neuerung gegenüber den Beschlüssen vom 4. August. Am 6. wurden die Pfarrer, die gegen die Ablösung protestiert hatten, von Buzot scharf zurechtgewiesen: »Vor allem bleibe ich dabei, daß die Kirchengüter der Nation gehören... Der Geistlichkeit bleibt nur, zumindest den Schein zu wahren und so zu tun, als bringe sie aus eigenem Antrieb alle Opfer, welche die unabweisbaren Umstände von ihr fordern werden.« Als am 8. über eine von Necker vorgeschlagene Anleihe debattiert wird, ergreift der Marquis von Lacoste noch einmal die Initiative, verlangt ohne

Wenn und Aber die Abschaffung des Zehnten und darüber hinaus, daß die Kirchengüter als Sicherheit für die Anleihezeichner verwendet werden. Alexandre de Lameth unterstützt den Antrag, während der Abbé von Montesquiou energisch seinen Stand verteidigt. So stellt sich erstmals die Frage der Verstaatlichung des Vermögens der Kirche von Frankreich; die meisten Argumente pro und contra sind formuliert, doch eine Entscheidung erscheint verfrüht, und die Debatte führt zu keinem Beschluß. Anders beim Zehnten: Als der diesbezügliche Paragraph des Dekrets am 10. an die Reihe kam, wurde durch Zusatzantrag die entschädigungslose Abschaffung verlangt, weil die Nation für die Bedürfnisse des Kultus aufkommen werde, und die Zehnten, die von der Geistlichkeit an Laien veräußert worden waren, ohnehin der Ablösung unterlägen. Das Duell begann von neuem, diesmal zwischen Mirabeau, der sich auf die Seite der Angreifer geschlagen hatte, und Sieyès, der sich nachdrücklich für die Ablösung aussprach. Am Ende nahm die Mehrheit den Zusatzantrag an. Der Kirchenzehnte war gestorben, ohne daß es die Besitzer von Grund und Boden etwas kostete.

Die Beschlüsse vom 4. August wurden dagegen erstaunlicherweise nicht verwirklicht hinsichtlich der Bestimmung über die Zünfte, ohne daß über die Gründe etwas bekannt wurde. Man kann sie sich allerdings leicht vorstellen: Handwerker und Ladenbesitzer hatten in ihren Heften klar zum Ausdruck gebracht, daß ihnen die korporative Gewerbestruktur wichtig war, und zwar im Gegensatz zu den Vorstellungen des Großbürgertums. Die Abgeordneten hielten es für sicherer, die Lösung dieses dornigen Problems erst einmal zu vertagen.

Die Ergebnisse

So wichtig die Debatten zwischen dem 5. und 11. August waren, die Nacht des 4. August bleibt natürlich das strahlende Ereignis. In wenigen Stunden hatte die Versammlung die Einheit der Nation vor dem Recht hergestellt, hatte grundsätzlich mit dem Feudalsystem und der Herrschaft der Aristokratie auf dem Lande aufgeräumt, hatte das Element ihres Reichtums, das sie vom Bürgertum unterschied, beseitigt und die Finanz-, Justiz- und Kirchenreform jedenfalls eingeleitet. Seit dem 12. Juli verfügte sie bereits über einen Finanzausschuß; am 20. August bildete sie je einen Ausschuß für Kirchenangelegenheiten und für Rechtspflege.

Gewiß, sie machte sich Illusionen über das Geleistete. Die Bauern fanden, es sei ein Widerspruch in sich, das Lehnsregiment für abgeschafft zu erklären und trotzdem, wie es die Versammlung in ihrem Aufruf vom 10. August in strengem Tone tat, von ihnen zu verlangen, sie sollten die Abgaben erst einmal weiter leisten und dann auch noch ablösen! Die Aristokratie wiederum bedachte gar nicht erst die Vorteile, die sie von der vorgesehenen Entschädigung haben konnte, sondern wollte das alles einfach nicht wahrhaben, und zwar weniger aus pekuniärem Interesse als aus Stolz. Doch jedenfalls war jetzt der Boden bereitet, auf dem man »Erklärung« und Verfassung würde errichten können. Von allen Ergebnissen der Nacht des 4. August ist eines am wenigsten umstritten: daß die *Einheit der Nation* geschaffen worden ist, die Einheit aller Teile des Staatsgebietes und aller Franzosen, an der die Könige von Frankreich so lange gearbeitet hatten, und die nun zum Ruhmesblatt der Verfassunggebenden Versammlung geworden ist. Und es ist nur recht und billig, die außerordentlich wichtige Rolle zu betonen, die in dieser Nacht der liberale Adel gespielt hat, indem er den revolutionären Eifer des Dritten Standes teilte und nur noch an die Nation dachte.

2. Die Erklärung der Menschen- und Bürgerrechte

Die Debatte

Der Despotismus war zerschlagen, die Privilegien abgeschafft, nichts stand einer sofortigen Abfassung der ›Erklärung‹ mehr im Wege. Schon am 12. August machte sich die Versammlung an die Arbeit. Viele Entwürfe lagen ihr vor, und ihr eigenes Präsidium hatte weitere vorbereitet. Man wählte einen neuen, den dritten Ausschuß in dieser Sache, bestehend aus fünf Mitgliedern, der einen Text als Diskussionsgrundlage ausarbeiten sollte. Am 17. stellte Mirabeau ihn vor. Die Gegner des Vorhabens hatten allerdings noch nicht kapituliert: Mehrere Redner bezweifelten die Zweckmäßigkeit einer solchen Erklärung, und Mirabeau selbst schlug noch einmal die Vertagung auf die Zeit nach der Vollendung der Verfassung vor. Doch die Mehrheit blieb bei ihrer Meinung und wollte von keinem Aufschub hören: Der Entwurf des Fünferausschusses, durch das Doppelspiel des Berichterstatters offensichtlich diskreditiert, wurde abgelehnt zugunsten des Vorschlags des 6. Büros des Präsidiums. In unermüdlichen Diskussionen vom 20. bis zum 26. August wurde er erheblich verändert, nicht in der Sache, in der man sich so gut wie einig war, aber im Wortlaut. Der endgültige Text, von 24 auf 17 Artikel geschrumpft, ist knapper und besser, zwingender formuliert. Erregt ging es nur am 22. und 23. August zu, als man zu den Artikeln kam, in denen es hieß, »für die gute Ordnung der Gesellschaft« sei es wichtig, daß »Religion und Moral« sowie der »öffentliche Kultus« geachtet würden. Die Präambel hatte die »Erklärung« unter den Schutz des »Höchsten Wesens« gestellt, doch unter »Religion« verstand man die katholische, und der »öffentliche Kultus« war deren Monopol. Vertreter der Kirche verlangten nachdrücklich, die Versammlung solle auf diese Weise die Existenz einer Staatsreligion bestätigen, das heißt, einer privilegierten oder sogar obligatorischen Religion; die Toleranz gewährte man in eher indirekter Form: »Kein Staatsbürger, der den bestehenden Kultus nicht stört, darf benachteiligt werden.« Mirabeau verwahrte sich dagegen ganz nachdrücklich, und zwar unter Berufung auf die Glaubens- und Gewissensfreiheit, und Rabaut-Saint-Etienne schloß sich ihm im Namen der Protestanten an.

Vergebens: Man einigte sich darauf, die Frage des »öffentlichen Kultus« erst in der Verfassung zu behandeln, und übernahm den Vorschlag des Grafen von Castellane: »Niemand darf wegen seiner religiösen Überzeugungen benachteiligt oder in der Ausübung seines Kultus behindert werden.« Doch man ließ den zweiten Teil weg und nahm eine schwerwiegende Änderung am ersten vor, so daß Artikel 10 der ›Erklärung‹ nunmehr lautete: »Niemand darf wegen seiner Überzeugungen, *auch nicht* wegen seiner religiösen, benachteiligt werden, sofern ihre Äußerung die gesetzliche öffentliche Ordnung nicht stört.« Am 26. August ließ du Port einen Artikel 17 über das Eigentum anfügen. Graf von Montmorency beantragte, dem Volk das Recht zur Verfassungsänderung zuzuerkennen, doch diese Frage wurde am 27. wie mehrere andere, ähnliche, mit der Begründung vertagt, daß die »Erklärung« mit ihren 17 Artikeln nach der Verabschiedung der Verfassung überarbeitet und ergänzt würde. Das ist niemals geschehen. Als 1791 die Debatte wieder aufgenommen wurde, hielt Thouret dem entgegen, die »Erklärung«, inzwischen im ganzen Volk bekannt, habe in dessen Augen einen »religiösen und geheiligten Charakter« angenommen, sei zum »Symbol des politischen Glaubens« geworden, so daß man sich hüten müsse, sie zu ändern. Die als notwendig empfundenen Ergänzungen wurden in eine Zusammenfassung der ›Erklärung‹ eingearbeitet, die man der Verfassung als Präambel und Aufzählung der von ihr garantierten »grundlegenden Bestimmungen« voranstellte. Die Erklärung der Menschen- und Bürgerrechte, das Symbol der Revolution des Jahres 1789, ist so geblieben, wie sie von der Nationalversammlung am 26. August vorläufig angenommen worden war.

Die Freiheit – ein natürliches Recht

Die Menschen werden frei und gleich an Rechten geboren und bleiben es. Diese denkwürdige Feststellung, mit der Artikel 1 beginnt, faßt das Werk der Revolution in der Zeit vom 14. Juli bis zum 4. August zusammen. Die ganze übrige ›Erklärung‹ ist gleichsam eine Erläuterung, ein Kommentar dazu.

»Endzweck jeder politischen Vereinigung ist die Erhaltung der natürlichen und unabdingbaren Menschenrechte« (Artikel 2). Damit ist implizit die Vorstellung von einem Gesellschaftsvertrag, der Rousseau in Frankreich Verbreitung verschafft hatte, übernommen. Sieyès und Mounier hatten als Ziel der gesellschaftlichen Ordnung auch »das größte Wohl für alle« und »das gemeinsame Heil« vorgeschlagen; davon ist nichts geblieben, und eine Entsprechung, »das gemeinsame Glück«, findet erst in die Verfassung von 1793 Aufnahme.

Die Menschenrechte sind: Freiheit, Eigentum, Sicherheit und Widerstand gegen Unterdrückung (Artikel 2). Der Freiheit sind sieben Artikel gewidmet. Allgemein wird sie in den Artikeln 4 und 5 definiert als das Recht, »zu tun, was einem andern nicht schadet«, wobei die »Grenzen« nur »durch das Gesetz bestimmt werden« können. Die Freiheit des einzelnen nimmt drei Artikel in Anspruch (7 bis 9), einer davon ziemlich lang, die schon den Grund für die neue Strafprozeßordnung und das neue Strafgesetzbuch legen, zwei besonders wichtige Reformvorhaben der Verfassunggebenden Versammlung: »Kein Mensch darf angeklagt, in Haft genommen oder gefangengehalten werden außer in den durch das Gesetz bestimmten Fällen und in den Formen, welche es vorschreibt«; jeder Mensch wird so lange als unschuldig angesehen, bis er für schuldig erklärt worden ist; das Gesetz kann keine rückwirkende Geltung haben und darf nur unbedingt notwendige Strafen festsetzen. Die Freiheit der Überzeugung, »auch der religiösen«, wird in Artikel 10 erwähnt, die der Presse in Artikel 11. Vom Eigentum ist erst in Artikel 17, dem letzten, die Rede; es ist ein »unverletzliches und heiliges Recht« und darf einem nur genommen werden aus Gründen des öffentlichen Nutzens, der durch Gesetz festgestellt sein muß, und gegen eine »angemessene, im voraus zu leistende Entschädigung«. Auf die Sicherheit geht die ›Erklärung‹ nicht weiter ein; sie entsteht aus der Aufrechterhaltung der Ordnung, die von der öffentlichen Gewalt garantiert wird, deren Schaffung in Artikel 12 »zum Vorteil aller« vorgesehen ist. Auch der Widerstand gegen Unterdrückung bleibt unerläutert.

Die Gleichheit

Die ›Erklärung‹ beginnt zwar mit der Feststellung, daß die Menschen gleich an Rechten sind, doch es fällt auf, daß bei der Aufzählung der unabdingbaren Rechte die Gleichheit nicht genannt wird. Sieyès hatte sie in seinem Entwurf in zwei Artikeln sorgfältig beschrieben: Es gibt keine Freiheit, solange es Privilegien gibt, doch die Gleichheit ist eine Gleichheit der »Rechte«, nicht der »Mittel«. Die Versammlung war damit ganz einverstanden, und es ist erstaunlich, daß sie diese Definitionen nicht übernommen hat, zumal die zweite, die unentbehrlich ist, wenn man alle Zweifel ausräumen will. Nicht ein Artikel ist eigens der Gleichheit gewidmet. Nur Artikel 6, der das Gesetz definiert, besagt, es sei für alle das gleiche, die Bürger seien vor dem Recht gleich, und alle hätten Zugang zu öffentlichen Ämtern; außerdem bestätigt Artikel 13 die Steuergleichheit.

Die nationale Souveränität

Mit dem ausgesprochenen Grundsatz, daß Endzweck der »politischen Vereinigung« die Erhaltung der Menschenrechte sei, stellte die Erklärung implizit fest, daß die Regierung niemand zu eigen sein konnte, sondern die Sache aller sei. Sieyès und Mounier hatten sich in diesem Punkt abgesprochen; Mounier hatte präzisiert, daß die Regierung geschaffen wird »im Interesse der Regierten und nicht der Regierenden«. Mithin geht alle Gewalt von den Mitgliedern der Vereinigung aus und ist ihrer Aufsicht unterworfen, weil sonst den Rechten die grundlegende Garantie fehlen würde. Das ist der Sinn der *nationalen Souveränität,* die in Artikel 3 verkündet wird: »Der Ursprung aller Souveränität liegt ihrem Wesen nach beim Volk *(dans la nation).* Keine Körperschaft, kein einzelner kann eine Gewalt ausüben, die nicht ausdrücklich vom Volk ausgeht.« Ergo: »Das Gesetz ist Ausdruck des allgemeinen Willens. Alle Staatsbürger sind berechtigt, an dessen Bildung persönlich oder durch Vertreter mitzuwirken« (Artikel 6). Die Staatsbürger legen auch die Steuern fest (Artikel 14). Jeder Beamte ist für seine Amtsführung Rechenschaft schuldig (Artikel 15). Hinsichtlich der Gestaltung der Regierung schreibt die Erklärung nur eines vor: Die *Gewalten,* also die legislative, exekutive und judikative, müssen getrennt sein (Artikel 16).

Die Sterbeurkunde des Ancien régime

Es ist ein Gemeinplatz der konterrevolutionären Argumentation, der ›Erklärung‹ ihren abstrakten, philosophischen Charakter vorzuwerfen. Tatsächlich haben die Umstände ihrer Entstehung Spuren hinterlassen. Was gesagt und was nicht gesagt wird, die unterschiedliche Beachtung, die erkennbar den einzelnen Grundsätzen gewidmet wird, all das zeugt davon, daß sie aus der Geschichte geboren ist. Die Patrioten haben sich über Einwände hinweggesetzt, deren Tragweite sie durchaus erkannten, sie haben die ›Erklärung‹ unbedingt verabschieden wollen, weil ihre Bedeutung eine vor allem *negative* war: Die ›Erklärung‹ sollte die Praktiken des Ancien régime verurteilen und ihre Wiedereinführung verhindern. Der Wortlaut der Grundsätze ist allgemein gehalten, wie das bei der Abfassung von Gesetzestexten üblich ist (und bei der amerikanischen Erklärung auch der Fall gewesen war); doch für die Mitglieder der Versammlung und ihre Zeitgenossen hatte er durchaus nichts Abstraktes oder Philosophisches, denn zu jedem Artikel setzten sie im Geiste die konkreten Sachverhalte, unter denen sie gelitten hatten. Die Souveränität liegt bei der Nation, beim Volk, das heißt, Frankreich ist nicht mehr Eigentum des Königs; man schuldet nur dem Gesetz Gehorsam, das heißt, die Willkür des Königs, seiner Minister und Beamten vermag gegen niemanden mehr etwas; kein Mensch darf verhaftet oder gefangengehalten werden außer nach dem Gesetz, das heißt, es kann niemand mehr per Siegelbrief hinter Schloß und Riegel gebracht werden; der Angeklagte ist unschuldig, solange er nicht für schuldig erklärt worden ist: also wird die Folter nicht wieder eingeführt; die Staatsbürger sind vor dem Recht gleich: also waren die Privilegien nicht gerechtfertigt; Widerstand gegen Unterdrückung ist erlaubt: also war die Erhebung am 14. Juli rechtens. Und so weiter, und so weiter. Die ›Erklärung‹ ist wirklich, wie der Historiker Aulard es ausgedrückt hat, in erster Linie die *Sterbeurkunde des Ancien régime*.

Deshalb weist die Präambel auch ausdrücklich darauf hin, daß »Unkenntnis, Vergessen oder Mißachtung der Menschenrechte die alleinigen Ursachen des öffentlichen Unglücks und der Verderbtheit der Regierungen sind«, und daß die Staatsbürger fortan die Handlungen der Regierung »an dem Zweck jeder politischen Einrichtung« messen und ihre »Einwände auf einfache und unanfechtbare Grundsätze« stützen können. Deshalb auch hat die Versammlung keinen Geschmack gefunden an der eines aus dem andern ableitenden Anordnung, die Sieyès als theoretisierender philosophischer Kopf vorgeschlagen hatte; sie hat die einzelnen Grundsätze nicht in der Reihenfolge aufgeführt, wie wir sie heute wohl bevorzugen würden, und auch nicht mit gleicher Eindringlichkeit. Die Toleranz in Glaubensfragen ist nur bescheiden erwähnt, während Gewissensfreiheit und Freiheit der Religionsausübung nach unserem Empfinden an die erste Stelle gehören oder zumindest besonders eindringliche Bekräftigung verdienen. Daß die Versammlung das anders gesehen hat, erklärt sich nicht nur aus der Rücksichtnahme auf die Patrioten unter den Pfarrern, sondern auch daraus, daß viele Beschwerdehefte, völlig uninteressiert am Los der Protestanten und feindselig gegenüber den Juden, für die Aufrechterhaltung der Vorrangstellung der katholischen Kirche plädiert hatten, und daß schließlich die Versammlung selber durchaus nicht »laizistisch« im heutigen Wortsinne war, also, wie sich bald zeigte, nicht darauf aus, der katholischen Kirche das Monopol des öffentlichen Gottesdienstes, der Personenstandsbeurkundung, des Unterrichtswesens und der Sozialfürsorge zu nehmen, sondern im Gegenteil bestrebt, sie fester denn je in die Lenkung des Staates einzubinden. Ebenso würde man es heute zweifellos als unbedingt notwendig empfinden, das Eigentumsrecht zu betonen, es zu definieren und zu rechtfertigen, wie Sieyès es vorgeschlagen hatte. Die Versammlung hat sich damit nicht abgegeben, weil das Ancien régime das Eigentum nie in Frage gestellt hatte; im Gegenteil, Minister und Verwaltungsbeamte sprachen im 18. Jahrhundert immer wieder mit größter Achtung, im Grunde sehr »bürgerlich« vom Recht auf Eigentum, und noch in der Verfassunggebenden Versammlung hatte sich der Adel darauf berufen, um die Herrenrechte zu verteidigen. Der einzige konkrete Verdruß in dieser Hinsicht war die Rücksichtslosigkeit, mit der »für den öffentlichen Nutzen« enteignet wurde, die Saumseligkeit bei der Entschädigung der Eigentümer, die Willkür bei der Wertermittlung und der Zahlungsverzug. Diese Mißstände wurden mit Artikel 17 behoben, der zugleich wohl eine Rechtfertigung für die den Bauern auferlegte Ablösungsverpflichtung bei den Lehnsrechten darstellte. Die Freiheit des einzelnen dagegen nimmt drei Artikel ein, weil die Siegelbriefe und die Mißbräuche im Strafverfahren damals jedermann bedrohten; man betont die Herrschaft des Gesetzes, weil es unter dem Ancien régime keine Gesetzesvorschrift gab, gegen die nicht nach freiem Ermessen des Königs verstoßen worden wäre. Und die Gleichheit der Rechte wird ausführlich behandelt, weil die ganze gesellschaftliche Rangordnung sich aus dem Privileg ableitete. An die Vergangenheit, nicht an die Zukunft wird hier gedacht.

Nicht weniger bezeichnend sind die Lücken in der ›Erklärung‹. Wenn man einen Grundsatz darin zu finden erwartet, so ganz gewiß den der Wirtschaftsfreiheit, an der dem Bürgertum über alles gelegen war. Man sucht vergeblich. Einerseits war das Ancien régime schon nicht mehr dagegen gewesen, denn schließlich hatte bereits Turgot die Zünfte aufgelöst, und Brienne hatte den Getreidehandel völlig freigegeben, andererseits war der Dritte Stand hinsichtlich der Zünfte durchaus uneinig.

Die ›Erklärung‹ spricht auch nicht von der Vereinigungsfreiheit. Nicht daß die Verfassunggebende Versammlung alle Vereinigungen einfach verbieten wollte; die Klubs werden ja bald einen besonders festen Bestandteil der revolutionären Organisation ausmachen. Doch da die Geistlichkeit aufzuhören hatte, eine »Körperschaft« zu bilden, und man durch die Abschaffung des Ämterkaufs gerade bewies, daß man auch die »Körperschaften« der Rechtsberufe beseitigen wollte, war es nicht angezeigt, das Recht auf Bildung von Vereinigungen ausdrücklich zu verkünden.

Versammlungsfreiheit und Petitionsrecht, von denen die Revolutionäre zu dieser Zeit so intensiven Gebrauch machten, werden ebenfalls nicht erwähnt, und es fehlt der Hinweis auf ein Unterrichts- und ein Sozialfürsorgesystem, wie es Sieyès vorgesehen hatte. Wiederum lag dies daran, daß all diese Grundsätze mit der zukünftigen Gesellschaft zu tun hatten, nicht mit der Zerschlagung der alten. Sie konnten warten, und erst in Titel II der Verfassung von 1791 werden sie berücksichtigt, weil zu dieser Zeit das Sinnen und Trachten der Verfassunggeber auf die Zukunft gerichtet ist, während sie im August 1789 noch ganz im Banne der Vergangenheit standen.

Die ›Erklärung‹ und die Zukunft

Eines ließ sich vom andern natürlich nicht sauber trennen. Die ›Erklärung‹ hatte für ihre Verfasser zunächst eine vornehmlich *negative* Bedeutung, war jedoch trotzdem *positiv* formuliert, und die Präambel erinnerte zwar daran, daß hier die alte Ordnung verdammt werde, wies aber zugleich darauf hin, daß die Grundzüge der neuen niedergelegt würden. Auch so gesehen hatte die ›Erklärung‹ in den Augen der Männer der Verfassunggebenden Versammlung eine konkrete Bedeutung. Sie wußten, welche Organisationsform sie Frankreich geben wollten und wie demnach die von ihnen verkündeten Grundsätze auszulegen seien. Nur war hinsichtlich der Vergangenheit die Auslegung eindeutig, weil jedermann wußte, welche Fakten gemeint waren, bei der noch unbestimmten Zukunft dagegen konnte man darüber streiten. Da würde erst die Verfassung Klarheit schaffen. Auch damit ist allerdings noch nicht alles gesagt, denn die Grundsätze konnten ja durchaus für manche in einem logischen Widerspruch zu den Bestimmungen der Verfassung stehen. Deshalb hatte es eine so starke Strömung für die Vertagung gegeben: Nach Vollendung der Verfassung hätte man die ›Erklärung‹ so formulieren können, daß die beiden Dokumente nahtlos zueinander paßten.

Mehr als einmal hat man der Nationalversammlung den Vorwurf gemacht, sie habe die Menschen dazu gedrängt, sich eine schrankenlose und willkürliche Freiheit herauszunehmen und auf völlige Gleichheit zu pochen. Dazu besteht kein Anlaß. Aus Artikel 4 geht eindeutig hervor, daß die Freiheit ihre Grenze im Gesetz findet, aus Artikel 1, daß die Menschen gleich *an Rechten* sind, und diese Gleichheit wird in weiteren Artikeln sehr sorgfältig als Gleichheit vor dem Gesetz definiert. Ohne zu weit zu gehen, darf man unterstellen, daß die Versammlung den Begriff des »allgemeinen Glücks« als Endzweck der politischen Vereinigung deshalb verworfen hat, weil sie vermeiden wollte, daß man sich auf die Gleichheit berief, um ein besseres Los für die Stiefkinder des Glücks zu fordern, und die Gleichheit vor dem Gesetz somit in eine soziale Gleichheit umdeutete. Selbst diese Vorsichtsmaßnahmen erschienen vielen Abgeordneten allerdings noch nicht ausreichend, und vor allem Männer der Kirche wie Grégoire verlangten, daß man der Erklärung der Rechte eine Erklärung der Pflichten an die Seite stelle. Man erwiderte ihnen, Rechte und Pflichten bedingten einander, und zum Recht auf Freiheit gehöre notwendig die Pflicht zur Achtung der Freiheit des andern, wie in Artikel 4 ausdrücklich festgestellt werde. Die Verfassunggeber waren um diese Zeit auch noch ganz unbesorgt. Nicht daß sie, wie manche meinten, als fleißige Leser von Rousseau glaubten, der Mensch sei von

Natur aus gut; sie waren viel realistischer, als man glauben möchte. Nein, sie vertraten eine siegreiche, energiegeladene Klasse, die nun die Welt verändern würde: Das Bürgertum zweifelte nicht an sich selbst und auch nicht daran, daß die Ordnung, die es im Einklang mit den Naturgesetzen und dem göttlichen Willen geschaffen hatte, bestimmt sei, auf alle Zukunft Wohlfahrt und Fortschritt des Menschengeschlechts zu sichern. Ängstlichen Warnungen begegnete man mit Unglauben.

Dabei waren solche Warnungen durchaus nicht ungerechtfertigt. Für das Bürgertum wäre es sicherlich klüger gewesen, den Unterschied zu übernehmen, den Sieyès zwischen der Gleichheit der *Rechte* und der Gleichheit der *Mittel* formuliert hatte; auch eine Klärung des Eigentumsbegriffs hätte sich empfohlen. In Ermangelung solcher Absicherungen läßt sich die ›Erklärung‹, wenn man sie vom philosophischen Standpunkt aus und ohne Berücksichtigung der Zeitumstände betrachtet, durchaus im sozialistischen Sinne auslegen, wie Aulard es schon erkannt hat und wie es auch wirklich geschehen ist. Andererseits: Die Freiheit des einzelnen mag eine Pflicht gegenüber den anderen Staatsbürgern bedingen, aber nichts in der ›Erklärung‹ weist darauf hin, worin denn nun die Pflichten aller gegenüber der nationalen Gemeinschaft bestehen. Gewiß, das Gesetz kann einspringen und bei Gefahr die Ausübung der Menschenrechte einschränken, aber man hätte wohl aussprechen sollen, daß deren Umfang eben den Umständen entsprechend verschieden groß ist, und daß allein die Gemeinschaft diese Umstände zu beurteilen hat. Genau das hatten mehrere Abgeordnete schon im Zusammenhang mit der Unterdrückung konterrevolutionärer Umtriebe geäußert; Gouy d'Arsy hatte erklärt, die Menschenrechte könnten in Kriegszeiten nicht dieselben sein wie in Friedenszeiten. In der ›Erklärung‹ findet sich davon nichts wieder. Die Zeitumstände erklären auch hier die Lücke. In einem Augenblick, da der Dritte Stand sich allein zur nationalen Gemeinschaft erklärte, da er seinen Mitgliedern vorbehaltlose Solidarität abverlangte, da er allen Feinden die Stirn bot, die sich im Lande und von außen gegen ihn stellten, kam wirklich niemand auf den Gedanken, man müsse ihm seine Pflichten gegenüber sich selbst oder in Kriegszeiten in Erinnerung rufen. Im Gegenteil: Da der Dritte Stand nur allzu sehr dazu neigte, die Aristokraten als Feinde zu behandeln, war es sehr wünschenswert, daß man die Achtung der Menschenrechte nicht abschwächte, indem man ihre unvermeidliche Relativität betonte. Doch alle, die diese ›Erklärung‹ nach wie vor als eine Charta auch für unsere Zeit ansehen, müssen sie kommentieren, um sie mit den Lebensumständen unserer Gesellschaftsordnungen in Einklang zu bringen. Die Männer der Verfassunggebenden Versammlung hätten das zweifellos selbst getan, wenn nicht die Umstände, anders als häufig angenommen, ihr Denken beherrscht hätten. Ohne die frische Erinnerung an den 14. Juli und die Furcht vor einem neuerlichen Angriff der Aristokratie hätten sie den »Widerstand gegen Unterdrückung« sicherlich weggelassen, der nach ihrer Vorstellung nur den Kampf gegen das Ancien régime rechtfertigte und in einer zukünftigen Ordnung keinen Platz finden konnte.

Von unmittelbarer Bedeutung sind die rasch zu Tage tretenden Widersprüche zwischen einigen Artikeln der ›Erklärung‹ und den Verfassungsvorstellungen der Nationalversammlung gewesen. »*Alle Staatsbürger*«, heißt es in Artikel 6, sind berechtigt, »*persönlich* oder durch ihre Vertreter« am Zustandekommen der Gesetze mitzuwirken. Ebenso in Artikel 14: »Die Staatsbürger sind berechtigt, *selbst* oder durch ihre Vertreter« die Steuern zu beschließen. Persönlich! Das war die unmittelbare Demokratie, wie sie die Pariser Distrikte einzuführen wünschten, während die Versammlung fest entschlossen war, eine rein *repräsentative* Regierung zu schaffen. Die Verfassung von 1791 wurde dem Volk nicht einmal zur Zustimmung unterbreitet; die Legislative herrschte nach diesem Text fast absolut über das Land und war keiner anderen Kontrolle als den regelmäßig abzuhaltenden Wahlen unterworfen. Eine Verfassungsänderung war mit so vielen formalen Hürden verstellt, daß sie vor Ablauf von zehn Jahren gar nicht möglich gewesen wäre, und noch dazu mußte die Initiative dazu von der gesetzgebenden Gewalt, nicht vom Volk ausgehen. Noch früher, nämlich schon bei der Verabschiedung des Gesetzes vom 12. Dezember 1789, erschien Artikel 6 verletzt, weil in ihm von *allen* Staatsbürgern die Rede war und damit doch wohl das allgemeine Wahlrecht gemeint sein mußte; die Versammlung aber verwehrte dieses Stimmrecht den »Passivbürgern«, die nicht mindestens drei Arbeitstagesätze an öffentlichen Abgaben entrichteten.

Man hätte einen solchen Konflikt vermieden durch die Annahme eines Artikels, in dem Sieyès schon im Juli zwischen »Aktivbürgern« und »Passivbürgern« unterschieden hatte und aus dem hervorging, daß die Wählereigenschaft ein *Amt* sei, zu dem alle zugelassen seien, jedoch unter der Voraussetzung, daß sie, wie für jedes andere Amt, den Nachweis bestimmter gesetzlich festgelegter »Befähigungen« erbrachten. Genau das sagten nach der Revolution Royer-Collard und Guizot; das Bürgertum von 1789 argumentierte also schon wie das zu den Zeiten von Louis-Philippe. Doch da die demokratische Bewegung noch nicht geboren war, drückte es sich noch nicht besonders vorsichtig aus, denn es konnte sich einfach nicht vorstellen, daß seine politische Vorherrschaft in Frage gestellt werden könnte; die Amerikaner, die sich ebenso ausgedrückt hatten, waren ja auch nicht darauf gekommen, daraus ein allgemeines Wahlrecht abzuleiten.

Wäre es anders gekommen, hätte das Bürgertum den Gang der Geschichte natürlich nicht anhalten können. Das Volk, das gekämpft hatte, um die alte Ordnung zu zerstören, hatte schon die Abschaffung des Feudalsystems durchgesetzt. Es wäre abwegig gewesen, anzunehmen, es würde sich ausgerechnet im Namen einer Erklärung, die den Menschen gleiches Recht zusprach, auf alle Zeiten das Stimmrecht vorenthalten lassen. Doch dank des hochgemuten Selbstvertrauens des Bürgertums hat die von ihm verfaßte ›Erklärung‹ ihren Wert behalten als Charta der politischen Demokratie und sogar der sozialen Demokratie, weil sie den Eingriff in das Wirtschaftsleben nicht verurteilt und den Eigentumsbegriff undefiniert läßt.

VI. Die dramatischen Tage im Oktober

1. Passiver Widerstand Ludwigs XVI.

Ludwig XVI. hatte zwar vor dem Aufruhr kapituliert, aber er war durchaus noch nicht so weit, ohne Widerstand alle Beschlüsse der Versammlung durch seine Sanktion zu billigen. Die ansteckende Begeisterung der Nacht des 4. August ließ ihn ungerührt. Schon am 5. erklärte er gegenüber Erzbischof Dulau von Arles: »Ich werde niemals der Ausplünderung meiner Geistlichkeit, meines Adels zustimmen. Ich werde meine Sanktion nicht geben für Dekrete, die sie ausplündern würden.« Als ihm das Dekret vom 5./11. August vorgelegt worden war, reagierte er mit Schweigen. Er äußerte sich auch nicht zur Erklärung der Menschen- und Bürgerrechte. Das Dekret vom 10. August, das für Offiziere und Soldaten den Fahneneid auf *Nation, König und Gesetz* vorschrieb, verbitterte ihn noch mehr.

Die Versammlung war in Verlegenheit. Bis jetzt hatte sie ja keinen Zweifel daran gelassen, daß ihre Dekrete vom König gebilligt werden mußten. Doch wenn ihm das Recht zustand, das Dekret vom 5./11. August und die ›Erklärung‹ und später das ganze Verfassungswerk der Versammlung abzulehnen, so bedeutete das die Wiedergeburt zumindest von Teilen der alten Ordnung, denn um die Zustimmung des Königs zu erlangen, hätte man einen Kompromiß mit der Aristokratie schließen müssen, und genau davon wollte die patriotische Partei absolut nichts wissen.

Die Augustdekrete bleiben in der Schwebe

Über einen Monat lang wollte die Versammlung nicht wahrhaben, daß sie machtlos war, daß die Revolution einen entscheidenden Schritt weitergehen mußte. Am 4. September schlug Mounier vor, die Frage einfach nicht zu erörtern: »Der König hätte gar nicht das Recht, sich der Schaffung einer Verfassung zu widersetzen; im Gegenteil, er muß die Verfassung für sich und seine Nachfolger unterzeichnen und ratifizieren. Da die darin enthaltenen Bestimmungen ihn betreffen, könnte er Änderungen verlangen, doch wenn diese der öffentlichen Freiheit widersprächen, hätte die Nationalversammlung nicht nur die Möglichkeit der Steuerverweigerung, sondern auch die der Befragung ihrer Wähler, denn die Nation hat zweifellos das Recht, sich aller Mittel zu bedienen, um frei zu werden. Der Ausschuß [Verfassungsausschuß] geht davon aus, daß es gar nicht erst als fraglich angesehen werden sollte, daß der König die Verfassung ratifiziert.« Und am 11. September, als Guillotin verlangte, man solle über die Frage: »Kann der König seine Zustimmung zur Verfassung verweigern?« abstimmen, beschloß die Versammlung, die Frage gar nicht erst zuzulassen. Außerdem hatte sich Mounier inzwischen noch eindeutiger geäußert: »Der König braucht der Verfassung nicht zuzustimmen, weil sie Vorrang hat vor der Monarchie.« Und Mirabeau billigte das Verhalten seiner Kollegen, die einen »frommen Schleier« über die Schwierigkeit gebreitet hätten, bekannte sich aber auch grundsätzlich zur Souveränität der verfassunggebenden Gewalt.

Gleich anschließend erkannte die Versammlung dem König ein aufschiebendes *Veto*-Recht für die Gesetzgebung zu. Ein Teil der Abgeordneten betrachtete das Dekret vom 5./11. August als einen Akt der Gesetz-, nicht der Verfassunggebung. So verlangten am 12. September Barnave und Le Chapelier, um jeden Zweifel auszuräumen, daß der König gebeten werden solle, es zu *verkünden,* und zwar mit dem ausdrücklichen Hinweis, er habe es nicht zu *sanktionieren*. Mirabeau stellte sich nachdrücklich auf den Standpunkt, es handele sich um ein Verfassungsdekret, das als solches der Zustimmung des Königs nicht bedürfe. Die erregte Debatte endete erst am 14. September: Die Versammlung wich einmal mehr zurück und beschloß, das Dekret der Sanktion des Königs zu unterwerfen.

Diese Zurückhaltung erklärte sich vielleicht aus den Verhandlungen, die in den Kulissen über das Vetorecht geführt worden waren. Die patriotische Partei hatte sich bereitgefunden, es anzuerkennen, verlangte aber als Gegenleistung, daß die Augustbeschlüsse ratifiziert würden, womit sie der Notwendigkeit enthoben gewesen wäre, »den Schleier zu zerreißen«. Doch die Antwort, die der König am 17. September geben ließ, war hinhaltend; nach vielen Einwänden hieß es am Schluß: »Ich stimme demnach den meisten Artikeln zu und werde sie sanktionieren, sobald sie als Gesetze abgefaßt sein werden.« Worauf Le Chapelier, Mirabeau, Guillotin, Robespierre und der Herzog von La Rochefoucauld vergebens klarzustellen versuchten, man habe den König ja nur zur Verkündung auffordern wollen.

Am 19. konnte sich die Versammlung nur dazu durchringen, einen Antrag von du Port anzunehmen, durch den der König gebeten wurde, die *Veröffentlichung* des Dekrets anzuordnen. Zwei Tage später stimmte der König zu, doch aus seinem Schreiben ging hervor, daß in seinen Augen die Veröffentlichung nicht mit der Verkündung, geschweige denn mit der Sanktion gleichzusetzen sei, und daß sie das Dekret jedenfalls nicht vollstreckbar mache.

Am 1. Oktober schließlich, als ein Ausschuß für die Aufstellung eines Finanzplans eingesetzt worden war, schlug Barnave vor, der Plan solle erst nach der Ratifizierung der Verfassungsdekrete in Kraft treten, und Mirabeau brachte einen Antrag durch, die Dekrete sollten dem König zur *Annahme* vorgelegt werden. Die Opponenten protestierten und betonten, eine solche Annahme sei keine Sanktion und ohnehin erforderlich. Immerhin zeichnete sich eine juristische Lösung ab, doch in der Sache war man damit nicht weitergekommen. Der König konnte es ebensogut ablehnen »anzunehmen« wie zu »ratifizieren«. Wie bei der Organisation der exekutiven Gewalt gelangt man zu dem Schluß: Das Verfassungsproblem hätte sich gar nicht erst gestellt, wenn man Ludwig XVI. durch eine Persönlichkeit ersetzt hätte, welche die vollendete Tatsache ohne Hintergedanken als solche hingenommen hätte. Da man sich dazu nicht in der Lage sah, blieb nur eines: Man mußte den Herrscher einmal mehr zwingen, und zwar durch eine weitere Massenbewegung. Das war die Ursache der Revolutionstage im Oktober.

2. Die Spaltung der patriotischen Partei. Die zwei Kammern und das Veto

Der König war zum Widerstand ganz zweifellos durch die Meinungsverschiedenheiten innerhalb der nationalen Partei ermutigt worden. Die Revolution des Volkes hatte viele ihrer Mitglieder besorgt gemacht: liberale Adlige wie Lally-Tollendal und Clermont-Tonnerre, aber auch Pfarrer wie Barbotin aus Prouvy im Hennegau, dessen Briefwechsel erhalten geblieben ist. Er war bislang sehr aufgebracht gewesen gegen Minister, Adlige und Bischöfe, war aber plötzlich zur Gegenseite übergegangen, als er feststellen mußte, daß mit dem Zehnten so gut wie alle seine Einkünfte dahin waren. Bedenken hatten auch Bürger bekommen, die ihre erworbenen Herrenrechte verloren hatten, ängstlich die Unordnung auf den Straßen sahen und sich fragten, ob die Revolution, zur Vermeidung des Bankrotts begonnen, nicht gerade dazu führen werde.

So bildete sich nach und nach eine Gruppe, die entschlossen war, dem Lauf der Revolution Einhalt zu gebieten und sie sogar teilweise rückgängig zu machen, denn wenn man Frieden haben wollte, mußte man König und Aristokratie Argumente nehmen, das heißt einen Teil des Erreichten wieder aufgeben. Konzessionen waren auch durchaus möglich. Schon das Dekret vom 5./11. August hatte manche der Hoffnungen, die die Nacht des 4. August bei den Bauern geweckt hatte, gedämpft; für seine Durchführung war ein Gesetz über die Ablösung der Herrenrechte erforderlich, das ein Terrain zur Einigung darstellen konnte. Die ›Erklärung‹ wiederum war so allgemein gefaßt, daß man die Gewalten in einer Weise ausgestalten konnte, der König und Adel zuzustimmen vermochten. Für den Adel wurde ja ohnehin die Schaffung von zwei Kammern oder Häusern wie in England erwogen. Die Mitglieder der einen Kammer könnten vom König ernannt werden, und ihr Sitz wäre erblich, so daß sie eine Hochburg des Adels wäre; selbst wenn dieses Oberhaus gewählt würde, könnte man das Wahlrecht einem so engen Kreise gewähren, daß die Gemäßigten dort eine sichere Mehrheit hätten. Dem König würde man das *absolute Veto* anbieten, also das Recht, die Beschlüsse der gesetzgebenden Gewalt für nichtig zu erklären. Nach Klärung dieser Fragen müßte man nur noch das Wahlgesetz für die vom Volk zu wählende Kammer verabschieden. Die Verfassunggebende Versammlung könnte sich dann auflösen und den zukünftigen Kammern die Durchführung der eigentlichen Reformen überlassen: König und Oberhaus hätten mit dem Veto die Möglichkeit, in allen Einzelheiten mitzubestimmen.

Die Anhänger der zwei Kammern und des absoluten Vetos bezeichnete man bald als die *Anglomanen* und als *monarchiens*, »Männer der Monarchie«; oft wurden sie auch einfach *die Engländer* genannt. Nicht nur Malouet und Bergasse schlossen sich Lally-Tollendal und Clermont-Tonnerre an, sondern auch Mounier, der sich von Barnave trennte. Für das absolute Veto fanden sie Unterstützung bei Mirabeau, dem vor allem an der Stärkung der exekutiven Gewalt lag; er hatte erklärt, lieber würde er in der Türkei leben als in einem Lande, wo die Mehrheit der gesetzgebenden Versammlung über alles entscheiden könne. Sieyès hing zu sehr an seinen Theorien, als daß er das Veto hätte billigen können, das ja gegen die Gewaltenteilung verstieß, und er wollte nichts von einer eigenen Kammer für die Aristokratie hören. Die Abschaffung des Zehnten und der Herrenrechte dagegen hatte er bekämpft, und bald würde er sich gegen die Verstaatlichung der Kirchengüter aussprechen: Er war nicht mehr der Ideenlieferant für den Dritten Stand.

Das Verhalten der Patrioten

Die Mehrheit der patriotischen Partei, deren Führung jetzt Barnave, du Port und die Brüder Alexandre und Charles de Lameth übernommen hatten, lehnte ebenso wie Sieyès die Schaffung eines Oberhauses ab, selbst eines gewählten, weil der Adel dort wieder einen eigenen Stand bilden würde. La Fayette versuchte zu vermitteln, um die Spaltung zu vermeiden, und arrangierte Gespräche bei seinem Freund Jefferson, dem Vertreter der Vereinigten Staaten in Frankreich. Es kam nichts dabei heraus, und außerdem verrieten die gemäßigten »Moderantisten« am 1. September, wie sie eigentlich gesonnen waren: Im Palais-Royal hatte es Tumulte gegeben, und sie kamen mit den Aristokraten überein, dem König vorzuschlagen, die Versammlung nach Soissons oder nach Compiègne zu verlegen. Das Zweikammersystem bekam am 10. September nur 89 Stimmen; die Gemäßigten enthielten sich der Stimme. Offensichtlich hatten die »Männer der Monarchie« sich Illusionen gemacht: Da die Präsidenten der Versammlung bisher immer aus ihren Reihen gewählt worden waren, hatten sie geglaubt, die patriotische Partei auf ihrer Seite zu haben. Außerdem hatten sie gemeint, die Aristokraten würden sich geradezu erleichtert um ihr Banner scharen; dabei sannen sie nur auf Rache und betrachteten die Vermittler als Verräter.

Beim königlichen Veto dagegen ließen die Patrioten mit sich reden. Am 2. September beantragte Barnave, das »aufschiebende Veto« zu gewähren, wobei der Wille der gesetzgebenden Gewalt gelten sollte, wenn er in drei aufeinanderfolgenden Legislaturperioden in gleicher Weise ausgedrückt würde. Necker, bei dem man vorher angefragt hatte, war einverstanden. Worauf der Vorstoß hinauslief, war allen deutlich. Die Patrioten hatten dem Adel keine Zugeständnisse gemacht und wollten sich jetzt mit dem König gut stellen, indem sie ihm das aufschiebende Veto im Gesetzgebungsgang zubilligten, wobei man davon ausging, wie Barnave es Necker eindeutig klarmachte, daß Ludwig XVI. dafür in der Praxis auf jeden Widerstand gegen die Verfassungsgesetze zu verzichten und sofort und ohne Einwände die Augustdekrete zu sanktionieren hätte. Necker hatte schon erheblich an Popularität eingebüßt, und die Patrioten lehnten seine auf die enge Zusammenarbeit mit den Bankiers gegründete Finanzpolitik ab: Als die Versammlung am 8. August eine 30-Millionen-Anleihe beschlossen hatte, war sie nur zu einem Zins von 4 ½ Prozent bereit gewesen, was die Geldgeber als unzureichend empfunden hatten, so daß die Emission fehlgeschlagen war. Am 27. August genehmigte sie eine weitere Anleihe von 80 Millionen, war jedoch nicht bereit, die Bedingungen festzulegen, die sie dem Minister überließ, damit er die Schuld an einem Scheitern zu tragen hätte. Wahrscheinlich hoffte Necker durch eine Einigung mit Barnave in der Vetofrage bei der patriotischen Partei wieder Gnade zu finden. Doch die Schwierigkeit für ihn war und blieb, daß er sich nicht auf seinen Einfluß auf den König verlassen konnte. Am 11. September gewährte die Versammlung das aufschiebende Veto. Doch Ludwig XVI. dachte nicht daran, die Augustdekrete zu sanktionieren. Die Patrioten fühlten sich betrogen, und auch das war eine Ursache für die Oktoberereignisse.

Ein neuer »Kampftag« muß sein

Die Patrioten, wütend über ihr Scheitern und ohne Aussicht, den passiven Widerstand des Königs zu überwinden, werden sich allmählich bewußt, daß ein neuer »Anfall von Revolution«, wie Loustalot das in seinem Tagebuch nennt, notwendig ist. Um alle zukünftigen Schwierigkeiten aus dem Wege zu räumen, muß man ihn benutzen, um den König nach Paris zu bringen, wo die Furcht vor dem revolutionären Volk eine ständige einschüchternde Wirkung auf ihn ausüben wird. Schon am 26. August hat das Akademiemitglied Dussaulx, der in der *Commune* mitarbeitet, zum Abgeordneten Augeard gesagt, indem er auf das Tuilerienschloß deutete: »Die Sache wird erst wirklich zur Ruhe kommen, wenn der König da drüben residiert. Es war ein großer Fehler, ihn am 17. Juli nicht hierbehalten zu haben. Der König muß seinen Wohnsitz in seiner Hauptstadt haben.« Und als Augeard einwendete, niemand habe das Recht, ihm seinen Residenzort vorzuschreiben, hatte Dussaulx erwidert: »Wenn es im Interesse des Gemeinwohls ist, wird man ihn wohl oder übel dazu zwingen müssen, und es wird auch dahin kommen.« Am 25. September erklärte der Marquis von Villette in der ›Chronique de Paris‹ ganz offen, man müsse den König nach Paris holen, und Madame Roland, Anfang Oktober von ihrem Landsitz im Beaujolais schreibend, äußerte die gleiche Überzeugung. Doch die Entscheidung lag nicht bei der Versammlung. Nur eine Massenbewegung konnte den Zusammenbruch der alten Ordnung vollenden.

3. Die Agitation unter dem Volk

Die Pariser Distrikte

In Paris war es Bailly nicht gelungen, seine Autorität zu festigen, weil die Distriktsversammlungen, darunter besonders selbstbewußt die des Distrikts Cordeliers, in der Danton brillierte, ihre Stadtteile selbst verwalteten und beanspruchten, alle Maßnahmen des Bürgermeisters und der Gemeindeverwaltung zu kontrollieren, obwohl sie beide ja gewählt hatten. Für sie bedeutete »nationale Souveränität« notwendig »direkte Regierung«. Die Organisation von Paris war ja nur vorläufig, und die Gemeindeversammlung sollte einen endgültigen Plan vorlegen, von dem man sich einig war, daß die Distrikte darüber zu debattieren und ihn zu ratifizieren haben würden. Doch diese Versammlung war so mit den laufenden Geschäften ausgelastet, daß nichts dabei herauskam. Bailly wurde ungeduldig und schlug den Distrikten am 30. August vor, vorläufig bestellte Munizipalbeamte zur Mitarbeit zu bestimmen; sie sollten auf der zweiten Stufe von 300 Distriktsvertretern gewählt werden. Am 18. September ernannten die Distrikte tatsächlich die 300, erteilten ihnen aber den Auftrag, anstelle der Gemeindeversammlung die Verwaltung der Hauptstadt zu übernehmen, und behielten sich vor, die Munizipalbeamten gegebenenfalls direkt wählen zu lassen. Nachdem sie den Bürgermeister in Schach gehalten hatten, wurden die Distriktsversammlungen kühner denn je.

Tatsächlich stellten sie so etwas wie 60 Volksklubs dar; nur eine kleine Minderheit von Parisern erschien dort regelmäßig, doch auf diesem Wege erreichten die Redner der Revolution die Menge.

Redner und Journalisten

Trotzdem blieb das Palais-Royal das Hauptquartier der Agitatoren, unter denen neben Camille Desmoulins ein heruntergekommener, ebenso wie Mirabeau verrufener Adliger, der Marquis von Saint-Huruge, hervortrat. Die Aktivitäten der Journalisten und der Verfasser von Pamphleten hatten eher noch zugenommen. Presse und Druckschriftenverbreitung waren völlig frei, so daß es nur so wimmelte von Broschüren und oft kurzlebigen Blättern. Seit Juli erschienen regelmäßig ›Le Courrier de Paris à Versailles‹ von Gorsas, ›Les Révolutions de Paris‹ von Loustalot, ›Le Patriote français‹ von Brissot. Im September gründete Marat ›L'Ami du Peuple‹, dessen Unabhängigkeit – durch furiose Angriffe auf Necker, Bailly, La Fayette und gegen Hof und Aristokratie bewiesen –, zusammen mit einem echten Bemühen um die Verteidigung der Sache der Armen und Rechtlosen, sehr bald zum Erfolg bei den kleinen Leuten führte. Camille Desmoulins verfügte noch über keine eigene Zeitung, doch hatte er mit zwei Broschüren großes Aufsehen erregt: ›La France libre‹ im Juli und ›Le Discours de la lanterne aux Parisiens‹ (›Ansprache der Laterne an die Pariser‹) im September.

Schon Ende August führte die Auseinandersetzung um Veto und Oberhaus zu einem Aufflammen der Agitation, und sehr bald war von einer Demonstration in Versailles die Rede, um die Versammlung zur Ablehnung zu veranlassen. Auf den Ruf von Desmoulins und Saint-Huruge hin machten sich am 30. August abends zweihundert Männer vom Palais-Royal aus auf den Weg, wurden aber von der Nationalgarde aufgehalten. Sie gaben nicht auf, sondern wollten am 31. August von der Stadtverwaltung verlangen, sie solle die Distriktsversammlungen befragen; die Vertreter der Gruppe wurden gar nicht erst vorgelassen, und die Sache verlief im Sande. Als es aber außerhalb und innerhalb der Nationalversammlung den Patrioten immer deutlicher wurde, daß man ohne Zwang beim König nichts erreichen konnte, wurde der Gedanke ständig populärer. Juristendebatten konnten das Volk nicht mitreißen. Das Veto regte es deshalb auf, weil es erkannte, daß hier ein Mittel existierte, die Revolution zum Scheitern zu bringen, und damit zugleich so etwas wie ein neues Symbol für die Aristokratenverschwörung.

Der neuerliche Ruf nach dem Militär

Seit dem 14. Juli war diese »Verschwörung«, immer wieder besiegt und doch ständig weiter drohend, das Hauptthema für Presse und Volksredner geblieben. Tatsächlich dachten die Aristokraten jetzt ans Losschlagen. Mitglieder einer Vereinigung »Französische Erneuerung«, unter ihnen ein Abbé Douglas und der Marquis von Favras, bereiteten die Abreise des Königs vor, der, als er davon hörte, das Vorhaben ablehnte. Von diesem Augenblick an setzte sich jedoch die Überzeugung durch, er beabsichtige zu fliehen. Hatten nicht selbst die »Männer der Monarchie« dem König vorgeschlagen, er solle die Nationalversammlung nach Soissons oder Compiègne verlegen, wohin er ihr dann natürlich gefolgt wäre? Am 1. September hatte der Kronrat darüber gesprochen, und nur am Widerstreben des Königs war die Sache gescheitert. Vor allem aber hielten die Menschen nach Anzeichen für einen neuen militärischen Staatsstreich Ausschau. Am 14. September rief der König aus Douai das Flandrische Regiment zu sich, etwa tausend Mann, die am 23. eintrafen. Wie im Juli berief er sich auf die Notwendigkeit, die öffentliche Ordnung sicherzustellen, und Graf d'Estaing konnte die Stadtverwaltung von Versailles und einen Teil der Nationalgarde, die er befehligte, davon zunächst überzeugen. Das Regiment wurde mit großem Pomp empfangen, und König und Königin bezogen die Nationalgarde in die Festlichkeiten mit ein, indem sie ihr eigene Fahnen verliehen. Jetzt erschien ein Marsch auf Versailles schon unvermeidlich, wenn die Verschwörung noch überwunden werden sollte, und ganz Paris geriet in Bewegung. Die Soldaten der Gardes françaises hatten schon am 17. davon gesprochen, sie wollten den Leibgardisten die Plätze wieder wegnehmen, die früher im Versailler Schloß ihnen zugestanden hatten; am 22. waren die Arbeiter der Werkstätten der Militärschule abmarschbereit; die Distrikte forderten Erklärungen für die Heranziehung der Linientruppen; die Gemeindeversammlung schickte Vertreter nach Versailles, die sich an Ort und Stelle umsehen sollten. Die Gefahr, die man fürchtete, war die gleiche wie im Juli.

Ein revolutionärer Kampftag steht bevor

Die *journée*, der Kampftag, der da heranreifte, fand diesmal in der Nationalgarde eine organisierte Kerntruppe, die im Juli gefehlt hatte. Gewiß, das einfache Volk hatte man nicht darin aufgenommen. Schon am 31. Juli hatte sich La Fayette zur Aufstellung von besoldeten Kompanien entschlossen, insgesamt

6000 Mann, in die man die Gardes françaises einbezog. Die freiwillige Nationalgarde war auf 24 000 Mann begrenzt, und die Vorschrift, daß man seine Uniform selber stellen mußte, sorgte dafür, daß nur begüterte Männer beitreten konnten. Ihre Hauptaufgabe sahen sie zu dieser Zeit noch darin, den Sieg des Dritten Standes über die Aristokratie zu sichern, und die besoldeten Milizionäre, die »Grenadiere der Nationalgarde«, waren Männer des 14. Juli.

Gab es überhaupt eine Abstimmung zwischen den Agitatoren, die in Paris die Menschen aufwiegelten, und den Abgeordneten in Versailles? Man weiß nicht, in welchen Formen und mit welchen Vereinbarungen, doch an der Tatsache ist nicht zu zweifeln. Auch ohne handgreiflichen Beweis, aber nicht weniger wahrscheinlich ist die Tätigkeit Mirabeaus in die gleiche Richtung, allerdings für die Orleanisten, also die Männer um den Herzog von Orléans; Mirabeau war wie Sieyès überzeugt, die Krise werde sich sehr einfach lösen lassen, indem Ludwig XVI. abdankte und der Herzog die Regentschaft übernähme, der wahrscheinlich Geld in die Sache gesteckt und etliche Rädelsführer gedungen hat. Doch das Geheimnis ist gut gewahrt worden, und letzten Endes war die orleanistische Aktion nur eine Zutat. Man darf mit Malouet feststellen, daß, hätte es den Herzog nicht gegeben, genau das gleiche geschehen wäre. Auch von La Fayette war die Rede, und manche sind so weit gegangen, ihn zum alleinigen Anstifter der Unruhen zu stempeln: Weder er noch Bailly hätten sich am Morgen des 5. Oktober im Rathaus blicken lassen, und er habe der Regierung auffallend spät gemeldet, was da geschah. Das kann aber auch ein Zeichen von Unentschlossenheit gewesen sein, und wenn man ihm Absicht unterstellt, so kann man nur sagen, daß er wie alle Patrioten die Bewegung nicht ungern sah, ganz gleich, was er später geäußert hat. So wie man ihn kennt, waren machiavellistische Ränke nicht sein Fall.

Die Arbeitslosigkeit

Demnach scheinen die politischen Umstände die Hauptursache der Oktoberereignisse zu sein, doch es kommt, wie im Juli, noch etwas hinzu. Es ist nämlich sehr zweifelhaft, ob die Erschütterung ohne die gleichzeitige Wirtschaftskrise so stark gewesen wäre. Die Frauen, die am 5. Oktober als erste nach Versailles aufbrachen, begründeten ihren Marsch jedenfalls mit Brotknappheit und Teuerung.

Die Arbeitslosigkeit hatte seit der Revolution erheblich zugenommen. Ausländer, Adlige, Wohlhabende waren aus der Hauptstadt geflohen, entweder über die Grenze oder in die Provinz. In nicht einmal zwei Monaten waren 200 000 Pässe ausgestellt worden. Das Geld wurde knapp. Die Emigranten nahmen so viel Bargeld mit, wie sie konnten, die Kaufleute ließen den Erlös ihrer Ausfuhren lieber im Ausland, und wer Geldbeträge disponibel hatte, schaffte sie in die englischen und holländischen Banken. Die Luxusgewerbe und der Pariser Einzelhandel waren schwer betroffen. Auch viele Dienstboten waren entlassen worden. Die karitativen Werkstätten waren weniger denn je in der Lage, alle Arbeitslosen einzustellen; die von Montmartre war sogar geschlossen worden.

Brotknappheit und Teuerung

Brot war nach wie vor teuer. Der Vierpfundlaib kostete jetzt 13 ½ Sous, und man konnte nicht so viel kaufen, wie man wollte. Die Ernte war gut ausgefallen, aber erst einmal mußte gedroschen werden, und da die Speicher leer waren, fehlte es vorerst an Korn. Hinzu kam, daß die Bauern wegen der Tumulte nicht zum Markt fahren mochten und jede Stadt, jedes Dorf das vorhandene Getreide zurückhielt und sogar durchpassierende Transporte beschlagnahmte. In Paris hatte die Stadtverwaltung allergrößte Mühe, Tag für Tag die erforderliche Menge zusammenzubringen und vor allem mahlen zu lassen, weil kein Wind ging und die Flüsse wenig Wasser führten. Im September bildeten sich endlos lange Schlangen vor den Bäckerläden.

Die Arbeiter, von der politischen Agitation aufgewiegelt, begannen für Lohnerhöhungen oder die Forderung nach Arbeit zu demonstrieren: am 18. August die Schneider und Perückenmacher, dann die Schuhmacher; am 23. die Apothekengehilfen; am 29. die Dienstboten; am 27. September die Metzger. Und jeden Augenblick drohten die Bäckergesellen damit, sie würden ihre Öfen im Stich lassen.

Die politische Wirkung der Krise

Wie üblich tobte das Volk gegen die kornhortenden Spekulanten, und ganz wie im Frühjahr galt seine Wut den Aristokraten und der Regierung. Die Aristokratenverschwörung war schuld daran, daß die Getreideversorgung vor lauter Unruhen nicht klappte. Daß die Behörden mit den Privilegierten beim »Hungerpakt« unter einer Decke steckten, galt jetzt mehr denn je als ausgemacht, nachdem Le Prévôt de Beaumont, den man wegen dieser Behauptung in die Bastille gesteckt hatte, frei war. Marat und ein weiterer Publizist namens Rutledge betrieben eine wilde Kampagne gegen Necker, den »Spießgesellen der Monopolverbrecher«. Nach Versailles marschieren, die Aristokratenverschwörung zerschlagen und den König und seine Minister in die Hand bekommen – das erschien als das Patentrezept für die Leiden des Volkes. Wieder kamen die Wirkungen der Wirtschaftskrise und der politischen Krise zusammen.

4. Die Oktobertage

Das Bankett der Leibgarde

Ein Zwischenfall, den der Hof aus Leichtsinn verschuldete, gab den letzten Anstoß zum Aufstand. Am 1. Oktober veranstalteten die Offiziere der Leibgarde ein Bankett zu Ehren ihrer Kameraden vom Flandrischen Regiment, und zwar im Opernsaal des Versailler Schlosses. Bei den Trinksprüchen unterließ man es mit voller Absicht, das Glas auf das Wohl der Nation zu erheben. Die königliche Familie erschien und schritt einmal um den Tisch, frenetisch bejubelt, während die Musik die Melodie von Grétry spielte: »Oh Richard, oh mein König, die Welt hat dich verlassen.« Im Saal und draußen ergingen sich die Teilnehmer in provozierenden Reden und drohenden Gebärden. Die Nationalkokarde wurde geschmäht: »Jeder steckt jetzt die schwarze an, die ist richtig!« Als die Königin kurz darauf eine Delegation der Nationalgarde empfing, zeigte sie offen ihre Begeisterung über den Tag; die schwarze Kokarde war die des Hauses Österreich und ihre persönliche. Zugleich verteilten die Damen des Hofes auch weiße Kokarden.

Am Samstag, den 3. Oktober, erfuhr man in Paris von dem Bankett. Die Beleidigung schien das Vorspiel zu einem neuerlichen Vorgehen gegen die Versammlung und gegen Paris zu sein. Marat riet, sich der Kanonen vom Rathaus zu bemächtigen und aus dem Vorort Essonnes Schießpulver zu holen; die Distrikte tagten in Permanenz, und Dantons Distrikt Cordeliers ordnete an, jeden wegen des Verbrechens der Volksbeleidigung zu verfolgen, der eine andere als die dreifarbige Kokarde trüge. In der Gemeindeversammlung wurde beantragt, man müsse die Rückbeorderung des Flandrischen Regiments verlangen, und sie untersagte das Tragen jeden Abzeichens, das nicht die »rot-blau-weiße Kokarde« war.

Am Sonntag, den 4. Oktober, herrschte im Palais-Royal großes Gedränge; es waren besonders viele Frauen gekommen, die ihre Entschlossenheit bekundeten, am nächsten Tag nach Versailles zu marschieren. Sie führten vor allem Schmähreden auf die Königin. Die Nationalgarde löste die Menschenansammlungen auf, aber ohne rechten Nachdruck. Es war vorauszusehen, daß der nächste Tag stürmisch werden würde. Trotzdem traf La Fayette keine besonderen Vorkehrungen.

Der 5. Oktober

Am Montag machte sich je ein Zug von Frauen aus dem Faubourg Saint-Honoré und aus dem Markthallenviertel auf; gegen acht Uhr trafen sie vor dem Rathaus zusammen. Das kann kein Zufall gewesen sein. Zu einer Volksbewegung, und sei sie noch so unvollkommen organisiert, gehört vielleicht nicht immer ein Anführer oder eine leitende Gruppe, aber zumindest Rädelsführer. In diesem Falle kennen wir weder ihre Namen noch ihre Methode.

Die Frauen riefen nach Brot. Weil Bailly und La Fayette nicht da waren, beschlossen sie sehr bald, nach Versailles aufzubrechen. Das so gut wie unbewachte Rathaus wurde durchsucht, alle Waffen nahm man mit. Maillard, einer der Anführer der »Freiwilligen von der Bastille«, die sich aus militärisch organisierten Mitkämpfern des 14. Juli rekrutierten, wurde aufgefordert, er solle sich an die Spitze des Zuges setzen. Vielleicht hatte er sich die Sache nicht als eine Frauendemonstration vorgestellt, denn er verlegte sich aufs Verhandeln. Vergebens: er mußte mit. Unterwegs schlossen sich noch viele weitere Frauen, freiwillig oder gezwungen, dem ersten Aufgebot an. Bei strömendem Regen zogen sie, laut Maillard waren es 6000 bis 7000, über Sèvres, wo etliche Läden geplündert wurden, in Richtung Versailles.

Gegen Mittag erschienen Grenadiere der Nationalgarde im Rathaus, fanden aber nur noch wenige Besetzer vor, die vertrieben wurden. Als La Fayette endlich auftauchte, schickten diese Nachzügler eine Delegation zu ihm, die erklärte, sie wollten auch nach Versailles ziehen, um die Beleidigung der Kokarde zu rächen. Jetzt wurde der politische Charakter der Bewegung deutlich. »Der König hintergeht alle, Sie und alle anderen«, sagte ein Nationalgardist; »er muß abgesetzt werden. Sein Sohn wird dann König und Sie Regent, dann klappt alles wieder.« Unterdessen läuteten die Sturmglocken über der ganzen Stadt. Die Distrikte versammelten sich, und nach und nach kam die Nationalgarde auf den Platz vor dem Rathaus. Überall ertönte der Ruf: »Nach Versailles!« Vom Pferd herab bemühte sich La Fayette vor der Rathaustür vergeblich, auf die Menge einzureden; in seinen Erinnerungen beteuert er, man habe ihm schließlich mit der Laterne gedroht. Gegen vier Uhr nachmittags erlaubte die Gemeindeversammlung mit seinem Einverständnis dem Kommandeur, sich mit der Nationalgarde auf den Weg zu machen; sie gab ihm zwei Bevollmächtigte mit, die neben anderen Anliegen den König auffordern sollten, seinen Wohnsitz in Paris zu nehmen. Gegen fünf Uhr waren nun weitere 20000 Menschen, Nationalgardisten und Zivilisten, in Richtung Versailles unterwegs.

Die Nationalversammlung war am Vormittag zusammengetreten. Der König hatte soeben auf ihre Aufforderung vom 1. Oktober erwidert, den August- und Septemberdekreten »trete er bei«, was nur eine Zustimmung unter Vorbehalt bedeutete. Die Verfassung, so teilte er mit, könne nur als Ganzes recht gewürdigt werden, und jedenfalls sei es unbedingt erforderlich, daß die Exekutive »ihre volle Wirkung in den Händen des Monarchen« entfalte. Die Diskussion begann von neuem. Robespierre und Barère erklärten, die Verfassung bedürfe der Zustimmung des Königs nicht, während Mirabeau vorschlug, noch einmal um vorbehaltlose Annahme nachzusuchen. Er behielt das Feld: Bis zuletzt wollte die Versammlung den Schleier nicht zerreißen. Die Deputation mit dem erneuerten Vorschlag war noch nicht aufgebrochen, als gegen vier Uhr die Frauen, klitschnaß und verdreckt, an den Türen eintrafen. Maillard, den man mit einer Abordnung einließ, führte Klage über die Hungersnot, forderte den Abzug des Flandrischen Regiments, sprach aber nicht vom König. Die Versammlung legte sich nicht fest. Sie beschloß, daß ihr Präsident Mounier nicht nur die Annahme der Dekrete, sondern auch geeignete Maßnahmen für die Versorgung von Paris verlangen solle.

Ludwig XVI. war wie gewohnt auf die Jagd gegangen. Der Minister Saint-Priest, der privat informiert worden war, hatte ihm einen reitenden Boten nachgesandt und die Leibgarde, etwa 600 Mann, sowie das Flandrische Regiment zum Schloß befohlen. Um drei Uhr kam der König zurück und versammelte den Rat. Die Regierung hatte noch keine amtliche Mitteilung erhalten, weil La Fayette seine Meldung ja erst zwischen zwei und drei Uhr abgesandt hatte. Man wußte nicht recht, was die Frauen eigentlich wollten, aber es erschien nicht weiter schwierig, ihnen an den Brücken von Sèvres und Saint-Cloud den Weg zu verlegen. Aus Courbevoie konnten unverzüglich drei Bataillone Schweizergarden herangezogen werden. Saint-Priest war zum Durchgreifen entschlossen, erklärte aber, es sei trotzdem notwendig, den etwaigen Aufbruch des Königs nach Rambouillet, wo 200 berittene Jäger in Garnison lagen, vorzubereiten. Er fand Zustimmung, doch Necker protestierte, wollte die Gefahr nicht wahrhaben und gab zu bedenken, es könne ein Bürgerkrieg daraus entstehen, und es sei kein Geld da, um ihn zu führen. Ludwig XVI. unterbrach die Sitzung, um sich mit der Königin zu beraten. Um halb sechs Uhr gelangten die Frauen bis an die äußeren Gitter, wo die Leibgarde sie in Schach hielt. Einigen wurde gestattet, Mounier und seine Kollegen zu begleiten und mit dem König zu sprechen, der sie jovial empfing und ihnen Korn für Paris und für sie selber alles Brot, das sich in Versailles finden ließe, versprach. Sie kamen strahlend zurück, doch da sie nichts Geschriebenes mitbrachten, wurden ihre Mitmarschiererinnen wütend und bedrohten sie. Sie mußten noch einmal hinein und ein Schreiben von der Hand des Königs erbitten. Ein Teil der Menge machte sich daraufhin unter Führung von Maillard auf den Rückweg nach Paris. Inzwischen war La Fayettes Meldung eingetroffen, die vor dem Abmarsch der Nationalgarde abgegangen war, davon also nichts mitteilte. Der König war froh, die Frauen los zu sein, und hielt die Sache für erledigt. Die Truppen bekamen Befehl, in ihre Kasernen abzurücken. Als die Leibgarde gegen acht Uhr vorbeimarschierte, kam es zu Handgreiflichkeiten mit der Nationalgarde von Versailles, doch nicht lange, dann zogen sich auch die bewaffneten Bürger zurück. Kurz, das Eingreifen der Frauen war erfolglos geblieben, die entscheidende Frage nicht einmal erwähnt worden.

Plötzlich, kurz nach neun Uhr, erschienen zwei Offiziere, die La Fayette beim Eintreffen in dem Vorort Auteuil vorausgeschickt hatte. Der Rat trat noch einmal zusammen. Jetzt war nicht mehr an Widerstand zu denken. La Fayette hatte zwar nicht ausdrücklich gesagt, die Nationalgarde komme, um den König zu holen, doch Saint-Priest drängte trotzdem auf sofortigen Aufbruch. Die Königin und Mounier gaben ihm recht, und der König fügte sich. Saint-Priest erteilte die nötigen Befehle und begab sich zu Pferde auf die Straße nach Rambouillet, zusammen mit dem Wagen, in dem sich seine Familie befand. Kaum unterwegs, wurde er von einem Boten eingeholt: Ludwig XVI. hatte es sich anders überlegt und war nun zum Bleiben entschlossen. Er hatte ohnehin nur widerstrebend nachgegeben: »Ein König und fliehen!« hatte er immer wieder gesagt. Vielleicht hat er auch gefürchtet, mit der Flucht das Signal zum Bürgerkrieg zu geben, dessen erste Opfer seine Diener sein mußten. Man muß aber auch bedenken, daß er nicht wußte, was die Neuankömmlinge im Schilde führten; es ist durchaus möglich, daß er gemeint hat, es ginge nur um die Verfassungsdekrete. Wenn er da von sich aus nachgab, würde er den Gegner entwaffnen. Jedenfalls teilte er gegen zehn Uhr Mounier seine uneingeschränkte Zustimmung mit.

Im Saal der Menus-Plaisirs bemühte sich die von der Menge überrannte Versammlung trotz des Lärms um eine ordnungsgemäße Beratung. Um elf Uhr traf La Fayette ein. Nachdem er sich um die Unterbringung seiner Leute gekümmert und mit Mounier abgesprochen hatte, begab er sich zum Schloß, wo er vom König gnädig empfangen wurde. Die Bevollmächtigten der Gemeindeversammlung brachten ihre Anliegen vor. Man kam ohne Schwierigkeiten überein, die Nationalgarde solle die Außenposten um das Schloß besetzen, während die Leibgardisten weiterhin im Innern Wache halten würden. Da bereits Anweisungen für die Getreideversorgung von Paris gegeben und die Dekrete angenommen worden waren, blieb für die Bevollmächtigten nur die Forderung nach der Übersiedlung des Königs nach Paris. Zum erstenmal an diesem Tage hörte Ludwig XVI. überhaupt davon, und er ging nicht darauf ein. Es war spät in der Nacht, und man verschob alles weitere auf den nächsten Tag.

Die Versammlung ging gegen drei Uhr früh auseinander. Nur sie hatte von den Ereignissen des Tages wirklich profitiert: Der König hatte die Verfassungsdekrete *angenommen* und implizit eingeräumt, daß seine *Sanktion* für sie nicht erforderlich war. Wieder einmal hatte eine Volksbewegung der Revolution der Juristen zum Erfolg verholfen. Vielleicht hätte sich die Mehrheit damit zufrieden gegeben. Doch die Pariser waren wegen solcher Kinkerlitzchen nicht ausmarschiert. Schon morgen konnten die Aristokraten den König wieder in ihre Gewalt bringen, und die Versammlung selbst hatte sich ja zögerlich und kraftlos gezeigt. Jetzt mußte Schluß gemacht werden. Herrscher und Versammlung mußten nach Paris gebracht werden, damit das Volk über sie wachen konnte.

Der 6. Oktober

Viele Demonstranten hatten kein Nachtlager gefunden, so daß sich schon gegen sechs Uhr mehrere hundert von ihnen vor dem Schloßgitter drängten. Eines der schmiedeeisernen Tore war offen geblieben. Die Menschen strömten in den Schloßhof, es kam zum Handgemenge, ein Leibgardist wurde umgebracht, dann traf einen jungen Arbeiter ein tödlicher Schuß, man ermordete einen weiteren Leibgardisten. Die Menge erreichte die Treppe zu den Gemächern der Königin und drang, die Leibgardisten vor sich her treibend und mehrere tötend oder verwundend, bis ins Vorzimmer. Die Königin flüchtete in die Räume des Königs.

Die Nationalgardisten hatten nichts getan, um die Eindringlinge aufzuhalten. Jetzt erst kamen sie, machten dem Kampf ein Ende, besetzten auch die inneren Posten und ließen das Schloß räumen. La Fayette, der im Stadtpalais der Noailles geschlafen hatte, erschien endlich auch, sorgte für die Versöhnung von Nationalgarde und Leibgarde und zeigte sich mit der königlichen Familie auf dem Balkon. Die Menge zögerte, dann applaudierte sie ihnen schließlich, rief aber dabei: »Nach Paris!« und rührte sich nicht vom Fleck. Es war keine Täuschung mehr möglich, und der König gab schon nach wenigen Minuten nach. Immerhin verlangte er zuvor die Stellungnahme der Versammlung. Sie erwiderte nur, sie sei mit der Person des Königs untrennbar verbunden, was einer Zustimmung zum Umzug nach Paris gleichkam.

Um ein Uhr mittags bildeten zum Schall von Salutschüssen Nationalgardisten, einen Brotlaib auf der Bajonettspitze, den Anfang des Zuges. Es folgten Karren mit Korn oder Mehl, mit Zweigen dekoriert und begleitet von Lastträgern der Markthallen und von Frauen, die Blattwerk mit Stoffbändern schwenkten, zum Teil auf den Kanonen sitzend oder reitend. »Man hätte meinen können, einen wandernden Wald zu sehen, aus dem die Spitzen der Spieße und die Läufe der Gewehre blinkten«, schreibt ein Augenzeuge. Es folgten die Grenadiere, die den Schutz der entwaffneten Leibgardisten übernommen hatten, dann das Flandrische Regiment und die Schweizer. Hinter ihnen hatte sich die Karosse mit dem König und seiner Familie eingereiht, La Fayette hoch zu Roß am Kutschenschlag, und dahinter die Wagen der hundert Abgeordneten, die bestimmt worden waren, die Nationalversammlung zu vertreten. Hinter ihnen weitere Einheiten der Nationalgarde und schließlich die große Menge.

Es ging langsam voran auf der schlammigen Landstraße, und es regnete. Die Dämmerung kam früh. Das Volk spürte das triste Wetter nicht. Für einen Augenblick friedlich gesonnen, dachte es mit neuer Zuversicht nur an seinen Sieg, lachte und scherzte; es brachte in Gestalt der königlichen Familie »den Bäcker, die Bäckersfrau und den kleinen Bäckerjungen«.

Bailly empfing den König an der Stadtgrenze und geleitete ihn zum Rathaus, wo man ihn feierlich begrüßte. Erst um zehn Uhr abends betrat die königliche Familie das Tuilerienschloß, das seit über einem Jahrhundert leerstand. Die Versammlung hatte es nicht sehr eilig mit dem Nachkommen. Am 12. Oktober setzte sie den Umzug auf den 19. fest, und nachdem sie zwei Wochen lang im Erzbischöflichen Palais getagt hatte, bezog sie am 9. November die *Manège*, eine zu den Tuilerien gehörende Reithalle, die man in aller Eile für ihre Bedürfnisse hergerichtet hatte.

Für den Augenblick fiel der neue Strom von Emigranten, die von den Oktoberereignissen aus Frankreich vertrieben wurden, gar nicht auf. Man machte sich auch keine großen Sorgen über die erste Verstümmelung der patriotischen Partei: Die Gemäßigten, mit der Aristokratie zugleich besiegt, standen jetzt endgültig in der Opposition, während Mounier, ihr Mentor, die Sache verloren gab und in die Dauphiné heimreiste, von wo aus er bald darauf ins Ausland ging. Der König war jetzt ganz offensichtlich der Gefangene und die Geisel der Revolution, doch noch einmal waren sich alle einig, daß er nunmehr, dem Einfluß der Aristokratenverschwörung entzogen, mit der Nationalversammlung zusammenwirken würde, und in den ersten Tagen bewies ihm die Bevölkerung mehrfach mit Huldigungen ihre Verbundenheit. Niemand bedachte, daß die Revolution erst angefangen haben könnte. Im Grunde lag das Volk mit seinem Gefühl nicht ganz falsch: Indem die Oktobertage die Ratifizierung der Augustdekrete bewirkten, hatten sie das Ende des Ancien régime besiegelt, und nichts hat diese alte Ordnung wieder auferstehen lassen können. Die Revolution von 1789 jedenfalls war vollendet.

Schlußgedanken

I

Die Revolution von 1789 ist zuvörderst der Sturz der absoluten Monarchie und die Einführung der fortan von einer verfassungsmäßigen Regierung gewährleisteten Freiheit. So gesehen wird niemand bestreiten können, daß sie eine nationale Revolution war, denn sowohl die Privilegierten als auch der Dritte Stand forderten eine Verfassung und die Achtung der Individualrechte.

Diese Revolution bringt aber auch die Gleichheit vor dem Gesetz; ohne sie wäre die Freiheit ja nur ein weiteres Privileg der Mächtigen. Für die Franzosen von 1789 sind Freiheit und Gleichheit untrennbar verbunden, im Grunde Wörter, die dasselbe bedeuten. Hätten sie wählen müssen, so wäre ihnen die Gleichheit am wichtigsten gewesen, und wenn die Bauern, die ja ihre überwältigende Mehrheit bildeten, der Freiheit zujubelten, so dachten sie dabei an die Abschaffung der Macht des Grundherrn, der jetzt einfacher Bürger sein sollte, also im Grunde an die Gleichheit.

Bei den Föderationsfesten, vor allem am ersten Jahrestag des Bastillesturms am 14. Juli 1790, haben die frei und gleichberechtigt gewordenen Franzosen die eine und unteilbare Nation durch freiwillige Zustimmung neu begründet. Auch dieser Wesenszug der Revolution von 1789 ist unvergleichlich, und die Feststellung, ein Volk habe ein Selbstbestimmungsrecht und könne von keinem anderen ohne seine frei gewährte Zustimmung annektiert werden, hat in der Welt nachhaltige Wirkung gehabt.

Überhaupt haben die Männer von 1789 keinen Augenblick angenommen, die Menschen- und Bürgerrechte könnten lediglich für die Franzosen gelten. Das Christentum hatte keinen Unterschied gemacht zwischen den Menschen; es hatte sie alle gerufen, brüderlich in Gottes Reich einzuziehen. So waren auch die Revolutionäre überzeugt, Freiheit und Gleichheit seien das gemeinsame Gut der Menschheit. Weil sie meinten, alle Völker würden ihrem Beispiel folgen, haben sie sogar einen Augenblick lang davon geträumt, die frei gewordenen Nationen würden sich auf alle Zeit versöhnen, und es würde allgemeiner Friede herrschen.

II

In der Vorstellung der Juristen, die das Bürgertum vertraten oder führten, sollte die Revolution friedlich verlaufen; von der öffentlichen Meinung erzwungen, sollte sie nur zu neuen rechtlichen Formen führen. Tatsächlich hat sich das Werk der Revolution von 1789 vor allem in den Beschlüssen vom 4. August und der Erklärung der Menschen- und Bürgerrechte konkretisiert. Es wäre aber kindisch, nur diese Gesetzgebungsdokumente zu betrachten und die Ereignisse, die sie erst ins Leben riefen, in den Hintergrund zu schieben; noch kindischer gar, aus diesen Ereignissen auszuwählen, um eine Legende aufbauen zu können. Die Generalstände haben mutig und geschickt die Sache des Dritten Standes und damit die Sache der Nation vertreten, aber wie Buchez, der friedliche katholische Demokrat von 1848, es formuliert hat: »Die Versammlung hätte nichts zustandegebracht ohne die Volksaufstände.« Das Ancien régime hat sich nicht der Revolution der Juristen gebeugt; es hat zur Gewalt gegriffen und ist von der Gewalt zerstört worden: von der Gewalt, die das Volk, das auf die Straße gegangen war, in den Dienst von etwas stellte, das es als »das Recht« ansah, ohne daß seine Vertreter auch nur gewagt hätten, so etwas von ihm zu verlangen.

Ob der Griff zur Gewalt *theoretisch* die einzige Möglichkeit war, das kann der Historiker nicht beantworten. Er stellt nur fest, daß im Frühjahr 1789 das französische Volk noch nicht daran dachte, und daß zwei Jahre zuvor überhaupt niemand daran dachte, das Régime könnte seinem Ende nahe sein. Die Aristokratie hat die Revolution provoziert, indem sie den König zur Einberufung der Generalstände zwang. Nachdem sie dem Dritten Stand einmal das Wort gegeben hatten, hingen vom Adel und vom König die Zugeständnisse ab, die den Dritten Stand zumindest vorläufig zufriedengestellt hätten. Es ging weniger um politische als um gesellschaftliche Auseinandersetzungen, denn in dem Bestreben nach einem Umbau der Monarchie in eine konstitutionelle Regierungsform waren sich Adlige und Bürger einig, und der König hätte dabei kaum etwas von seiner Autorität eingebüßt; allerdings wollte die große Mehrheit des Adels, die durchaus geneigt war, sich mit der steuerlichen Gleichbehandlung abzufinden, unbedingt ihre übrigen Privilegien behalten und Staat im Staate, Nation in der Nation bleiben, und zwar weniger aus finanziellem Eigennutz als aus

Stolz. Hätte 1789 eine Entwicklung beginnen können, in deren Verlauf die Adligen es hingenommen hätten, schlichte Bürger zu werden? Möglich ist das, vielleicht sogar wahrscheinlich, aber da man Geschichte nicht wie ein Experiment im Labor wiederholen kann, werden die Meinungen da immer auseinandergehen. Außerdem kommt es gar nicht darauf an, weil eben die erforderlichen Folgerungen nicht rechtzeitig gezogen worden sind, weil der Hof zur Gewalt gegriffen hat, um die Aristokratie zu verteidigen, und weil sich das Problem von Anfang an in seiner ganzen Tragweite stellte: Der Dritte Stand sah sich in die Enge getrieben, ihm blieb nur die Wahl zwischen Widerstand und Selbstaufgabe, so daß *praktisch* allein der Aufruhr blieb, weil der Dritte Stand entschlossen war, sich nicht abspeisen zu lassen.

Die Aufständischen kannten die Gefahr, und einige Dutzend von ihnen haben die Strenge der Prevotalstandgerichte zu spüren bekommen. Letzten Endes gibt es keine Erklärung für ihre Entschlossenheit, ihr Leben zu wagen und den Tod einem ewigen Unterworfensein vorzuziehen, es sei denn ihre Kühnheit, ihren Mut und ihre Opferbereitschaft. Andere Männer haben ähnliche Gründe gehabt, zu kämpfen, und haben sich doch lieber in ihr Los gefügt. Die revolutionäre Tat gehört in die Kategorie des Geistigen.

Trotzdem gibt es natürlich zahlreiche Motive, die das französische Volk ins letzte Dilemma getrieben haben, und man hat sich bemüht, sie herauszuarbeiten: Klasseninteressen und Eigeninteressen, gekränkter Stolz, Leiden des Volkes, philosophische Propaganda haben von Fall zu Fall mehr oder weniger dazu beigetragen, dem Dritten Stand seine seltsam vielschichtige Mentalität zu geben, die aber ihren Ausdruck letzten Endes vor allem in der Überzeugung von einer »aristokratischen Verschwörung« fand, und die wiederum hat zu den für die Julitage bezeichnenden entfesselten Volksbewegungen geführt: Furcht, Kampfeseifer und Rachgier.

Das Besitzbürgertum fühlte sich von den Exzessen auf der Straße abgestoßen und schob sie auf das Konto von bezahlten Provokateuren, Ausländern, »Räubern«, Verbrechern, die sich ganz unvermeidlich auch unter den Aufständischen befanden. Der Abschaum der Gesellschaft kommt nie zuletzt, wo sich Menschen zusammenrotten, aber die Behauptungen der Versammlung und der bürgerlichen Behörden sind trotzdem tendenziös: Das Volk tadelte die Julimorde nicht und wies sie nicht von sich; aber das taten auch Barnave oder Madame Roland nicht. Der Komplex Revolution ist nicht auflösbar. Clemenceau hatte recht, wenn er sagte, die Revolution sei ein Block. Es ist Sache des Moralisten, Heldentum zu loben und Grausamkeit zu verurteilen, aber damit erklärt er die Tatsachen nicht.

III

Das Eingreifen der Volksmacht hat auf den Lauf der Revolution einen Einfluß gehabt, den wir hier nur andeuten können, aber jedenfalls nicht unerwähnt lassen dürfen.

Ohne den Druck des Volkes hätte die Gesetzgebende Versammlung das System der Grundherrschaft sicherlich gelockert und gelichtet, aber es ist mehr als zweifelhaft, daß sie ihm einen so harten Schlag versetzt hätte. Schon die Ablösung der geschuldeten Abgaben, die sie beschloß, wurde von den Bauern einfach nicht akzeptiert, die bereits 1793 die entschädigungslose Abschaffung erlangten. Daß die französische Bauernschaft zu einer Demokratie von selbständigen Kleingrundbesitzern geworden ist, während die Ablösung sie in ihrer Existenz bedroht oder gänzlich ruiniert hätte, verdankt sie allein sich selbst: sie hat sich selbst befreit, und die Versammlungen haben nur noch bestätigt, was sie vollbracht hatte.

Der Adel allerdings, materiell beeinträchtigt, nachdem er schon durch die Abschaffung der Stände und Privilegien in seinem Stolz getroffen worden war, empfand einen ganz unversöhnlichen Haß auf die Revolution. Die Verschwörung der Aristokraten wurde bald zur Realität, und zwar mit allem, was ihr das Volk unterstellt hatte: das Schüren des Bürgerkriegs und die Bemühung um Hilfe aus dem Ausland. Das wiederum führte zu immer gewalttätigeren Reaktionen, zu den Septembermorden 1792 und schließlich zur Schreckensherrschaft.

Andererseits hatte sich der König mit der Entscheidung für die Gewalt zur Verteidigung der Privilegierten und seiner eigenen Autorität ein für allemal kompromittiert. Die Versammlung, die ihn dennoch nicht stürzen mochte, sah sich gezwungen, die Exekutive systematisch zu schwächen, alle Macht an sich zu ziehen und im Grunde diktatorisch zu regieren, ohne den Vorteil der Effizienz einer Alleinherrschaft zu haben, weil die Exekutive fortbestand und ihr entgegenarbeitete. So ist die

Revolution von ihrem Kurs abgedrängt worden, bis der Augenblick höchster Gefahr gekommen war.

Und: Das Volk hat zwar durch sein Eingreifen die Versammlung gerettet, aber es wäre ein Irrtum zu meinen, es habe die gleichen Vorstellungen gehabt wie das Bürgertum. Es hatte seine eigenen Motive. Eines war die Abschaffung des Feudalsystems, aber es wollte zugleich die alte, stark reglementierte Wirtschaftsordnung wieder einführen, die einer Entwicklung des Kapitalismus im Wege stand und von Regierung, Großgrundbesitz und Großbürgertum im Laufe des 18. Jahrhunderts nach und nach abgebaut worden war. Die Erhebung des Volkes hatte den freien Kornhandel noch einmal zu Fall gebracht und den Bauern die Möglichkeit verschafft, ihre kollektiven Rechte zurückzubekommen, vor allem die Freiweide auf Stoppel und Brache und die Rückgabe des Gemeindelands, das man ihnen genommen hatte. Ganz allgemein machte die Erklärung der Gleichheit der *Rechte* erst die Ungleichheit der *Möglichkeiten* deutlich, und da diese zum Teil auf der Ungleichheit des Vermögens beruhte, konnten erste Anzeichen eines zugleich politischen und sozialen Konflikts zwischen Besitzenden und Proletariern nicht ausbleiben. Dieser Konflikt führt die Revolution in die Demokratie, und zehn Jahre nach ihrem Beginn veranlaßt er das Bürgertum, bei der Militärdiktatur Zuflucht zu suchen, um die Herrschaft der »Notabeln« wieder herzustellen.

IV

Trotzdem hatte das Bürgertum am 26. August 1789 endgültig die Grundlage für die neue Gesellschaft geschaffen. Die Revolution von 1789 war nur ein erster Akt, aber alles Folgende war eben nichts als ein langer Kampf, der im Grunde bis 1830 gedauert hat, um dieses Grundgesetz. So ist die Erklärung der Menschen- und Bürgerrechte so etwas wie die Inkarnation der ganzen Revolution geblieben.

Man hat sich nach Kräften bemüht, ihr den unverwechselbaren Charakter abzusprechen und zum Beispiel ihren sachlichen Inhalt zurückgeführt auf die ›Erklärungen‹ der englischen Kolonien in Nordamerika im Verlaufe ihres Kampfes um die Unabhängigkeit. Ganz sicherlich kannten die Verfassungsgeber diese Texte, insbesondere den am 10. Mai 1776 von Virginia verkündeten; er atmet den gleichen Geist und hat den gleichen Inhalt wie die französische ›Erklärung‹ von 1789. Außerdem hat sich La Fayette schon im Januar 1789 mit Jefferson über seinen Entwurf unterhalten, und der Text, den er am 11. Juli der Versammlung vorgelegt hat, ist mit La Fayettes Begleitschreiben in den Papieren des Botschafters der Vereinigten Staaten gefunden worden, versehen mit dessen eigenhändigen Anmerkungen. Am Einfluß Amerikas gibt es also keinen Zweifel. Doch das heißt nicht, daß die französische ›Erklärung‹ ohne ihn nicht entstanden wäre. Die ganze philosophische Bewegung unseres Landes im 18. Jahrhundert führte auf die Zusammenfassung in einem solchen Wurf hin; das Denken Montesquieus, Voltaires, Rousseaus hat dazu beigetragen. Im Grunde sind Amerika, Frankreich, so wie vor ihnen schon England, gleichermaßen von dem Strom der Gedanken getragen worden, dessen Durchbruch den Aufstieg des Bürgertums in der Form eines gemeinsamen Ideals bezeichnete, in dem sich die ganze Entwicklung der abendländischen Kultur verdichtete.

Im Verlaufe der Jahrhunderte hat unser Abendland, vom Christentum geprägt, aber zugleich Erbe des antiken Denkens, sich durch tausend Rückschläge nicht in seinem ständigen Streben nach der Befreiung des Individuums beirren lassen. Die Kirche hatte die Freiheit des einzelnen nur als Möglichkeit zur ungestörten Bemühung um sein Heil und die Gewinnung der ewigen Seligkeit verteidigt. Vom 16. bis zum 18. Jahrhundert hatten die Philosophen den Menschen ermutigt, sich auch von den Fesseln zu befreien, die seine Verwirklichung in dieser Welt behinderten, ihn davon abhielten, sich zum Herrn über die Natur zu machen und sein Geschlecht wirklich zur Krone der Schöpfung werden zu lassen. Doch wenn ihre Aufforderungen auch anders als die Lehre der Kirche klangen, so waren sie ihr doch nahe, da auch sie die hohe Würde der menschlichen Person anerkannten, deren Respektierung postulierten und ihr natürliche, unveräußerliche Rechte zusprachen, der staatlichen Autorität dagegen nur ein einziges Ziel zuerkannten: diese Rechte zu schützen und dem einzelnen zu helfen, sich ihrer würdig zu erweisen.

Außerdem war das Abendland ja von denselben Lehrmeistern geprägt worden, und das Menschengeschlecht war stets als ein Ganzes gesehen worden. Die Kirche versprach das Heil allen Menschen, ohne Unterschied der Rasse, Sprache oder Nation. Diesem Universalismus sind die Philosophen treu geblieben. Sie haben die Vorstellung von der christlichen Gemeinschaft verweltlicht, aber beibehalten.

Die ›Erklärung‹ macht sich beide Züge zu eigen. Für sie ist der selbständige, freie einzelne das Endziel aller gesellschaftlichen Organisation und des Staates, und unter den Menschen kennt sie weder ein erwähltes Volk noch Parias. In der ganzen Welt wendet sie sich an die Menschen guten Willens, die mit Victor Hugo bekennen:

Je hais l'oppression d'une haine profonde.
Ich hasse die Unterdrückung mit tiefem Haß.

Man hat viele Einwände gegen sie vorgebracht, von denen etliche in diesem Buch schon erwähnt worden sind, weil sie unmittelbar mit den Umständen verbunden waren, mit denen sich die Verfassunggebende Versammlung auseinanderzusetzen hatte. Einige andere, allgemeinere, verdienen noch unsere Aufmerksamkeit.

Die ›Erklärung‹, hat man gesagt, gehe an der Wirklichkeit vorbei. Es mag durchaus Menschen geben, die der von ihr verkündeten Rechte würdig sind, doch andere sind es weniger, und einige kann man kaum als Menschen bezeichnen. Was sind Menschenfressern die Menschenrechte? Sind sie überhaupt wie wir Menschen? Mag sein, jedenfalls aber keine Menschen wie wir. Und: Die ›Erklärung‹ berücksichtigt die jeweiligen Umstände nicht. Wenn Krieg oder Wirtschaftskrise die Existenz der Nation bedrohen, sollen die Bürgerrechte dann so frei geübt werden, wie in Zeiten von Frieden und Wohlstand? Und wenn sich die Menschen nicht freiwillig in der Ausübung dieser Rechte beschränken, muß man dann nicht der Regierung die Möglichkeit geben, sie einzuschränken?

Der Einwand ist nur berechtigt, wenn man die ›Erklärung‹ mit einem Gesetzbuch verwechselt. Sie ist aber nicht mit positiven Rechtsnormen, sondern mit sittlichen Geboten auf eine Stufe zu stellen. Die Moral gebietet uns zum Beispiel, und die ›Erklärung‹ erinnert daran, andern nicht zu tun, was wir nicht wollen, das sie uns tun. Doch sie sagt uns nicht im einzelnen, wie wir uns in dem und dem Fall verhalten sollen; das überläßt sie dem Moralisten oder dem Kasuisten. Ebenso verkündet die Erklärung die Menschenrechte, doch dem Gesetz, das sich mit den Umständen ändern kann, bleibt die Aufgabe, zu bestimmen, in welchem – ebenfalls den Umständen anpaßbaren – Maße diese Rechte ausgeübt werden können, immer vorausgesetzt, das Gesetz sei Ausdruck des allgemeinen bzw. mehrheitlichen Willens der Gemeinschaft. Daß die Nationalversammlung sich dieser Eigenschaft der ›Erklärung‹ bewußt war, geht aus den von uns geschilderten Debatten hervor, die einen Monat vor der Verkündung über die Niederschlagung der gegenrevolutionären Umtriebe und die Schaffung einer Ausnahmegerichtsbarkeit geführt wurden: Man regiert in Kriegszeiten nicht wie in Friedenszeiten, hatte Gouy d'Arsy unter Vorwegnahme von Robespierres Ansichten erklärt. Auch als sich bald darauf die Frage der Sklaverei stellt, wird die Relativität der ›Erklärung‹ deutlich, weil man es als unmöglich ansieht, die Schwarzen übergangslos aus der Knechtschaft in die vollen Rechte einzusetzen, ohne sie erst im rechten Gebrauch der Freiheit zu unterweisen. Und sogar für Frankreich hat diese Versammlung implizit so entschieden, indem sie die Wahlberechtigung an einen gewissen Wohlstand und die Wählbarkeit an Immobilienbesitz koppelte; Wohlstand und vor allem eigener Grund und Boden erschienen ihr zu Recht oder Unrecht als Vorbedingung für den Erwerb von Wissen und für Selbständigkeit, die Voraussetzung für die Ausübung der Menschen- und Bürgerrechte sind. Diese Rechte sind also den Umständen unterworfen; die ›Erklärung‹ ist ein anzustrebendes Ideal, ist *Wegweisung für die Absicht.*

Eine andere Kritik, die in unseren Tagen heftig vorgebracht wird, geht dahin, sie habe dennoch eine Klasse zu Lasten der übrigen begünstigt, und zwar das Bürgertum, das sie ja auch verfaßt hat, und habe damit eine Unordnung gestiftet, welche die Gemeinschaft in die Gefahr des Auseinanderbrechens bringt. Tatsächlich hat die ›Erklärung‹ das Eigentumsrecht unter die Menschenrechte eingereiht, und ihre Autoren verstanden dieses Eigentum so, wie es zu ihrer Zeit bestand und bis heute besteht, obwohl sie die Wirtschaftsfreiheit, die durchaus in ihrem Sinne war, nicht ausdrücklich erwähnt haben. Mit anderen Worten: Der Mensch, der das Land und die anderen Arbeitsmittel besitzt, der »Kapitalist«, wie man ihn lange genannt hat, ist de facto Herr über die anderen, die nur ihre Arme und ihren Verstand haben, denn er bestimmt, ob er ihnen die Möglichkeit zum Lebenserwerb geben will. Und die Sache wird noch verschlimmert, setzen die Kritiker hinzu, durch die Erblichkeit des Eigentums, die einigen Kindern, ohne daß sie ihre Fähigkeiten beweisen müßten, *Mittel* verschafft, und zwar zusätzlich zu den bloßen *Rechten,* mit denen sich die anderen zufrieden geben müssen. Man wirft der ›Erklärung‹ vor, sie habe dem Kapitalismus ungehemmte Entfaltung geboten und damit die Proletarier zu seiner Bekämpfung veranlaßt; kurz, ihre Wirkung sei ein neuer, immer heftiger Klassenkampf gewesen, weil keine Schiedsinstanz da sei, die natürlich beim Staat liegen müsse.

Zugleich gibt es aber die Gegner einer solchen Staatsintervention; sie haben sich verständlicherweise auf die ›Erklärung‹ selbst berufen und sie mit Äußerungen ihrer Verfasser kommentiert, die tatsächlich das »Laissez-faire« und den uneingeschränkten Wettbewerb als Allheilmittel für alle Situationen ansahen und das Eigentum als ein uneingeschränktes Recht zu Gebrauch und Mißbrauch betrachteten. Doch auch hier findet man bei den Mitgliedern der Verfassunggebenden Versammlung die Gegenargumente. Sie lebten in einer Gesellschaft mit eben erst entstehendem Kapitalismus, in der die Steigerung der Produktion als Mittel gegen Hunger und Armut als das wichtigste Ziel erschien. Auch Männer, die durchaus an die Armen dachten, hielten es nicht für unmöglich, daß jeder ein kleines Stück Land oder eine Werkstatt haben könnte, die ihm zur Selbstversorgung ausreichen würde; dieses Ideal, von dem die Sansculotten träumten, ist ja bis weit ins 19. Jahrhundert hinein lebendig geblieben. Die Erfahrung hat solche Hoffnungen nicht bestätigt, und Rousseau hatte schon lange vor 1789 darauf hingewiesen, daß die Demokratie mit einer zu großen Ungleichheit des Besitzes unvereinbar sei. Es ist also Sache der Gemeinschaft, zu prüfen, ob die Veränderungen in der Gesellschafts- und Wirtschaftsstruktur seit 1789 nicht das Eingreifen des Gesetzes rechtfertigen, damit nicht zu viele *Mittel* in den Händen der einen die Ausübung der *Rechte* der anderen zur Farce machen. Doch wie soll das geschehen? Auch das liegt in der Entscheidung der Gemeinschaft, im Geiste der ›Erklärung‹, die mit der Verkündung der Freiheit gewiß nicht eine »aristokratische Freiheit« gemeint hat, eine wenigen vorbehaltene, wie sie Montalembert 1850 gefordert hat; die ›Erklärung‹ hat dem Gesetz die Einschränkung der Bürgerrechte nicht überlassen, um ihm die Möglichkeit zu geben, deren Verbreitung in der Gemeinschaft zu verhindern.

Doch, letzter Einwand, nach der ›Erklärung‹ ist das Gesetz nichts als der Wille der Staatsbürger; was wird aus der Nation, wenn die Mehrheit die Minderheit unterdrückt oder nicht bereit ist, die für das Gemeinwohl erforderlichen Opfer zu bringen, die in Kriegszeiten sogar die Hingabe des Lebens bedeuten können? Die Gemeinschaft, so schließt man, ist nicht zu verwechseln mit den Bürgern, die sie zu einem bestimmten Zeitpunkt bilden, weil sie als zeitlos in der Werteordnung über ihnen steht; ohne die Gemeinschaft gäbe es ihre Mitglieder ja gar nicht. Da sie aber im Staat konkrete Gestalt annimmt, kann auch dieser nicht vom Willen der gerade lebenden Bürger abhängen und darf sie folglich zum Opfer zwingen. Man braucht eigentlich kaum mehr darauf hinzuweisen, daß man so wieder zum persönlichen Absolutismus des Ancien régime gelangt, weil der Staat, was immer man darin erblicken mag, eine wirkliche Existenz nur in der Person von Individuen hat, die sich bei solcher Argumentation selbst ihren Regierungsauftrag geben würden. Und noch weniger bedarf es einer Erläuterung, warum ein solches System in vollständigem Gegensatz zur ›Erklärung‹ steht, weil es den einzelnen zum bloßen Werkzeug in den Händen des Staates macht und ihm jede Freiheit und Unabhängigkeit nimmt.

Allerdings darf man sich nicht, wie das häufig geschieht, der Illusion hingeben, daß diese Erwägungen schon die Schwierigkeit aus der Welt schaffen. Es ist durchaus richtig, daß die ›Erklärung‹ ein Risiko mit sich bringt, ebenso wie auf ihre Art Absolutismus oder Diktatur übrigens, und die Bürger müssen sich auf ihre Verantwortung verweisen lassen. Sie haben das Recht, sich selbst zu regieren, und wenn die einen ihre Macht zu Lasten der anderen mißbrauchen, vor allem, wenn sie sich aus Eigennutz weigern, das Heil der Gemeinschaft zu sichern, so wird sie untergehen, und mit ihr die Freiheit und vielleicht sogar alle ihre Mitglieder.

Hier liegt der tiefe Sinn der ›Erklärung‹ als *Wegweisung für die Absicht*. Sie setzt bei den Bürgern eine lautere Absicht voraus, eine kritische Einstellung, Patriotismus im eigentlichen Wortsinne, Achtung vor dem Recht der anderen, durchdachte Hingabe an die nationale Gemeinschaft – die *Tugend*, wie Montesquieu und Rousseau das genannt haben, auch Robespierre, der 1792 schreibt: »Die Seele der Republik ist die Tugend, die Vaterlandsliebe, die hochherzige Hingabe, die alle Interessen im Allgemeininteresse aufgehen läßt.« Die ›Erklärung‹ appelliert mit der Verkündung der Menschenrechte also zugleich an die aus freien Stücken geübte Disziplin, an die Bereitschaft zum Opfer, wenn es notwendig ist, und an die sittliche Kultur, den *Geist*. Die Freiheit ist durchaus nicht eine Einladung zum Sichgehenlassen und zu verantwortungsloser Machtausübung, sie ist nicht die Zusage eines grenzenlosen Wohlergehens ohne Mühe und Arbeit als Gegenleistung. Nein, sie setzt Fleiß, ständige Anstrengung, strenge Selbstzucht, Opferbereitschaft, staatsbürgerliche und private Tugend geradezu voraus. Es ist demnach viel schwieriger, frei zu leben denn als Sklave, und deshalb verzichten die Menschen so häufig auf die Freiheit, die gleichsam eine Aufforderung ist, mutig und manchmal sogar heroisch zu leben, so wie die Freiheit des Christen eine Aufforderung zum heiligmäßigen Leben ist.

Es ist also ein gewaltiger Irrtum, wenn man die ›Erklärung‹ als eine Einladung versteht, in vordergründigen materiellen Genüssen, in plattem Eigennutz zu leben, ja, wenn man unter Berufung auf die ›Erklärung‹ ausgerechnet die Lust der Jugend an Wagnis und Tat herausgefordert hat, sie vom Antlitz der Erde zu tilgen.

Georges Lefebvre beschließt sein Werk im Jahre 1939 mit folgendem Aufruf an die französische Jugend:

Jugend von 1939! Auch die ›Erklärung‹ ist eine Tradition, eine ruhmreiche Tradition! Höre, wenn du sie liest, die Stimme deiner Väter, die in Valmy, Jemappes, Fleurus mit dem Ruf »Es lebe die Nation!« in die Schlacht gezogen sind. Sie haben dich frei gemacht. Wisse dieses edle Geschenk zu schätzen: In dieser Schöpfung kann nur der Mensch frei sein. Sie rufen dir wieder und wieder zu, daß dein Schicksal in deinen Händen liegt und daß von dir, von dir allein das Schicksal des künftigen Gemeinwesens abhängt. Sieh der Gefahr ins Auge; da sie dich anzieht, wirst du nicht vor ihr zurückweichen. Ermiß die Schwere der Aufgabe, aber auch die Würde, die sie dir verleiht. Wirst du aufgeben? Deine Väter vertrauen dir; bald wirst du die Nation sein: »Es lebe die Nation!«

Bürgertum im 19. Jahrhundert

Deutschland
im europäischen
Vergleich
Herausgegeben von
Jürgen Kocka

Originalausgabe
3 Bände / 1413 Seiten
dtv 4482

Trotz (oder auch wegen) der zeitlichen Nähe gehört die Geschichte des 19. Jahrhunderts noch immer zu den am wenigsten erforschten und ganz widersprüchlich interpretierten Epochen unserer Geschichte. Es ist das Jahrhundert der Vorherrschaft Europas in der Welt, das Jahrhundert der Industrialisierung, der Wissenschaft und der erstarkten Macht und des Selbstbewußtseins der bürgerlichen Klasse; es ist aber eigentlich auch die Jugendzeit der modernen Welt, unserer Gegenwart. Die höchst komplizierte Gesellschaftsgeschichte, die innere Entwicklung dieses Jahrhunderts der großen sozialen Umschichtungen wirft noch viele Fragen auf.

Mit diesem großen Thema beschäftigte sich ein Symposium des Bielefelder Zentrums für interdisziplinäre Forschung, ein über die Grenzen der Bundesrepublik und der Universität hinausreichendes Forschungsprojekt. Historiker, Soziologen, Ökonomen und Publizisten aus mehreren Ländern nahmen Stellung zu dem einen wichtigen Problem: zur Bedeutung des mitteleuropäischen Bürgertums für das 19. und 20. Jahrhundert. Die 45 Beiträge zu den verschiedensten Aspekten der sozialen Entwicklung ergeben eine farbige Gesamtdarstellung.

Deutsche Geschichte der neuesten Zeit

Peter Burg:
Der Wiener Kongreß
Der Deutsche Bund im europäischen Staatensystem · dtv 4501

Wolfgang Hardtwig:
Vormärz
Der monarchische Staat und das Bürgertum
dtv 4502

Hagen Schulze:
Der Weg zum Nationalstaat
Soziale Kräfte und nationale Bewegung
dtv 4503

Michael Stürmer:
Die Reichsgründung
Deutscher Nationalstaat und europäisches Gleichgewicht im Zeitalter Bismarcks
dtv 4504

Hans-Jürgen Puhle:
Das Kaiserreich
Liberalismus, Feudalismus, Militärstaat
dtv 4505 (i. Vorb.)

Helga Grebing:
Arbeiterbewegung
Sozialer Protest und kollektive Interessenvertretung bis 1914
dtv 4507

Rüdiger vom Bruch:
Bildungsbürgertum und Nationalsozialismus. Politik und Kultur im Wilhelminischen Deutschland
dtv 4508 (i. Vorb.)

Gunter Mai:
Das Ende des Kaiserreichs
Politik und Kriegsführung im Ersten Weltkrieg · dtv 4510

Horst Möller:
Weimar · Die unvollendete Demokratie
dtv 4512

Peter Krüger:
Versailles
Deutsche Außenpolitik zwischen Revisionismus und Friedenssicherung
dtv 4513

Corona Hepp:
Avantgarde
Moderne Kunst, Kulturkritik und Reformbewegungen nach der Jahrhundertwende
dtv 4514

Fritz Blaich:
Der Schwarze Freitag
Inflation und Wirtschaftskrise · dtv 4515

Martin Broszat:
Die Machtergreifung
Der Aufstieg der NSDAP und die Zerstörung der Weimarer Republik · dtv 4516

Norbert Frei:
Der Führerstaat
Nationalsozialistische Herrschaft 1933 bis 1945 · dtv 4517

Bernd-Jürgen Wendt:
Großdeutschland
Außenpolitik und Kriegsvorbereitung des Hitler-Regimes
dtv 4518

Hermann Graml:
Reichskristallnacht
Antisemitismus und Judenverfolgung im Dritten Reich
dtv 4519

Wolfgang Benz:
Potsdam 1945
Besatzungsherrschaft und Neuaufbau
dtv 4522

Die Gründung der Bundesrepublik
dtv 4523

Dietrich Staritz:
Die Gründung der DDR
Von der sowjetischen Besatzungsherrschaft zum sozialistischen Staat · dtv 4524

Peter Bender:
Neue Ostpolitik
Vom Mauerbau bis zum Moskauer Vertrag
dtv 4528

Helga Haftendorn:
Sicherheit und Stabilität
Außenbeziehungen der Bundesrepublik zwischen Ölkrise und NATO-Doppelbeschluß · dtv 4530